圖說天下

圖說

編 龔書鐸 劉德麟

傳說時代

夏商 西周

圖說天下

前言

以史為鑑，可以思接千載，視通萬里，可以把握中國社會治亂興替的內在規律，可以洞悉修齊治平的永恆智慧。然而，讓人們全面深入地瞭解中國歷史，掌握中國歷史中所蘊含的深層價值，並不是一件容易的事。

上下五千年之中，人物多，事件多，神話與傳說並存，正史與野史交錯，頭緒繁多，內容龐雜。政治、經濟、軍事、中外交往、思想、文學、藝術等各方面的內容，如果未經梳理就雜亂無章地堆積在一起，那麼往往會使讀者一頭霧水。除了典籍史料所承載的歷史之外，文物、遺址、古蹟、藝術作品等等，也同樣反映著歷史的真實性。如何把這些組織在一起，讓讀者能夠清晰明白地去瞭解歷史，感受歷史的真實，無疑成為了編輯出版《圖說天下》的緣起。

《圖說天下》，按照不同的歷史分期，通過新的體例、模式來整合講述中國歷史，涵蓋政治、經濟、軍事、中外交往、藝術、思想、科技、社會生活等方面，以時間為經，以人物和事件為緯，經緯交織，全面反映每一朝代治亂興衰的全部過程。每一個故事都蘊含了或高亢激昂或哀婉悲痛的場景，讓人們重溫那一段歷史，不斷喚起人們內心塵封已久的記憶，與中國歷史再次進行親密接觸，深入地尋繹歷史中所蘊藏的民族智慧，感悟民族精神。隨機穿插的知識花絮、專題和附錄，緊密結合內文，讓知識訊息更為密集，從而營造出一種接近真實的歷史鏡像。

通過文字，可以感受歷史鏡像，而通過圖片，則可以閱讀圖片中的歷史。圖片與文字相互映襯，可以立體反映中國歷史，展示中國歷史文化的源遠流長、博大精深。通過這種結合，使得文字訊息更為生動，更為多彩，使讀者深刻感受中國文化的底蘊，從而產生一種閱讀上的震撼。

在中華民族偉大復興的時刻，在討論榮與辱的時候，閱讀歷史，瞭解歷史，把握歷史，其意義是顯而易見的：歷史是民族復興的內在動力之所在，是榮與恥的感性事例的集中呈現，和理性判斷的一個標準。在不遠的將來，閱讀歷史，瞭解歷史，會成為一種時尚，人們透過歷史，可以感受到真正實現自我價值，尋找到寄托心靈的精神殿堂。

傳說時代 夏 商 西周

目次

傳說時代・6

西周・134

中國社會科學院考古研究所 ■殷瑋璋教授

傳說時代

約距今三百萬年～西元前二十一世紀

世界上許多國家的人民對天、地的出現及人類的產生，有各種不同的說法。在中國，有關盤古開天闢地和女媧造人一類的傳說流傳久遠。但是隨著科學的發展，特別是近代考古學、古人類學和地質學的發展，揭示了地球形成的奧祕，也揭示了人是生物進化的產物。

目前，考古學家和古人類學家在非洲發現的人類化石，距今已有三百餘萬年，因而普遍認為非洲是人類的起源地。在中國，重慶市巫山縣發現的「巫山人」化石，距今也有二百萬年。此外，還發現了許多古人類化石，如年代稍晚的「元謀人」、「北京人」和「山頂洞人」等等，數量很多，分佈地域也很廣。因此，考古學家對人類起源於非洲的說法提出質疑。

人類的出現是生物進化的結果，由古猿演變而來。最近幾十年間的考古發現和古人類學研究的成果證明，古猿與早期人類的關係十分密切，使「從猿到人」的學說，獲得越來越多的證據。

人類最初製作和使用的工具是打製石器，考古學家為與後來出現的磨製石器相區別，將製作和使用打製石器時代稱為舊石器時代，後者（即製作和使用磨製石器的時代）稱為新石器時代。為了研究它們在歷史進程中的發展與進步，考古學家還將它們分為早中晚三期。舊石器時代所分的早中晚三期，與古人類學家依據古人類的體質特徵所分的直立人（猿人）、早期智人（古人）、晚期智人（新人）這三個階段大體是一致的。

在舊石器時代的早期，打製石器以粗厚笨重、器類簡單、一器多用為其特點。到了舊石器時代的晚期，石器趨於小型化和多樣化，器類增多，還發明了弓箭、投擲器等複合工具和鑽孔技術，出現了少量磨製石器。舊石器時代，人們以採集果實和漁獵為生，他們不會建造房舍，多在山洞中棲身，過著群居的生活。

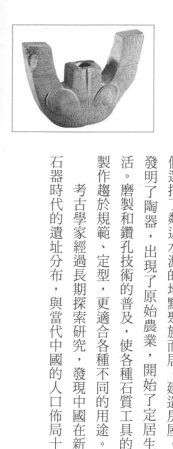

在舊石器時代早期，人們已學會用火，先是採集野火，後來發明了人工取火的方法，如打擊火石取火、鑽木取火等等。火的使用對人類的進化有很大的意義，它可用於照明、驅除野獸、驅趕寒冷，還改變了人們生食的習慣。由於熟食能縮短消化過程，使人體吸收更多的營養，並使血液中的化學成分改變，促使體力增加，腦髓發達。如五十萬年前的北京人，平均腦容量為一〇五九立方公分，一萬年前的山頂洞人的腦容量為一二〇〇～一五〇〇立方公分，已達到現代人的腦容量變化範圍，身高也與現代華北人的身高接近。迄今在中國發現的舊石器時代遺址，遍布全國二十幾個省、市、自治區，說明古今人類在這塊大地上的活動範圍已相當寬廣。

一萬年前，人類進入新石器時代。進入全新世以後，地球的氣溫逐漸變暖，人類漸漸走出山區，移向平原地區活動。為了適應新的環境，人們選擇了鄰近水源的地點聚族而居，建造房屋，發明了陶器，出現了原始農業，開始了定居生活。磨製和鑽孔技術的普及，使各種石質工具的製作趨於規範、定型，更適合各種不同的用途。

考古學家經過長期探索研究，發現中國在新石器時代的遺址分布，與當代中國的人口佈局十分相似，相對集中於河網密布的東半部。人們的食物結構也是南方種植水稻，北方種植粟稷。九千年前，就已經出現栽培的稻作，說明水稻的發源地在中國而不是印度。

八千年前的先民已經雕琢出玉器，發明了紡織技術，在音樂方面出現了七聲音階，可以吹奏旋律，還出現了刻劃符號。七千年前的遺址中出土的獨木舟和木槳，說明已經有了水上交通工具，已能馴養牛隻。六千年前的仰韶文化，創造了絢麗多姿的彩陶文化，還出現了用夯築技術建造的小城堡。五千年前已能養殖桑蠶，並用蠶絲織出了絲織品，還掌握了人工冶銅的技術，鑄造出青銅刀一類的小工具。四千年前出現了文字，在長江流域和黃河流域各有一批古代城市在地平

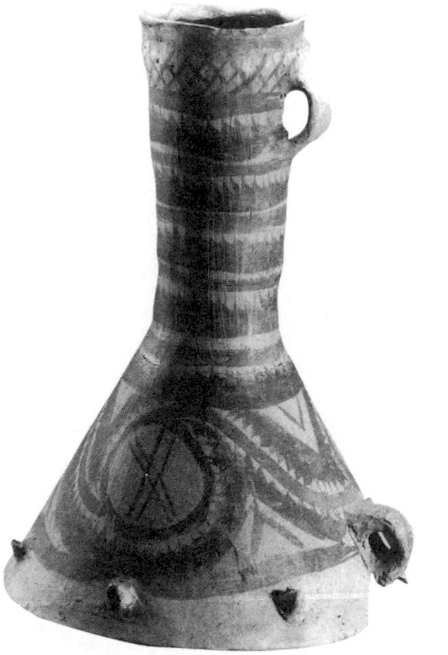

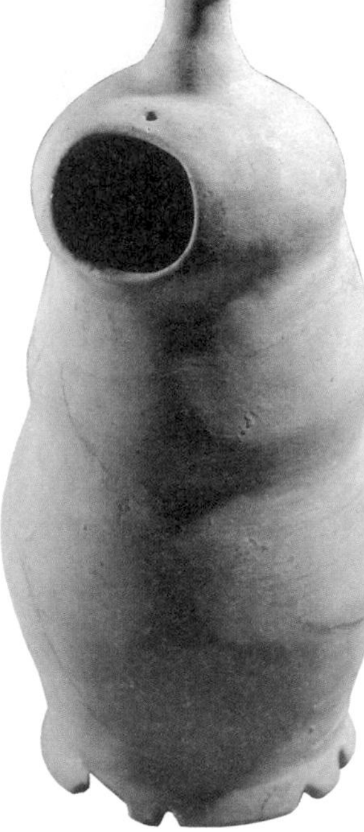

面上崛起。

古文獻中記載的神農氏種植五穀，黃帝的妻子嫘祖發明養蠶技術，他的大臣發明文字、舟車，以及黃帝戰蚩尤等，因這些發現而說明這些傳說並非虛妄，它們包含了不少歷史的影子。這些發現還說明，中華文明確實是源遠流長。

古代居民聚族而居，所以在今天發掘的遺址中可以看到居住時形成的聚落，在墓地中看到排列有序的墓群。人們在漫長的歲月中繁衍生息，人口不斷增長。當增至一定數量時，就像細胞分裂那樣又分離出新的氏族，它們之間以血緣為紐帶，形成規模較大的部落。

在原始社會後期，中華大地上有許多氏族、部落和部族，古史學家分為華夏集團、東夷集團和苗蠻集團。其中華夏集團以黃帝族和炎帝族為主體，最初居住在今天的陝西，後來分別向東發展，不斷擴大勢力，與西進的東夷集團、北上的苗蠻集團發生多次戰爭。傳說在涿鹿之戰中，黃帝和炎帝打敗了以蚩尤為首領的東夷集團，使華夏集團的勢力擴大到今天的山東境內。

為了爭奪聯盟的首領，黃帝和炎帝在阪泉大戰，炎帝戰敗。地處北域的黃帝乘勢南下，使炎黃二族的勢力達到長江和漢水流域，華夏集團的勢力得到空前的擴展。以後的虞、夏、商、周都是黃帝的後裔，在幾千年的歷史進程中，確立了華夏的特定地位，黃帝也成了華夏的共同祖先。

在遠古時代，由於生產力低下，人們只有靠集體的力量才能生存。人們各盡所能，共同生產，平均分配食物。為了生存與發展，他們必須選舉公正、賢能的人當首領，以帶領大家進行生產、抵禦外來的侵擾。因此，古史傳說中出現了堯舉薦舜，舜舉薦禹，禹先舉薦皋陶，皋陶死後又舉薦益當部落首領的故事，歷史上稱這種作法為「禪讓」。這是一個人人平等、財富公有的時代，因而沒有爭奪欺詐，也沒有盜賊的劫掠，史學家稱這個時期的社會為大同社會。

古代居民為了求得生存與發展，在惡劣的環境中與各種自然災害頑強奮鬥。其中大禹治水的故事流傳久遠：面對滔滔洪水，野獸肆虐，堯為

了把民眾從水患中解救出來，命鯀負責治水。鯀用堵塞的辦法治理，雖經九年努力，仍以失敗告終。於是，舜命禹治水，禹總結了鯀治水的經驗教訓，改用疏導的辦法，他一心一意地率領民眾興修水利，治理洪水，「三過家門而不入」，經過八年（一說十三年）時間，終於征服了水患。這個傳說反映了古代先民在自然災害面前不屈不撓、積極奮鬥的無畏精神。

隨著時代變化，俘獲的戰俘不再直接屠殺，他們淪為奴隸而強制工作和生產，創造的財富被主人全部占有。考古學家在龍山文化發現了墓葬中有棺有槨，有許多陶器、玉石器、象牙器，和象徵財富的豬下顎骨等隨葬物品。有的墓葬只有一個不大的墓穴和零星陶器，還有一些身首異處的死者，既無墓穴，也無隨葬物品，甚至丟棄在廢置的窖穴或溝壕之中，事實說明，部分死者的身分地位和占有財富的情況是不一樣的。部族首領利用特權積累財富，貧富分化的發展，氏族與部落內的掌權者首先位居社會上層，迫使原始社會進入結束時期。

在這種情況下，各族之間以掠奪奴隸和財富為目的的戰爭頻繁出現。為防禦敵對一方的掠奪和侵擾，各自建築了一座座高聳的城池，為適應戰事的需要，兵器的生產受到普遍重視。為了維護特權者的利益，他們摒棄過去的習慣法，制訂了新的制度法規，「禪讓」制度則不可能繼續實行，必然為新的制度所代替。因此，夏禹死後，禹之子啟殺益而奪取首領的位置，開創了父傳子、家天下的新時代，稱為小康社會。從此，中國歷史上出現了第一個世襲制王朝——夏代。

【開天闢地的神話】

●時間：傳說時代
●人物：盤古

按照現代人的邏輯思維，神話傳說的源頭當然是天地的開闢，然後產生萬物，最後人類誕生，但以先民貧乏的自然知識和更多感性而非理性的思維來考量，他們很難認識到世界本源的問題。中國上古的創世神話，實際上就比造人神話起源要晚出許多。

詩人屈原在他的偉大詩篇《天問》中寫道：「遂古之初，誰傳道之？上下未形，何由考之？」又寫道：「圜則九重，孰營度之？惟茲何功，孰初作之？」意思是問，上古天地開闢究竟是誰的功勞，誰又能將真相傳告後世呢？表明遲至戰國時代，黃河、長江流域還沒有產生可為人們廣泛接受的創世神話。現在我們習慣說「盤古開天闢地」，最早完整的記載竟然是在三國時代的《三五歷記》中。

⊙眾說紛紜的創世神話

從三國往前推，許多古人都想運用神話傳說的方式來解釋天地開闢，但大多不成體系，沒有多大影響力。所謂「混沌初開」，《莊子》裡說混沌是中央的天帝，沒有眼耳口鼻，他的兩個朋友「倏」和「忽」幫他鑿通七竅，混沌卻就此嗚呼哀哉了。倏、忽是指時間，時間改變了世界，這更多帶有哲學色彩，而非來自於先民的傳說。

《山海經》中提到鍾山有個燭龍神，人面蛇身，通體紅色，長有一千里，牠只要睜開眼睛，天地就變成白晝，閉上眼睛，天地就變成黑夜，似乎含有先民神話的影子。漢代《淮南子》中說，宇宙初始混沌一片，後來生出了陰、陽二神，創造出天地萬物，這種偏重宗教的說法，無法為大眾人民所接受。

古人期盼得知天地開闢的真相，但他們往往無法接受過於哲學化或宗教化的解釋，他們希望創造出更為形象化的神話傳說來。就在這種要求

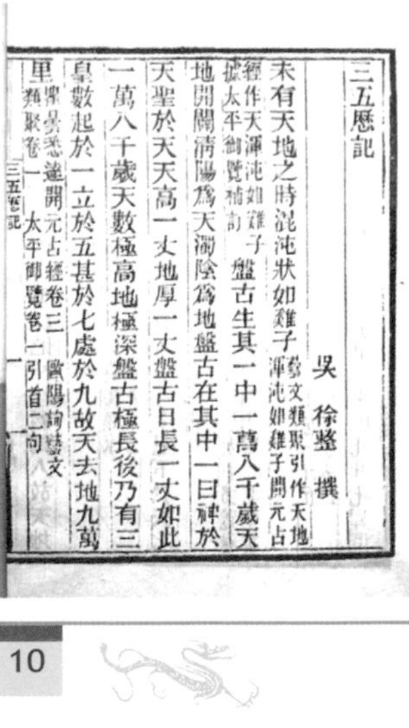

三五歷記

吳 徐整 撰

未有天地之時混沌狀如雞子（藝文類聚引作天地渾沌如雞子開元占經作天大渾沌如雞子據太平御覽補訂）盤古生其中一萬八千歲天地開闢清陽為天濁陰為地盤古在其中一日神於天聖於天天高一丈地厚一丈盤古日長一丈如此一萬八千歲天數極高地極深盤古極長後乃有三皇數起於一立於五甚於七處於九故天去地九萬里（藝文類聚卷一　太平御覽卷一引首二句）

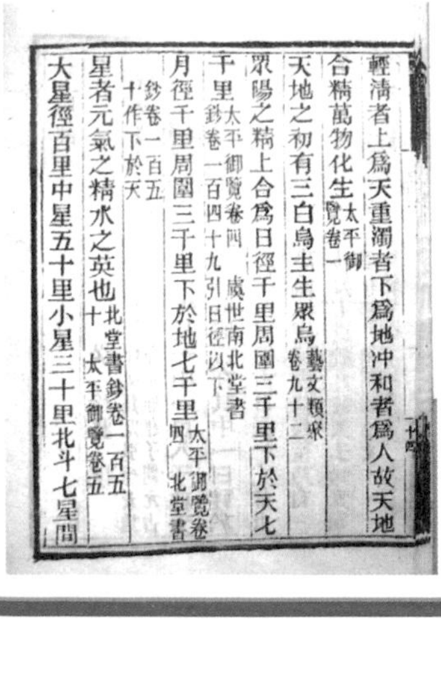

輕清者上為天重濁者下為地沖和者為人故天地合精萬物化生（太平御覽卷一）

天地之初有三白烏主生眾烏（藝文類聚卷九十二）

眾陽之精上合為日徑千里周圍三千里下於天七千里（太平御覽卷四　虞世南北堂書鈔卷一百四十九引日徑以下）

月徑千里周圍三千里下於地七千里（太平御覽卷四　北堂書鈔卷一百五十作下於天）

星者元氣之精水之英也（北堂書鈔卷一百五十　太平御覽卷五）

大星徑百里中星五十里小星三十里北斗七星間

《三五歷記》書影
《三五歷記》中有關盤古創世的記載。

下，苗民神話中的大神盤古終於走向中原地區，並最終獲得了創世神的資格。

⊙神犬盤瓠

西南很多少數民族的祖先原本居住在長江流域，後來逐漸南遷，因此他們的神話傳說應該很早就影響中原地區，並且逐漸融合成華夏神話的一部分。

苗族的史詩《盤王書》中說盤王（即盤古）是各種文物器具的製作者，他還掌管著人們的生死壽夭，因此必須虔誠祭祀。盤古傳說的本源由來已久，漢晉之際很多古籍以及西南很多少數民族的傳說中都有所涉及，其實盤古的原型不是人，而是一條神犬。

這條神犬名為盤瓠。據說在高辛王的時代，王后突然得了耳痛病，醫治了三年，終於從耳中挑出一條金蠶。王后覺得奇怪，就用葫蘆瓢盛著金蠶，並且用盤子蓋上，養育起來。誰知那金蠶竟然很快長成了一條五彩斑爛、長有二丈的大狗，高辛王非常喜愛，就將牠命名為「盤瓠」（瓠就是葫蘆）。

時逢房王作亂，高辛王就和群臣商量，許諾能斬下房王的頭，就把公主許配給他。盤瓠聽到這話，竟然潛出宮廷，跑去房王軍中，趁著房王不備，將其咬死，把首級帶了回來。高辛王大喜過望，就準備了很多肉食獎勵盤瓠，但盤瓠一連三天都不吃不喝。

高辛王問牠：「你莫非想要我兌現承諾嗎？不是我食言，實在是人狗不能相配呀。」

聽到這話，盤瓠突然口出人言，說：「您不用擔心，只要把我放在金鐘裡面，七天七夜，我就能變成人。」

高辛王照盤瓠所說的做了，但公主怕牠餓死，到第六天就掀開了金鐘，只見盤瓠身體已經變成了人，只有腦袋還是狗頭。

高辛王遵照前約，讓盤瓠和公主結婚。婚後，二人前往人跡罕至的深

盤古圖

南宋無名氏的《盤古圖》，描繪了開天闢地的華夏始祖盤古的形象。其構想之奇特，畫風之古樸，氣魄之博大，在中國眾多人物畫中也是極為罕見的。

山，打獵耕種，先後生下三男一女，前去找外祖父高辛王請求賜姓。於是高辛王就賜用盤子盛著的長孫姓盤，用籃子盛著的次孫姓藍，三孫一時想不到合適的姓，正好天上雷聲隆隆，就賜姓為雷。後來小女兒長大，嫁給一個姓鍾的士兵。從此盤、藍、雷、鍾四姓世代通婚，繁衍成一個龐大的民族。

⊙盤古開天闢地

盤瓠後來轉音寫作盤古，樸素的先民神話神犬報主，也逐漸演變成今天婦孺皆知的盤古開天闢地的故事。這個故事最早的文字記載，是在三國時代徐整所作的《三五歷記》中。

據說，混沌未分的時候，宇宙好像一個碩大無比的雞蛋，沒有聲音，沒有光亮，漆黑一片，有個名叫盤古的巨人就在裡面孕育和成長。經過了一萬八千年，盤古再也無法忍受這種暗無天日的生活，於是大吼一聲，抄起一把巨大而鋒利的斧頭，狠狠地向四周劈去。只聽山崩地裂的一聲巨響，大雞蛋裂開了，裡面所有的東西都衝了出來，其中有些輕而清的就往上浮，變成了天，重而濁的往下沉，成為大地。

周圍一下子開闊起來，盤古高興極了，但他擔心天地會重新合併在一起，於是就用手托著天，用腳踏著地，從此跟隨著天地的生長而生長——天每天長高一丈，地每天加厚一丈，盤古的身體每天也隨之增高。就這樣又過了一萬八千年，天變得極高，地變得極厚，而盤古終於成為頂天立地的巨人，高達九萬里，像一根柱子似屹立在天地之間，使天地再也無法重新合攏。

後來有一天，盤古感覺實在是太累了，太疲勞了，再也支撐不住而倒下死去。臨死時，他的身體突然產生了變化，呼出的氣變成了風和雲，聲音變成了轟鳴的雷霆，左眼變成了太陽，照耀大地，右眼變成了月亮，點亮黑夜，肌肉成為沃土，滋生萬物，血液成了江河湖海，奔騰不息，筋脈

藏族人類起源圖

藏族神話傳說中，神猴是人類的祖先。本圖表現了經菩薩點化後，神猴逐漸變成人的傳說故事。

延伸知識

中國境內最早的人類遺址

巫山人遺址是中國考古學家最近發現的，是目前中國境內最早的遠古人類遺址。它的發現，不僅宣告中國最早期的人類活動在二百萬年前就已經開始，更重要的是證明了人類起源的多源性。一九八五年，著名古人類學家黃萬波在重慶市的巫山縣龍骨坡發現了距今二百萬年、與東非早更新世能人處於同一進化程度的「巫山人」化石。考古學家發掘出一顆人類門齒和一段人類下頜骨，頜骨上帶有兩個牙齒。在發現以上化石的同一層位，除發現人類加工和使用過的骨器外，還發現了巨猿及其他一百一十多種哺乳動物的化石，即使在世界古人類發掘史上也是前所未有的。後來國內外媒體都進行相關報導，引起世界考古學界的廣泛注意。

一九九七年經過考古學家的第二次發掘，發現了一批距今二百萬年「有清楚的人工打擊痕跡」的石器。經過著名古人類學家賈蘭坡等權威學者的鑑定，這些石器都帶有人工打擊的痕跡，是古人類所使用的工具。這一結果，更加證實了二百萬年前「巫山人」的存在。

近年來，考古學家正對巫山人遺址進行更為徹底的考察。巫山人遺址的發現，對我們認識中國早期人類的活動有著巨大的科學意義。

成為道路，指引方向，頭髮和鬍鬚變成了星辰，點綴天空，皮膚和汗毛變成了花草樹木，繁茂生長。就連流出的汗水也變成了雨露和甘霖，牙齒、骨頭變成了閃亮的金屬、堅硬的石頭和晶亮的珍珠玉石。

就這樣，盤古在開天闢地以後，又用他整個身體孕育了世間萬物，從此受到人們世世代代的崇敬。

⊙夸父逐日

盤古將自己的身體化作了天地中的萬物，在《山海經．大荒北經》中記載的另一個神話傳說「夸父逐日」，也有類似的描寫。

相傳，遠古時候，北方大荒山中一座叫做「成都載天」的山上，居住著一位巨人，名字叫作夸父。夸父相貌古怪，手裡握著兩條黃蛇，耳朵上還掛著兩條黃蛇，他力大無比，並且善於奔跑。

有一次，夸父突發奇想：太陽落下去，黑夜就要降臨，我不喜歡黑夜，而喜歡光明，如果我跑過去把太陽捉住的話，那漆黑可怕的黑夜就再也不會來臨了。他想到就做，邁開大步，朝著太陽西斜的方向追去。

一眨眼的工夫，夸父就跑出了幾千里遠，追到一個叫做禺谷的地方，抬頭一看，太陽就在眼前。他高興極了，但也感到渾身燥熱，汗流不止，非常口渴，於是就跑到黃河、渭河邊喝水。夸父的身體太大了，三口兩口就把兩條大河的水都喝乾了，卻仍感覺口渴難耐，便掉頭向北方跑去，想前往大澤「瀚海」，希望那裡有足夠的水。可惜還沒能到達目的地，夸父就在半路上渴死了，臨死的時候，他手裡的枴杖掉落地上，化為一片桃林，他的身軀也化作了一座大山。

世界很多民族的神話傳說中，巨人和創世全都密不可分，並且巨人的身體都能化為世間萬物，大概先民認為只有人類才有智慧改變世界，而只有巨大的人類才有力量創造世界吧！

女媧造人

●時間：傳說時代
●人物：女媧

女媧造人的傳說，起源相當早。屈原在《天問》中問道：「女媧有體，孰制匠之？」意思是說：都說人類是女媧所造，那麼女媧又是誰造的呢？

⊙兄妹相配的故事

西南少數民族古老的神話中說：某年天降大雨，有位英雄趁機捉住了雷公，想要用香料醃製了作為食物。他把雷公關在鐵籠子裡，囑咐一對小兒女說：「千萬不要給他水喝。」說完就出門去了。

雷公在籠子裡痛苦地呻吟，引發了那對小兄妹的惻隱之心，他們用竈上的刷子蘸了幾滴水給他。雷公一得到了水，立刻暴發出無窮的威力來，掙開鐵籠，衝上天穹。臨走前他從嘴裡拔出一顆牙齒，交給兩個孩子，說：「趕緊拿去種在土裡，如果遇到災難，就藏身在它所結的果實中。」

孩子們照做了，那顆牙齒果真發芽生長，結成一個巨大的葫蘆。

雷公為了復仇，降下暴雨來，地上洪水氾濫，人類全都被怒濤捲走，小兄妹躲在葫蘆裡，才倖免於難。

現在大地上空空蕩蕩，只剩下了那對小兄妹，於是他們商議婚配以延續後代。兩人繞著一棵大樹奔跑，妹妹追逐哥哥，完成了結婚儀式。但是婚後頭一胎，竟然生下了一個肉球，妹妹就把肉球剁碎，捧著想爬上天去奉獻給天神。爬到一半，肉塊脫手落

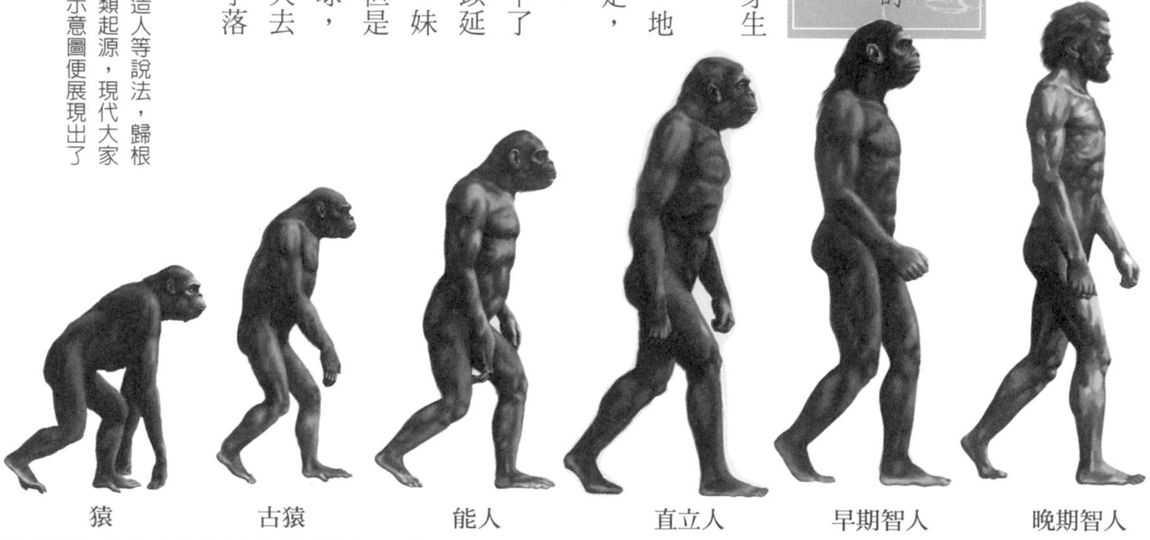

人類進化過程示意圖

無論中國的女媧造人，還是西方流傳的上帝造人等說法，歸根結柢只是出自先民們豐富的想像力。關於人類起源，現代大家普遍認同的說法便是由古猿進化而來。這幅示意圖便展現出了古猿到人逐步進化的過程。

下，撒得滿地都是，迎風而長，變成許多小人——這就是那對兄妹的子女，也就是人類的祖先。

在某些說法中，這對兄妹就是伏羲和女媧。據聞一多先生考證，伏羲就是盤古，名字的本意是葫蘆，而女媧就是女葫蘆，這倒和上述神話關聯緊密。

⊙女媧造人

類似兄妹相配的神話傳說，在世界許多地方都有相似版本，明顯是出於母系氏族社會。當時婦女在社會占有主導地位，因此兄妹婚配的過程中女媧占有主導權，是男跑女追。在華夏民族從蒙昧走向文明的過程中，這種兄妹通婚的習俗逐漸在社會生活中消亡了，所以後世改兄妹生人為妹妹獨立造人，這就是女媧造人的故事。

彩陶鼓

鼓作為一種打擊樂器出現於新石器時代，主要有土鼓和木鼓兩大類，土鼓即陶鼓。無論是陶鼓還是木鼓，都是用獸皮製作鼓面。

盤古開闢天地後，世界上還沒有人類。有一個大神女媧在空曠的大地上四處遊蕩，覺得十分寂寞，一日來到黃河岸邊，看到河水映照出自己美麗的容貌，不禁心中一動，想到了個好辦法。女媧利用河床上的泥土摻和黃河之水，按照自己的形貌來捏造泥人，這個泥人簡直和她一模一樣，只是為他做了兩隻腳，代替尾巴，好和兩手相配。她對著泥人吹了一口氣，泥人就變成了能直立行走、可以說話的小東西，女媧稱之為「人」。

女媧想讓「人」這種生物遍布世界各個角落，所以不停地捏呀捏，可是這樣工作，速度實在太慢了。她又想到了一個簡便的方法，就找來一些草，編成一根繩子，沾滿河底的泥漿。女媧把繩子四處甩動，濺落的泥點變成了一個個小人。就這樣，人類被大神女媧獨立創造出來了。

⊙創製婚姻

大地上有了人類的影子，女媧終日在他們的陪伴下，覺得既開心又舒適。但是很快，女媧又有了新的心事，因為萬物有生有滅，人類不能永恆不死，如果她創造出來的這些人死了該怎麼辦呢？總不能不停地造，造上一批又一批吧？

女媧經過反覆思考，決定把人類分為男女兩性，將他們互相配合，自己創造後代，養育子女。人類從此開始在大地上繁衍生息。這等於說女媧創立了婚姻制度，所以後世把她奉為「高禖」，即神媒，也就是婚姻之神。

女媧作為最早的「媒婆」，十分盡職盡責，據說為了方便男女間交流感情，她還發明了笙簧樂器，能把風嘶鳥語、蟲鳴溪唱，絲絲入扣吹奏出來，為人間增添了無限的祥和氣氛。特別是男女之間，許許多多幸福快樂的戀情，都被優美的音樂旋律激盪起來。笙簧從此成為中國早期的樂器。

女媧補天

●時間：傳說時代
●人物：女媧

人類誕生以後，不管是父母生養還是被創造出來的，從此開始了和自然界的對抗，並且取得一個又一個輝煌的勝利。這種對抗在神話傳說中的反映分為三個階段，第一階段是借用神的力量，譬如女媧補天的故事，第二階段是依靠人類中的英雄，第三階段才是運用自己和群體的智慧和力量。

中國的神話傳說來源駁雜，因此很零碎，難成體系。人類是女媧創造出來的，那麼女媧從何而來？如果說她和伏羲是兄妹，他們還有父母親，那麼他們的父母親又從何而來？

更重要的是，和女媧類似的大神們一個又一個從虛空中誕生，沒有人去考究過他們的來源。事實上，這些神靈最早都代表著自然界，譬如火神祝融和水神共工，他們之間的戰爭和所造成的災難，正是先民對自然災害認識的曲折反映。

⊙共公怒觸不周山

共工和祝融都是古代神話傳說中的神靈，同時也很可能是古代部族或者部族首領之名，如果這些部族確實存在，無疑是崇拜水神和火神的部族。

傳說水神共工又叫康回，長著人的臉、蛇的身體，頭髮赤紅。他手下有兩名臣子，一個叫相柳，也是人臉蛇身，渾身青色，長著九個腦袋，還有一個叫做浮游。共工掌管著天下的江河湖海，性情極為凶暴。火神祝融據說曾經一度擔任天帝，那麼共工和他發生戰爭，很可能是為了爭奪天地間的最高統治權。

烏龜與仙山

相傳，女媧補天後，又斬下了一隻烏龜的四條腿來作為擎天的柱子。他本是馱著飄在海上的蓬萊、方壺、瀛州等五座仙山的巨龜中的一隻，這隻烏龜被女媧捉走後，背上的仙山也漂流得不知去向了。

這場戰爭打得極為慘烈，從天上一直打到地上，最終共工無法抵禦祝融巨大的神力，吃了敗仗。他的性格凶暴，很可能只是為了洩憤，也說不定是打算自殺，總之戰敗後就逃往西方，一頭向不周山撞去。這不周山本是一根撐天的柱子，一撞之下，共工

媧皇閣

河北涉縣的媧皇宮，是中國最早、最大的奉祀女媧的古代建築。始建於北齊文宣帝天保年間（五五〇～五六〇年）。媧皇閣坐北朝南，懸空而立，背靠山崖處有八根鐵索，將樓閣繫縛在絕壁懸崖之上，故有「活樓」、「吊廟」之美稱，堪稱中國建築之一絕。

沒有死，嘩啦啦巨響連天，不周山可就斷成了兩截。不周山斷，天立刻向西北方向傾斜下來，原本連著不周山的地方出現了一個大窟窿，無數星辰從窟窿裡掉了出來，而大地也受到震盪，立刻洪水滔天。新生的人類無力抵抗這種災難，他們在天災和由天災引發的毒蛇猛獸到處游躥的世界中，受盡了磨難，眼看就要絕種了。

⊙女媧補天

女媧看到她的子女所遭受的災難，萬分的痛心，她沒有餘暇去懲罰肇事者，只好先想辦法把人類從滅亡邊緣拯救出來。首先，她要把天上的大窟窿填補上。

女媧從大江大河裡揀選了許多五彩斑斕的石子，架起一把火，把它們熔化成膠狀液體，就用這種石漿填補天上出現的窟窿。窟窿填好以後，她考慮到失去天柱的天空可能還會再次傾斜，甚至坍塌，就又殺了一隻巨大的烏龜，砍下四隻腳，做成新的擎天柱子，立在大地四方，把天空像帳篷一樣撐起來。

解決了天空的災異，女媧又把目光投向大地。首先除掉了在冀州作亂的黑龍，斷絕了洪水的源頭，也震懾了其他野獸對人類的暴行，使牠們躲進山林，不敢再肆意逞凶，殘害人類了。然後她用大量的蘆草灰把淤積在大地上的洪水全都吸盡——在傳說中，現今千里沃土的華北平原正是由這些蘆草灰堆積而成的。經過女媧的努力，人類終於擺脫了災難，大地上再次出現了祥和歡樂的氣氛。

然而這場巨大的災禍畢竟還是留下了痕跡，從此天總是有些向西北傾斜，太陽、月亮和眾星辰都很自然地歸向西方，而大地上因此有了春夏秋冬和晝夜的區分。相對的，大地向東南傾斜，所以一切江河都往那裡匯流，而幾條大河兩岸的土地得到灌溉，草木葱蘢，成為人類文明的發源地。這就是「天塌西北，地陷東南」這句老話的來源。

大神伏羲

●時間：傳說時代
●人物：伏羲

造人、補天以後，大神女媧從此就在神話中逐漸淡出，後世《封神演義》之類書中雖然提到女媧娘娘，但那已經是神話小說而非神話本身了。相反地，女媧的兄長或者丈夫伏羲的身影，卻在魏晉以前很多神話記載中都能找到，相當地活躍。

中國古代神話傳說中有很多神靈，其中最著名也最神通廣大、無所不能的有兩位，就是伏羲和黃帝。他們的發明創造最多，涉及的領域最廣，對人類的貢獻也最大，無數先民把他們尊為自己的先祖。那麼，如果造人是女媧獨立完成的，伏羲又有甚麼單獨的傳說故事呢？

⊙感應而生

《列子》裡說，在中國的西北方有一個神仙國度，名叫「華胥氏之國」。這個國家非常遙遠，不管你走路去也好，乘車去也好，一輩子都無法到達。華胥氏之國的國民都沒有慾望和嗜好，一切聽任自然，不知生的樂趣，不知死的可怕，因此壽命很長，生活美滿而安寧。他們甚至能夠走進水裡而不會淹死，踏過大火不會燒傷，能在天空中往來，如履平地，雲霧無法遮擋他們的視線，雷霆也擾亂不了他們的聽覺。他們實在是太幸福了。

這則神話有很濃重的哲學意味，但華胥氏之國據說就是伏羲的出生地。伏羲的母親沒有名字，習慣稱她為「華胥氏之女」，據說她某次到東方一個名為「雷澤」的地方遊玩，看到地上有一個巨大的腳印，覺得非常新奇有趣，就用腳去踩了踩。這一踩不要緊，她立刻感覺身體發生了變化，回來後不久就懷了孕，生下個兒子就是伏羲。

先民習慣說他們的英雄不是正常父母生養的，是因為獲得了某種超自然的力量感應而生的，所以與眾不同。幾乎每位蠻荒時代的英雄都被賦予了類似感應生人的傳說，伏羲也不例外，其母感應巨大的腳印而生伏羲，那麼這個巨大的腳印是誰留下的

伏羲像

圖中手捧八卦盤的人為伏羲，是中國古代神話中人類的始祖，傳說他還是八卦的創始人。

呢？雷澤的主神據說是雷神，那麼這個腳印的主人，也很有可能是雷神，是一個人頭龍身的天神。

在伏羲、女媧兄妹相配的故事中，也有雷神出場，可以說這兩個神話有著共同的源頭。而且伏羲、女媧都是人頭蛇身，也有些傳說中說是人頭龍身，那麼人頭蛇身或龍身的伏羲，也很明確地是雷神的兒子。

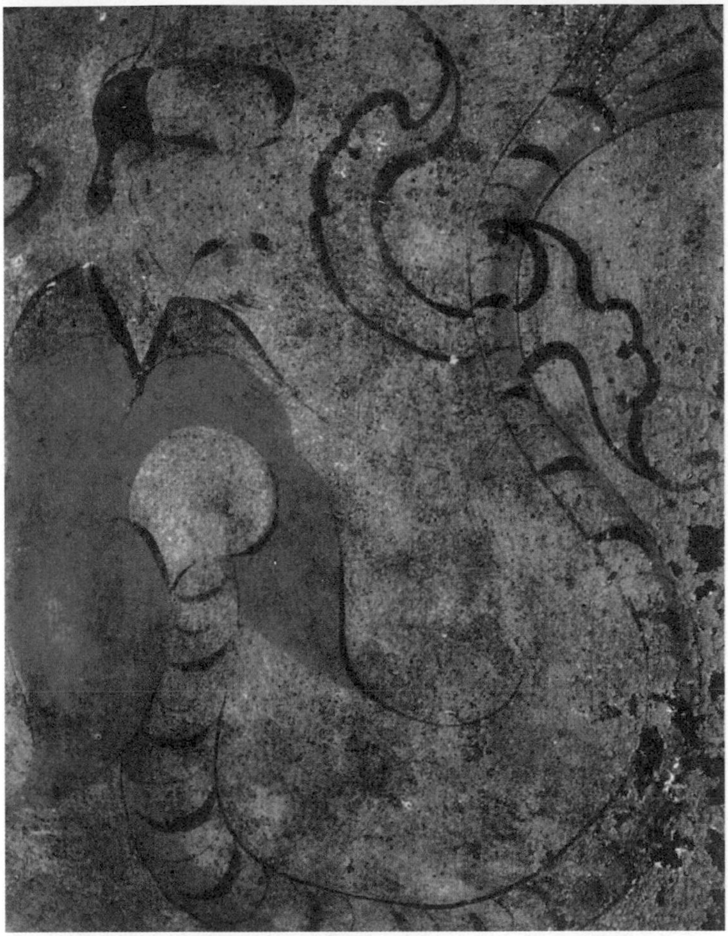

卜千秋墓室壁畫（局部）・伏羲像

洛陽出土的西漢卜千秋墓可算是中國最早的墓室壁畫。

⊙結網捕魚

很多人都想把紛繁複雜的上古神話梳理得系統有序，成為一個完整的體系，但是他們不瞭解這些神話的來源各異，相互間又有影響和錯亂，早就不是最初的樣子了，因此這一工程始終未能完成。不過，因此也產生出不少副作用，那就是許多神話更為複雜而含混地揉和在一起了。

因此有一種說法，以為伏羲就是太皞氏，是東方的天帝，輔佐他的是木神句芒，他手持一個圓規，與伏羲共同管理春天。還有一種傳說，說伏羲有個美麗的女兒，名叫宓妃，渡洛水時不幸溺死，成了洛水的女神。大詩人曹植所作的〈洛神賦〉，所描寫的就是宓妃。

伏羲本人的貢獻，很重要的一條是教會人民結網捕魚。如果他確實是東方的上帝太皞氏，居住在東方沿海地區，那麼他的子民們都應該是靠漁獵為生的。人們最早的捕魚方法是用手抓，或者使用魚叉，費時又費力。伏羲就想出一種工具，使捕魚更為方便快捷。

傳說有一天，伏羲突然注意到了蜘蛛結網捕蟲，於是靈機一動，使用類似的方法，是不是也可以方便地捕捉到水裡游的魚呢？於是他嘗試把繩子交叉連接起來，編成魚網，作為打魚的工具，並且教導人們捕魚的技巧，大大提高了捕魚的效率。據說他的臣子芒氏（可能就是句芒）又仿照魚網編成了鳥網，教人民捕鳥。這兩項發明都是劃時代的，大大幫助人民改進生活的方式。

⊙創製八卦

許多民族使用文字之前，都是依靠結繩來記事，即使用不同的繩結來代表不同的含義，記錄重大事情，而流傳給後人。伏羲和芒氏已經能夠想到用繩子結網來捕魚或者捕鳥，或許那個時候結繩記事的習慣就已經存在了。

據說是伏羲發明了八卦，而八卦的形狀很像是一條條有結的繩子和無結的繩子交錯排列，八卦也恰恰可以

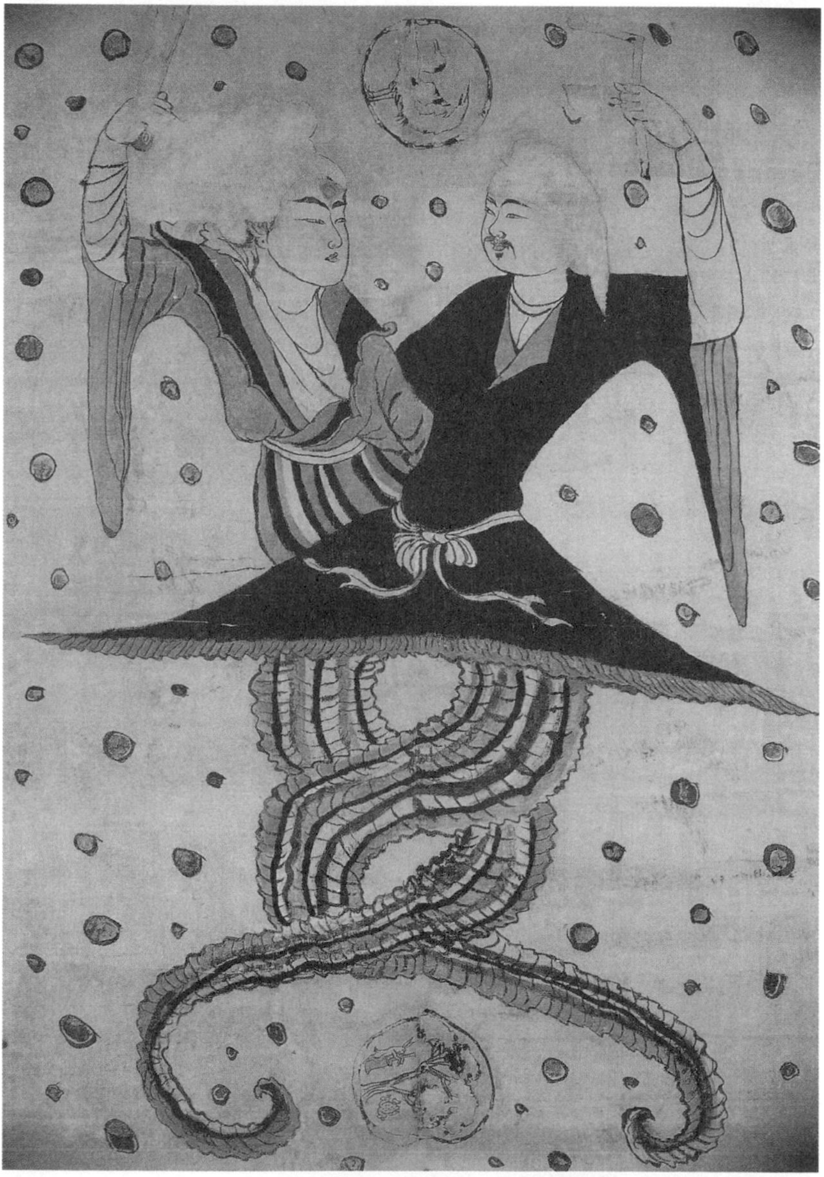

伏羲女媧圖

伏羲、女媧為中國神話中人類的始祖。圖中伏羲、女媧分別呈男女形象側身相對。伏羲持矩，女媧執規，另一手各抱對方腰部，下半身做蛇形交繞。周圍日月星宿的布置，既有空間的高遠空曠之感，又顯示了伏羲、女媧作為人類始祖的崇高意味。

代表世間萬事萬物，有記錄事情的功用。八卦中的乾（☰）代表天，坤（☷）代表地，坎（☵）代表水，離（☲）代表火，巽（☴）代表風，震（☳）代表雷，艮（☶）代表山，兌（☱）代表澤（水積聚的地方，也就是江、湖）。

木雕三皇像

明代木雕上古三皇像。從右至左依次為燧人氏、伏羲氏、神農氏。

八卦雖然很可能來源於結繩記事，但並不是真正一個又一個繩結，而是用工具刻畫在平整的物體表面的符號，所以很可能是文字的雛形。八卦之間的互相排列、推演，包含有簡單的二進制算法，所以伏羲很可能對數學也曾有貢獻。

⊙其他偉大貢獻

前面兄妹通婚生下肉球的神話傳說之外，或許伏羲受到類似教訓，據說他規定了新的婚姻制度，不允許兄妹通婚，同族男女也不許婚配，只能找外族男女婚配，而且不允許隨意野合，制定了嚴格的婚娶之禮。從此，男婚女嫁的習俗便世代流傳下來，人類也由古老的族外婚過渡到對偶婚，這樣人類的後代發育更好，身體更強壯，智力更發達。無疑，伏羲對於人類的繁衍生息，也有較大的貢獻。

據說伏羲還發明和推廣了養殖業。先民最早是靠漁獵、採集為生，完全靠天吃飯，一旦獵物和採集物因季節、天氣等因素變少，大家就都要餓著肚子。於是伏羲設想，把暫時吃不完的活野獸留下來，飼養到需要食物的時候，就可以解決饑荒問題了。經過反覆研究，他教人們用樹枝、雜草、木頭等材料圍成柵欄，然後把捕獲的野獸放在裡面飼養，用採集的植物、野果等餵養。時間一長，這些野獸就不會再逃跑，性情也變得溫順了許多，不會再襲擊人了，還可以不斷地繁殖下去——這就是最早的養殖業。

此外，伏羲還制定曆法，依照節氣種植穀物，和妹妹女媧共同發明了琴瑟等樂器，創作歌曲。然而最大的貢獻在於他採集天然的火種，教導大家燒烤食物，人們不用再吃生冷食物，減少疾病的發生。伏羲的名字也寫作「庖羲」或者「炮犧」，既有可能是古代同音異寫，也可以就字面上解釋為「燒動物肉」。

燧人氏鑽木取火

●時間：傳說時代
●人物：燧人氏

兼跨各個門類，發明出無數對人類有益的東西和技術的上古英雄，可能並不存在，神話傳說總是喜歡把多人的功績都記在一個最偉大的人或神的名下。譬如發明取火技術和燒烤食物，就既有伏羲說，也有黃帝說，但燧人氏鑽木取火的故事可能是最早的版本。

《韓非子・五蠹》記載說：「上古之世，……民食果蓏（古代指瓜類植物的果實）蚌蛤，腥臊惡臭，而傷害腹胃，民多疾病。有聖人作，鑽燧取火以化腥臊，而民悅之，使王天下，號曰燧人氏。」這段話說得很簡單，但其中隱藏著一則非常有趣的神話傳說。

⊙茹毛飲血的上古時代

遠古時代，生產能力不佳，人類對大自然的認識不夠。最早的古人類根本不知道怎樣用火，他們採集的植物、果實都還是生吃的，甚至連林中捕獵的野獸、河裡抓來的魚蝦，也都是生吞活剝，連毛帶血地生吃，這種生活方式稱為「茹毛飲血」。生的食物多半腥臭難聞，對身體有害，所以人們較容易生病，壽命也都不長。

火本來是一種自然現象，但原始人類仍保留著怕火的動物性，遇到打雷閃電、火山爆發、森林火災，往往繞道逃避，嚇得不知道躲藏何處，更說不上利用火了。後來經過長時間和大自然的接觸，當他們外出打獵，經過剛剛被大火燒過的樹林時，偶然發現那些燒死的野獸香味撲鼻，從此便愛上這道火處理過的美食了。人們由懼怕火，轉而喜歡起火來，甚至崇敬火。火雖然容易引發災害，但相對於經常氾濫的江河湖海，終究親切多了。因此上古神話中，火神往往代表著正義，而水神則是邪惡的化身。祝融和共工的戰爭，輸的共工一方多半不得世人的支持。

使用天然火的過程中，人們逐漸學會了把火種保存下來，常年不滅，以便經常能吃上熟食。但是火種保存不便，一不注意就容易熄滅，天火又

北京周口店猿人洞中斷斷續續有猿人居住，時間達幾十萬年，堆積物達一萬六千立方公尺。

不是經常可以遇著的，人們便開始思考製造或者取得火的方法，燧人氏鑽木取火的傳說就由此而來。

⊙鑽木取火

傳說上古時候，西方偏遠的地方有一個名叫燧明國的國度，這個國家太偏西邊了，乃至於太陽和月亮都照耀不到，不分晝夜。有一位絕頂聰明的人來到燧明國，在一片樹林中休息，原來十分昏暗的地方，這時四周卻大放光明。聰明人覺得非常奇怪，到處尋找，發現光亮是從一株名叫「燧木」的大樹上照射下來的。燧明國的人民就居住在這種璀璨奪目的光亮中，因此一點也沒有感覺不方便。

聰明人繼續考察發光的原因，這才發現原來樹上棲息著一些長腳爪、黑脊背、白肚皮的大鳥。這些大鳥像啄木鳥一樣不停地用堅硬的喙去啄打樹幹，就這一啄一啄之間，猛然發散出耀眼的火光。聰明人因此領悟到了取火的方法，他砍下燧木的枝條，不斷鑽磨，不出所料，結果是一樣的。

聰明人高高興興採了很多燧木枝條回家，教會族人鑽木取火。隔了一段時間，他覺得燧木所在地過於遙遠，不容易取得，改用其他樹木不知是否能產生同樣的效果呢？經過多次試驗，他發現別種樹木雖然比燧木要難於取火，卻也不是完全不可能的。就這樣，他終於得到盼望已久的取火方法。大家為了感激和紀念他，就尊稱他為「燧人氏」，意思是用燧木取火的人。

北京猿人用火灰燼圖

歷史詞典

周口店北京人

周口店北京人遺址位於北京市房山區周口店龍骨山。距北京城約五十公里。民國十八年（一九二九年）中國古生物學家裴文中在此發現原始人類牙齒、骨骼和一塊完整的頭蓋骨，並找到了「北京人」生活、狩獵及使用火的遺跡，證實五十萬年以前北京地區已有人類活動。因考古學家首次在北京地區發掘出距今約五十萬年前的一個完整的猿人頭蓋骨，而定名為北京人。

以後又陸續在龍骨山發現一些猿人使用的石器和用火遺址。這一發現和研究，奠定了這一遺址在全世界古人類學研究中特殊不可替代的地位。周口店遺址是世界上迄今為止人類化石材料最豐富生動、植物化石門類最齊全，而且研究最深入的古人類遺址。

從北京人的頭蓋骨化石，推算當時北京人的平均腦量達一〇八八立方公分（現代人腦量爲一四〇〇立方公分），身高男性為一五六公分，女性為一四四公分。北京人屬石器時代，加工石器的方法主要為錘擊法，其次為砸擊法，偶見砧擊法。北京人還是最早使用火的古人類，並能捕獵大型動物。北京人的壽命較短，據統計，百分之六十八．二死於十四歲前，超過五十歲的不足百分之四．五。

神農氏嘗百草

●時間：傳說時代
●人物：神農氏

農耕技術的出現，使人類可以更穩定地獲取食物，因此生活也逐漸安定，不再到處追逐野獸，或者放牧牛羊，逐水草而居，這不能不說是一大進步。那麼究竟是誰發明了農耕技術呢？先民沒有意識到那是祖先一代一代逐漸摸索出來的，而總是將之歸功於某位大神或者人類英雄，在中國的神話傳說中，一致歸功於神農，或者是后稷。

神農氏也有一種說法就是華夏族祖先之一的炎帝，因為炎帝號「烈山氏」，意思就是燒山。最早的農業是刀耕火種的，也就是用粗劣的工具翻土，燒荒來保持土地的肥沃，才有如此的聯想。然而從外貌和性格來說，兩位大神就有很大的區別。

⊙農業之神

據說神農氏長得牛頭人身——上古神話中的大神總會帶著一點動物色彩，例如伏羲和女媧就是人頭蛇身一樣，神農氏也不例外。牛頭人身，這大概是先民對幫助犁田的耕牛產生的感激心理，甚至作為神靈來崇拜，因此影響到了神話內容。

神農氏時代已經懂得根據季節在同一類野生植物上採摘果實，但是還不懂得種植。某次一隻漂亮的神鳥飛過神農氏頭頂，神鳥口中銜的五彩九穗的穀子恰好掉落在神農氏身邊。神農氏認為這是上天的賞賜，捨不得吃，就埋在土裡。沒想到過了半年，穀子竟然長成了茂盛的一大片植物。神農氏取了穀穗嘗了嘗，覺得味道不錯，就召集族人採摘這些九穗穀，並且種植在地裡——這可以說是最早的農業。

為了耕作方便，神農氏發明了斧、鋤、耒、耜等農業生產工具。他進而想到，那麼多的植物，一定還有可以種植的別種穀子。經過反覆試驗，從數千種植物中篩選出黍、菽、麥、稷、稻，並稱為「五穀」，成為華夏先民的基本食糧。「神農氏」就是由此得名的。

⊙神農嘗百草

神農氏不但是農業之神，也是醫藥之神，是他最早發明了草藥。在尋找可種植植物的過程中，神農氏發現動物在受傷後，多半會尋找藥草，嚼碎塗在傷口上，幾天後傷口就好了，於是瞭解草可以作為治病的藥。但是藥草多和雜草生長在一起，甚至混雜著毒草，究竟甚麼藥草可以吃，甚麼不可以吃，甚麼藥草治甚麼病，這些全都是未知的。為了辨別藥性，神農氏不怕危險，一樣樣親身嘗試。

傳說神農氏的肚子是透明的，可以方便看到藥草吃下去產生的效果。

他的身體也非常壯健，據說為了尋藥，最多曾一天中毒七十次，但是都熬了過來，沒有喪命。他另外還發現一種帶苦味的植物，具有清熱解毒的功效，就引導人們大量種植，自己也經常隨身攜帶這種植物的葉子，以避免吃到有毒植物傷害身體。這種植物就是「茶」。

有一種更為神奇的傳說，不知道神農氏從哪裡得到一條神鞭，名字叫做赭鞭，不管是怎樣的植物，有毒無毒，性涼性熱，凡用赭鞭打過，鞭子上立刻呈現出不同的色彩來。有了這條神鞭，神農氏辨別藥草的速度大大加快了。

⊙醫藥之神

雖然有赭鞭在手，然而真實而複雜的藥性仍要品嘗，靠親身實驗才能更清楚，更明白。神農氏雖然嘗過很多藥草，最終還是吃到了一種開著小黃花的籐狀植物，這是一種含有劇毒的植物。神農氏嘗後，眼看著腸子斷裂成很多段，還沒來得及吃茶解毒，便永遠閉上眼睛了。這種植物因此就被叫做「斷腸草」。

《述異記》記載，在太原神釜岡中，還存留著神農氏嘗藥的大鼎。成陽山中有「神農鞭藥處」的古蹟，因此這個地方也被叫做「神農原」，或者「草藥山」。總之，人們懷念這位發明了醫藥，又因為嘗藥而犧牲的大神，或者大英雄，世世代代紀念，尊稱為醫藥之神。

採藥圖　遼

圖中繪神農氏從山中採藥滿載而歸的情景。神農頭梳高髻，長臉高鼻，肩披獸皮，腰圍葉裳，右手擎紫芝，左手攜藥鋤，背負藥簍。頭髮用墨濃重，用筆厚實，坡道山石簡筆淡墨，繁簡對比，突出了神農的形象。此圖發現於山西應縣木塔內。

炎帝和他的女兒們

●時間：傳說時代
●人物：炎帝　瑤姬　精衛

炎帝烈山氏是華夏民族的先祖之一，但關於他的事蹟並不很多，有些則把他和神農氏歸為一人。炎帝的性格非常奇怪，有的傳說他仁慈和藹，另有一些傳說把他和黃帝對比，說他不肯行仁政，以致炎黃之間最後爆發了激烈的戰爭。

炎帝的名號肯定與火有關，與光明和炎熱也有關聯，所以傳說他是南方的天帝，甚至就是太陽之神，他和玄孫祝融一起管理南方一萬二千里的土地。據說他命令太陽發出足夠的光和熱來，使五穀得以孕育生長，使人民不愁食糧。依照「烈山氏」的名號，即使他不是神農，也一定在農業有過大的貢獻。

⊙炎帝的貢獻

炎帝還有一項重大貢獻，那就是發明了商業。自人類進入農耕社會後，衣食逐漸富足，便想要把多出的物品交換缺少的，溝通有無。炎帝想出了集市交易的方法，他讓人們設立市場，把彼此的東西透過市場公平交換。不過人總不能長時間留在市場上，而不從事耕作，為此炎帝就以管轄的太陽為標準，要人民在太陽當頭的時候前往集市交易，太陽西斜時就要散市。人們實行後，覺得非常方便，於是逐漸利用太陽來確定和計算時間。

交易的物品必須盛裝，才能運送到集市，炎帝因此發明了陶器的製造方法，教導人們用泥土捏造形狀，經過燒製後，變成陶盆、陶罐等容器。炎帝不愧是聰明而仁愛的大神，是華夏的先祖了。

⊙巫山雲雨

炎帝有許多子女，其中有三個女兒流傳了美麗的傳說。《列仙傳》中，炎帝有個女兒追隨仙人煉丹，後來也變成了仙人，和師父去了遙遠的地方。這位仙人名叫赤松子，本是炎帝的臣子，做過掌管雨水的官職，因為經常服食一種叫作「水玉」的礦物，身體變得輕盈，能夠隨著風雨到處飛行。這則神話出現得很晚，把大神炎帝完全人性化了，否則神的女兒為甚麼還需要求仙道呢？

炎帝另一個女兒在文學史上非常有名，那就是瑤姬。瑤姬年輕漂亮，可惜在出嫁的年齡早就夭折了，她的靈魂飛到姑瑤山上，變成了一株瑤草。這株瑤草具有非凡的魔力，要是有人吃了果實，就容易吸引異性的目光。

炎帝可憐瑤姬的早夭，便命她做了巫山的雲雨之神。所謂「朝雲暮雨」，就是她早晨化作雲霧，繚繞在群山之中，黃昏時變作瀟瀟的細雨，彷彿寄托著哀思。戰國末期的楚懷王曾經遊覽雲夢澤，住在一座「高唐」宮殿中，午睡時夢見這位巫山雲雨之神前來傾訴愛意。楚懷王醒來後，心中又是歡喜，又是惆悵，就為瑤姬建了一座廟宇，命名為「朝雲」。

後來懷王的兒子楚襄王也來到高唐，這回是晚上夢見女神前來。醒來以後，襄王命令文人宋玉作賦描述這兩段奇遇，宋玉一揮而就，就是著名的〈高唐賦〉和〈神女賦〉。

⊙精衛填海

炎帝女兒的故事中流傳最廣的是「精衛填海」。《山海經》中說，炎帝有個小女兒名叫女娃，一次前往東海遊玩，遭遇風浪不幸淹死。女娃心中憤懣，靈魂不滅，變成了一隻花頭、白足、紅嘴的小鳥，名字叫做「精衛」。

精衛鳥居住在北方的發鳩山上，她憤恨年輕的生命被大海所葬送，就經常銜了西山的小石子、小樹枝丟在東海裡，一心想要把大海填平。一隻小鳥，靠那點微薄的力量，靠著小石頭、小樹枝，想要填平大海，是完全不可能的事情。然而今天，「精衛填海」這個成語並不代表自不量力，而是代表著永恆的毅力，因為千古以來，人們一直讓這個美麗的傳說所感動。

晉代大詩人陶淵明作詩說：「精衛銜微木，將以填滄海。」其中蘊含著對小鳥悲壯志向的無比欽佩。

大窯村四道溝剖面

在內蒙古呼和浩特東郊發現的大窯文化遺址，是目前保存最完整的舊石器時代文化地層剖面，從上至下可分為三大層，反映了考古學上舊石器時代早、中、晚期文化的疊壓關係，有人稱作「無字天書」。

【先祖黃帝】

●時間：傳說時代
●人物：黃帝

華夏民族的先祖，除了炎帝外，還有黃帝，傳說兩位本是親兄弟，一個管理北方，一個管理南方。一種說黃帝行仁政，而炎帝無道，最終爆發了戰爭。一般人民是不能接受這種說法，因此流傳並不廣遠。

上古神話傳說大多經過後世文人的加工修飾，逐漸向相反的兩個方向演變。一個方向是徹底神化，把原本半人半神的英雄人物描繪成無所不能的天神，另一個方向是聖王化，淡去神怪色彩，盡量向想像中的歷史靠攏。如果說伏羲和太皞本是一體，那麼伏羲就是神性的代表，而太皞則是人性的代表，如果說神農和炎帝本是一體，那麼神農就是神性的代表，而炎帝是人性的代表。神性和人性完全統一在同一個名稱下的，恐怕就只有黃帝了。

⊙崑崙山上的宮殿

依照神話的說法，黃帝也可以寫作「皇帝」，就是指「皇天上帝」，是最尊貴的神靈，是中央的天帝。黃帝在下界的帝都位於崑崙山上，管理帝都的大神名叫「陸吾」，長著人臉、老虎的身體和爪子，還有九條尾巴。

從崑崙山上的宮殿往東北方走去，可以到達黃帝在下界最大的御花園，名叫「懸圃」，據說這個花園懸掛在雲霧繚繞的半空中。懸圃的管理員是名為「英招」的神靈，他長著人臉、馬身，有老虎的斑紋，背上還生長著一雙翅膀。

黃帝像

崑崙山上的宮殿極其雄偉，四面各有九扇大門，有九眼井，正門開向東方，名為「開明門」，由一隻叫做「開明獸」的神獸守護著。宮殿分為五城十二樓，最高的地方生長著一株長四丈，粗五圍的稻穀——這說明黃帝本身和農業也有著千絲萬縷的關係。宮殿四周都生長著繁茂的玉樹，有鳳凰和鸞鳥棲息在上面。其他各種神奇之物和宮殿中服侍黃帝的神靈，多得數都數不過來。

崑崙山如同重重宮闕，共有九

重——這大概就是後來「九重天」說法的來源，總高一萬一千里一百一十步二尺六寸。崑崙山下有名叫「弱水」的深淵，還有晝夜燃燒的火山。

總之，人類想要靠近這座神山，那是完全不可能的。

延伸知識

原始農業的興起

中國的農業產生相當早。原始農業作為第一個歷史形態，開始了人類積極改造自然的歷史，其特點是生產工具以石質和木製為主，實行刀耕火種和撂荒耕作制，種植業、畜牧業和採集狩獵並存。中國原始農業早在距今八九千年前就在部分地區產生，中原地區大約在四千年前結束。

中國是主要農作物的發源地，水稻、粟、黍等許多農作物都是中國最先栽培的。在大多數地區，原始農業以種植業為主，南方大多種植水稻，北方以粟和黍為主。

黃河流域和長江流域是中國共同的農業文化的搖籃，距今七八千年的湖南彭頭山文化、浙江河姆渡文化水稻的遺存，河南裴李崗文化和河北磁山文化粟、黍的遺存，均是典型代表。其中後兩者還出土了種類較為齊全的農具，表明先民已進入鋤耕農業階段。

⊙會合鬼神的樂曲

居住在如此宏偉而神奇的崑崙宮殿中的黃帝，外貌也非常奇特，長著四張面孔，可以同時看清四方發生的事情，方便統治世界。黃帝的輔佐官是后土，據說也是統治鬼國的王者。

《韓非子》中說，黃帝曾經召集天下的鬼神，匯聚於西泰山。黃帝乘坐大象拉的華車，有六條蛟龍跟隨左右，駕車的是畢方，在前面引路的是蚩尤，風伯為他掃清道路，雨師為他降下甘霖，使塵土不再飛揚，各種鬼神全都拜伏在路邊，等待黃帝的詔命。於是無比尊貴的黃帝興致高昂，親自作了一支曲子，起名叫做《清角》，以紀念這次盛會。

春秋時候的晉平公非常喜歡音樂，一次在施夷之臺招待來訪的衛靈公，聽到衛國的樂師師涓奏了一支名叫《清商》的樂曲，覺得不大過癮，就問身邊的樂師師曠：「這首曲子高雅動聽，難道是天下最好的嗎？」師曠回答：「《清商》不如《清徵》。」於是平公就命他演奏《清徵》。師曠取琴彈奏，才一會兒，就有十六隻玄鶴從南方飛來，在城樓上翩翩起舞。

平公非常高興，又問：「那麼《清徵》就是天下最好的樂曲嗎？」師曠回答說：「最好的是《清角》。」平公叫師曠試奏《清角》來

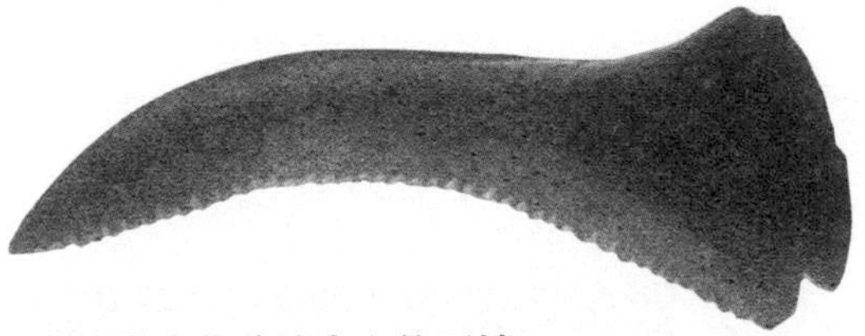

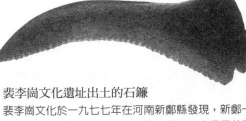

裴李崗文化遺址出土的石鐮

裴李崗文化於一九七七年在河南新鄭縣發現，新鄭一帶就是傳說中黃帝的出生地。裴李崗文化也是目前已知的華北地區最早的新石器文化。

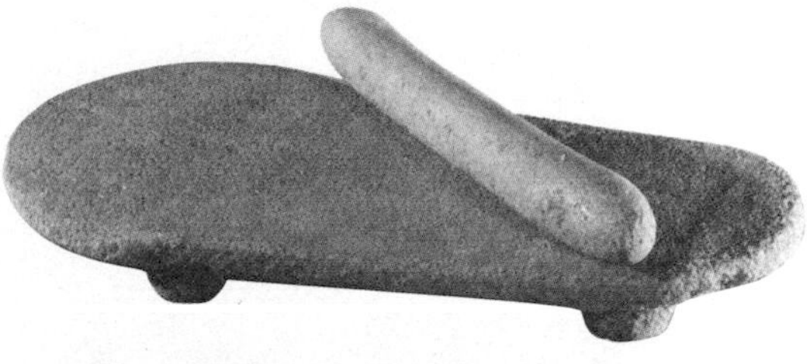

裴李崗文化遺址出土的石磨盤與石磨棒

刑天

刑天的傳說神話色彩極濃，反映了中國遠古時代氏族部落之間血腥戰爭的歷史。

聽，師曠為難地說：「那是黃帝在西泰山會合天下鬼神的曲子，不能隨便彈奏，恐怕會招來災禍。」平公堅持，師曠沒有辦法，只得拿起琴來，才彈了幾個音符，淒厲的聲音就撕裂了帷幕，激破了器皿，屋瓦「嘩嘩」地往下掉落，座中客人紛紛逃散。平公萬分恐懼，蜷縮在角落裡不停顫抖。此後晉國接連三年大旱，平公也大病一場，幾乎丟了性命。

⊙刑天舞干戚

以上種種傳說都呈現黃帝神性的一面，從這方面來看，這位皇天上帝神通廣大，極其威武，看不出仁慈和藹的一面。或許因為這個原因，不肯服從黃帝統治的神、人也不在少數，出現過眾多造反者，其中最有名的就是蚩尤、夸父和刑天。

刑天應該是一位大神，或者是一個巨人，他所反抗的天帝，歷代多認為就是黃帝。刑天本來沒有名字，造反後被天帝在常羊山砍掉了腦袋，所以稱為「刑天」。刑就是指處刑，天指的是首級。雖然沒有了頭，刑天卻並沒有死，不但沒有死，反抗的怒火反而更加堅強。他沒有了眼睛，就把兩乳作為眼睛，沒有了嘴巴，就把肚臍當作嘴巴，高聲喊叫著，手持「干戚」——干就是盾牌，戚就是斧頭，永遠揮舞不休。

晉代詩人陶淵明在讀過《山海經》後有感而作，在「精衛填滄海」兩句下面，還寫了「刑天舞干戚，猛志固常在」，以贊揚刑天那種不屈不撓、永不放棄的頑強毅力。刑天因此被人們看作是一個失敗的英雄，而不是普通造反的豪強。

石雕人頭 磁山文化

人面以十分誇張的形式表現五官，眼部成圓窩形凸起，口部很大。眉以陰刻紋表現，額部有一孔，可能用以佩帶。

⊙鼎湖飛升

在另一體系的黃帝傳說中，這位天帝走向人間，彷彿一位人類的賢君聖王。他仍然威風凜凜，但性格中摻雜了更多寬厚仁慈的因素。黃帝也稱為有熊氏或者軒轅氏，先民許多發明創造都當作為是他獨立完成的。從「軒轅」的名字就可以看出，他發明過車輛，並且船隻也是他創造出來的。

先民最早是和動物一樣居住在洞穴中的，很容易受到野獸的侵襲。後來出了一位偉人，學習鳥類，用樹枝在樹上作巢，避免被地上的猛獸騷擾，這位偉人因此稱作「有巢氏」。但是住在樹上終究很不方便，黃帝後來又發明了房屋，用竹、木甚至石頭，壘起牆壁，野獸就跑不進來了。此外，黃帝還制定了服飾制度，創製了兵器和陣法，也有說陶器的發明者不是炎帝，而歸於黃帝。

這位人間君王當然不可能像在天帝傳說中那樣具備很大的神通，所以他就搜集天下的銅，在荊山腳下鑄造了一口寶鼎，用來煉製丹藥。丹藥煉成以後，天上突然降下一條金龍，垂下長長的鬍鬚來迎接黃帝飛升。黃帝順著龍鬚爬上龍背，臣子跟隨而上的有七十多人。但黃帝的臣子當然不止這七十多人，其他人扯斷了龍鬚也無法追隨。

後世把黃帝升天的地方稱為「鼎胡」，就是指寶鼎和龍鬚，後來逐漸訛傳為「鼎湖」。這就是黃帝鼎湖飛升的故事，而那些扯斷的龍鬚，後來變成了一種葉片細長的植物，人們稱之為「龍鬚草」。

歷史詞典

磁山文化

民國二十二年（一九三三年）首次發現於河北武安磁山的磁山文化，大約出現在西元前五四〇〇～前五一〇〇年，與裴李崗文化一樣是華北新石器時代早期的重要文化遺存。磁山文化主要分布在冀南、豫北等地。

農業是磁山文化的主要生產部門，在磁山八十個窖穴中發現有腐朽糧食粟的堆積，有的厚達二公尺以上。當時的農業生產工具有磨製多於打製的石斧、石刀、石鐮、石鏟和石磨盤等，製作不如裴李崗文化精細，而且器形與裴李崗略有不同。磁山的石磨盤多呈柳葉形，石鐮一般是有刃無齒的。

遺址出土的骨鏃、魚鏢、網梭，以及鹿類、魚類、龜類、蚌類和鳥類等骨骸，表明漁業經濟仍占重要位置。出土的家畜骨骸有豬、狗、牛、雞。從當前已知的資料看，磁山文化是世界上最早培植粟和飼養雞的。遺址中還出土了榛子、胡桃和小葉朴等炭化果實，說明當時的磁山人還從事一定的採集活動。

磁山文化遺址出土的陶器有紅、褐、夾褐色三種，根據紅色陶樣片測定，其燒成溫度為攝氏七百～九百度。

黃帝鑄鼎塬

黃帝鑄鼎塬位於河南靈寶西荊山下。《史記》記載，古時荊山一帶災害頻發，黃帝聞訊後從崑崙山趕來，用仙丹為百姓治病，並鑄鼎於荊山下。黃帝鑄鼎塬高三百公尺，長五百公尺，塬西有黃帝的衣冠塚。相傳黃帝就是從這裡乘龍飛升的。

阪泉大戰

●時間：傳說時代
●人物：黃帝　炎帝

阪泉大戰是傳說中黃帝和炎帝之間的戰爭。有一種看法認為，所謂黃帝、炎帝並不是某個神或人的稱號，而是代表兩個原始部族聯盟，那麼這場戰爭就可以看作是最早爭奪中原霸權的戰爭。戰爭以炎帝敗北而告終結，從而實現了中國歷史上第一次大規模的游牧文化與農耕文化之間的大融合。

傳說中黃帝的宮殿在崑崙山，如果那是一個原始部族，那麼它的祖居地就是在中國的西北方。黃帝發明了車輛，並且能驅使猛獸作戰，很有可能這個原始部族是以游牧為主的。相對的，炎帝部族居住在中原地區，炎帝號「烈山氏」，或者說他就是神農氏，這個部族很可能是以農耕為主。兩個部族或部族聯盟之間為爭奪領土而戰爭，古代是常見的事情，原本不必特意塗抹上道德色彩，解釋成有道無道的衝突。

⊙驅使猛獸作戰

在阪泉大戰的神話傳說中，黃帝是仁慈的，而炎帝老年以後逐漸失德，所以黃帝發動正義之師討伐炎帝，雙方在阪泉展開大戰。然而說華夏民族兩大祖先之一的炎帝無德，那是人民感情所不能接受的，因此後來又產生了一種調解的說法，說炎帝有個後裔名叫蚩尤，凶狠殘暴，趕走了老祖父炎帝，竊居炎帝之位。炎帝被迫向黃帝求救，所以黃帝在阪泉所打敗的，不是有貢獻的炎帝，而是他的不肖子孫蚩尤。

此外還有傳說，蚩尤號為「阪泉氏」，那麼所謂阪泉大戰或許並不存在，那只是黃帝和蚩尤著名的涿鹿大戰中的小插曲，是黃帝直搗蚩尤老巢的一場戰役而已。況且阪泉在今河北涿鹿東南，和古代的涿鹿相距不遠，很可能是同一地點的不同稱呼吧！

炎帝雕像

神農氏方巾束髮，身掩獸皮，手握樹皮和麥穗。

炎帝陵內的石雕白鹿和神鷹像炎帝雕像

暫且假設阪泉大戰確實存在，或者在神話體系中可以獨立成章的前提來描述。傳說黃帝發明了武器，但是當時其他部族不可能仍舊使用狩獵工具甚至生產工具來作戰，只能說明黃帝改良武器，比較先進。從裝備對比來看，炎帝當然就不是黃帝的對手了。

更重要的是，黃帝能夠驅使猛獸作戰，凡是熊、狼、豹、虎之類的猛獸都甘心為其前驅。黃帝的大軍打著以雕、鷹、鳶等猛禽圖案的旗幟，一路挺進，炎帝無法抵擋，節節敗退。

⊙炎黃部族的合併

力求從神話傳說中搜尋真實古史的看法，認為這是上古兩大部族聯盟之間的大決戰，是來自西北方的游牧民族征服了中原地區原有的農耕民族，從此這兩大部族聯盟正式融合，成為華夏民族的祖先。這種觀點認為，所謂熊、狼、豹、虎之類的猛獸，所謂雕、鷹、鳶之類的旗幟，都代表著以不同動物形象為圖騰的原始部族。

還有一種傳說，是古時文人根據所處的社會環境所聯想，認為黃帝與炎帝本是同母異父或者同父異母的兄弟，因為生長在不同的地方，所以黃帝姓姬，而炎帝姓姜。兩人不僅姓氏不同，德性也相差很遠，因此經常發生戰爭。當雙方衝突到一定程度的時候，終於各自聚集周邊的諸侯，在阪泉或者涿鹿地區展開了一場大戰。

神話傳說體系龐雜，眾說紛紜。有認為黃、炎的阪泉大戰發生在涿鹿之戰以前，有認為那就是涿鹿之戰本身，也有認為涿鹿之戰後，黃、炎之間又爆發過一場大的戰爭。最符合世俗情感的說法是黃、炎之間根本就沒有發生衝突，黃帝在涿鹿打敗蚩尤後，兩個部族就和平相處，共同繁衍發展，終於形成了後來的華夏民族，所以我們今天才自稱為「炎黃子孫」。

黃帝戰蚩尤

●時間：傳說時代
●人物：黃帝　蚩尤

黃帝和蚩尤之間的戰爭或許確實真實存在，因為神話傳說中對戰爭前後過程描寫的實在是太詳細了，其中更可以發掘出相當多的真實情況。

不管蚩尤是否為炎帝的後人，不管他是否竊居了炎帝的寶座，也不管阪泉大戰是否曾經發生過，總之，最後蚩尤率領著很多南方民族，挑戰統治北方的黃帝權威，雙方在涿鹿地區展開了曠日持久的慘烈戰爭。

⊙凶惡的蚩尤

神話傳說中，蚩尤是個凶神，他有八十一個，或說是七十二個兄弟，個個銅頭鐵額，獸身人語，或許暗示這一族的戰士頭戴金屬頭盔，穿著獸皮鎧甲。更傳說蚩尤是人身牛蹄，四目六手，或者是八手、八腿，總之相貌獰惡，力大無窮。

不僅長相醜惡，蚩尤還拿著泥沙、石頭，甚至金屬當糧食，並且擅長製造各種兵器。車戰時代的主要兵器稱為五兵，即戈、殳、戟、酋矛、夷矛，傳說都是蚩尤所發明的。有這樣大的本領，蚩尤又聯合了南方許多民族，甚至招來魑魅魍魎等許多鬼怪做幫手，氣勢洶洶，向黃帝部族殺來。

初時，黃帝還想感化蚩尤，用和平的手段化解爭端，但是蚩尤只想憑藉武力取得霸權，不肯罷休。黃帝沒有辦法，就帶領大軍，前往討伐這個凶惡的敵人，雙方才在涿鹿展開大戰。

黃帝陵
黃帝陵在陝西黃城北的橋山上。因《史記》中的〈五帝本紀〉有「黃帝崩，葬橋山」的記載，所以歷代均在橋山黃帝陵舉行祭祀大典。

⊙指南車和龍吟

這場驚天地泣鬼神的涿鹿大戰，開始時黃帝處於下風，他雖然兵多將廣，卻不像蚩尤兄弟勇猛，他雖然驅使著猛獸，卻沒有那些魑魅魍魎等鬼怪來得狡詐。蚩尤尤其神通廣大，造起漫天的濃霧來，把黃帝的軍隊團團圍困，一時無法突圍。

正當黃帝愁眉不展的時候，有個臣子名叫「風后」，是個非常聰明的人，製造出指南車來，幫助黃帝擺脫了困境。這種指南車，後世有很多能工巧匠都曾嘗試仿造，並且多能成功，在沒有使用任何磁石下，依靠各種類似齒輪的機構連動，只要事先設定好方向，輪子不離地，不管如何旋轉，所指的方向都不會改變。有了指南車的引領，黃帝終於帶著軍隊殺出了濃霧。

濃霧問題解決了，下一個問題就是蚩尤軍中的那些鬼怪。鬼怪中最著名的就是魑魅魍魎——所謂魑魅，據說是人臉獸身，長著四條腳，所謂魍魎，長得像三歲的兒童，長耳朵，尖眼睛，最大的本領就是迷惑人心。因為他們的干擾，黃帝命令不能下達，士兵因而走失無數。幸虧黃帝廣見多聞，他知道魑魅魍魎最害怕的就是龍吼的聲音，於是派遣士兵用牛羊角做成的號角模仿龍吟。魑魅魍魎聽到這種號聲，個個骨軟筋麻，黃帝趁機揮軍掩殺，最終扭轉戰局。

⊙應龍的失敗

在戰爭最緊要的關頭，黃帝派出了手下一員大將，名叫「應龍」。應龍據說是背上有一對翅膀的神龍，能驅風使雨。應龍是真正的龍，他的吼叫聲當然比號角更具威力，因而魑魅魍魎就徹底放棄了抵抗，逃散到深山大澤中。此後本性難移，仍時常迷惑和殘害過路的行人。

然而應龍雖然嚇跑了鬼怪，想驅使大風大雨逼退蚩尤軍的努力卻遺憾失敗了。蚩尤說服那些曾經在西泰山之會為黃帝灑掃道路的風伯和雨師，

歷史詞典

血親復仇和戰爭萌芽

原始社會氏族成員的個人安全依靠氏族這個血緣集團來保護，因此氏族是作為整體出現的，侵犯個人就是侵犯整個氏族，對個人的支持就是對全體氏族的善意。血親復仇就是在這一背景下產生的，如果氏族成員遭遇不幸，一般由氏族出面報仇。

到了新石器時代晚期，氏族、部落之間為了生存，互相掠奪盛行，戰爭開始萌芽和頻繁出現。隨之而起了專門指揮戰爭的軍事首領，軍事首領和行政首領都由選舉產生。議事會是由各氏族首領組成的權力機關，凡是戰爭、聯盟大事均由氏族議事會決定。人民大會由氏族所有成年男子參加，是氏族最高權力機關，有權否決議事會的決議。因此新石器時代晚期所謂「軍事民主制」，具有民主和軍事的兩重性。

仰韶文化時代晚期到龍山文化時期，年代大致相當的是三皇五帝傳說時代。這一時期戰爭頻繁，促進了軍事首領權力的集中和王權的產生。

涿鹿之戰示意圖

也加入了敵對的行列。風伯名叫「飛廉」，腦袋好像雀鳥，卻長著一對角，身體好像麋鹿，卻有豹子般的花紋，另外還長著蛇的尾巴。雨師名叫「屏翳」，長得就像巨大的蠶繭。風伯、雨師是掌管風雨的神靈，應龍的法術相形見拙，真是小巫見大巫，一點都施展不開。不僅如此，風伯、雨師反倒把狂風暴雨統統傾瀉到黃帝的陣地上。黃帝眼看又要戰敗了，心急如焚，萬般無奈之下，只好派出女兒「魃」上陣抵擋。

⊙天女旱魃

魃，也叫做「旱魃」，因為她一出現，就會造成天下大旱，赤地千里。至於魃的相貌，似乎同普通女子沒有甚麼不同，只是頂上無毛，是個禿子——似乎也就是「赤地」的真意，據說她經常身穿一件青色的長袍。魃一到戰場，立刻雲收雨散，豔陽高照，風伯、雨師驚惶地敗下陣去。黃帝趁機揮軍掩殺，蚩尤吃了個不小的敗仗。

魃的下場據說比較淒慘。她自從參加了這場戰鬥，再也不能回到天上，她住的地方連年不下雨。可是人間怎能容得下這個乾旱之神，於是人們憎恨她，驅趕她。黃帝只好把她安頓在赤水以北，不許她到處亂跑。

和魃正好相反，應龍在戰後前往南方定居，所以後來南方多雨，北方多旱。應龍受到人民的歡迎，《山海經》中記載，很多地方有裝扮成應龍形狀以祈雨的風俗。總之，應龍與旱魃的命運相比，實有天壤之別。

姜寨少女墓出土的隨葬品圖

一九七二年開始，陝西臨潼姜寨發現的以仰韶文化為主體的聚落是黃河流域保存較為完整的遺址，約為西元前四六〇〇～前三六〇〇年。姜寨遺址是幾個有血緣關係的氏族聚居的村落，呈現了母系氏族的社會結構和生活方式。在墓葬中發現許多精美的陶器，有裝飾性的圖紋和刻劃符號，既反映了仰韶文化製陶業的水準，也為研究中國原始文字的起源提供了線索。

⊙神奇的戰鼓

黃帝雖然暫時擊退了蚩尤的進攻，卻沒能取得最終的勝利。蚩尤背生雙翅，不但能在空中飛行，還能在陡峭的懸崖上行走，來往速度極快，很難抓獲。首惡未除，也無法期望戰爭就此結束。

於是黃帝想要造一面巨大的戰鼓

來鼓舞軍心，好將蚩尤一舉擒獲。他想來想去，決定從夔和雷獸的身上下手。「夔」是居住在東海流波山的一隻異獸，形狀好像沒角的牛，而且只有一隻腳，毛色青灰。夔所到之處，必定伴隨著大風大雨，一張嘴嗥叫，聲音好似雷鳴，震耳欲聾。黃帝派人捉住了夔，剝下皮做成一面大鼓。

「雷獸」是一個人頭龍身的怪物，居住在雷澤中，喜歡拍打肚子玩耍，只要一拍肚子，就會發出震耳的雷鳴。於是黃帝殺死雷獸，抽出骨頭做了鼓槌。

雷澤中人頭龍身的異獸，容易聯想到使伏羲之母懷孕的雷神。此外夔也有是黃帝底下掌管音樂的大臣的說法。即使為了打敗敵人，也不應該把無罪的雷神和大臣夔虐殺掉呀！實在也太匪夷所思了。這就是古代紛繁複雜的神話傳說，經常會產生的矛盾和不合理性。

⊙黃帝的勝利

黃帝把夔皮做成戰鼓，把雷獸骨頭做成鼓槌，敲打起來，山鳴谷應，雄壯得就像雷聲一樣。黃帝的軍隊聽到陣中傳來的鼓聲，莫不士氣大振，蚩尤的軍隊則嚇得渾身顫抖。於是蚩尤大敗，終於被黃帝捉住，砍下了腦袋。

有一則起源較晚的神話，是說黃帝和蚩尤大戰了九場，雙方都無法取得勝利。正感到煩惱之際，天上突然降下一個人頭鳥身的婦人，自稱「玄女」，願意幫助黃帝。玄女傳授黃帝兵法，從此黃帝行軍打仗變化多端，使蚩尤首尾難顧，終於獲得最後的勝利。這個玄女就是後來民間祭祀的「九天玄女娘娘」。

總之，經過長時間的戰爭，黃帝終於取得了勝利，從此天下太平，炎黃兩族也逐漸融合為一了。

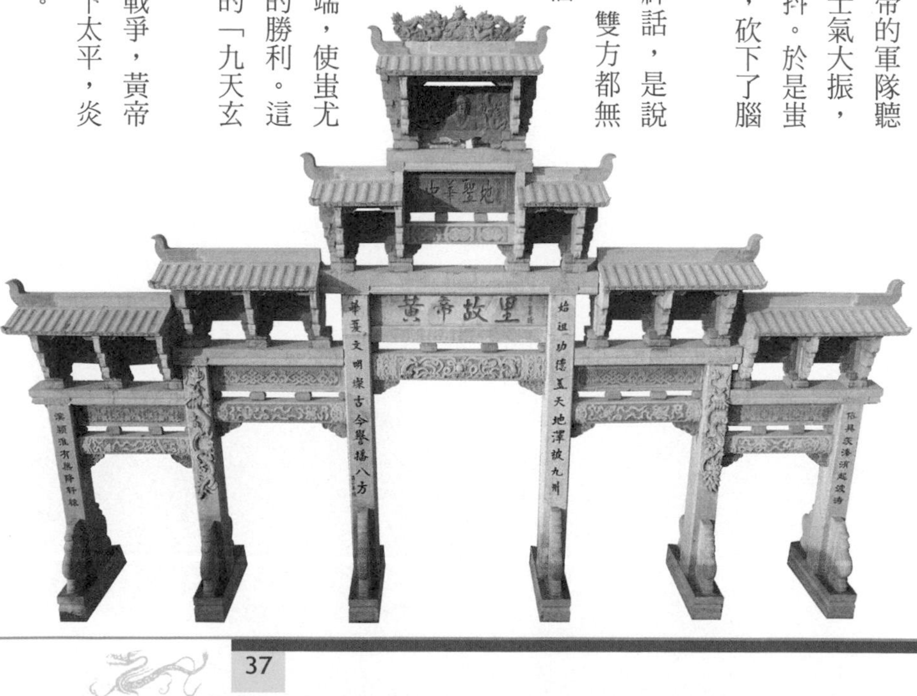

河南新鄭黃帝故里的牌坊

據大量的歷史記載和文獻佐證，位於河南新鄭市區北關的軒轅丘，就是黃帝的故里。始建於漢魏，歷代都曾修復。大殿內供奉著黃帝的坐像，四壁有描繪黃帝功德的壁畫。

蚩尤的傳說

●時間：傳說時代
●人物：黃帝　蚩尤

古代民族間的戰爭，很難區分正義與邪惡。與漢民族傳統的說法不同，很多西南少數民族一直崇拜蚩尤，認為蚩尤才是正義的一方，甚至認定涿鹿大戰是蚩尤戰勝了黃帝。

神話傳說中，反抗黃帝權威的人類英雄或神靈，主要有蚩尤、夸父和刑天三個。涿鹿大戰，蚩尤是首謀，那是毫無疑問的，此外，巨人夸父一族也在蚩尤軍中，而刑天是炎帝的臣子，那麼也很有可能是僭稱炎帝的蚩尤的部下。

⊙蚩尤被殺

蚩尤在涿鹿被黃帝打敗，並沒有死在亂軍之中，而是被黃帝軍隊俘虜了。黃帝看蚩尤背生雙翅，動作極為敏捷，不敢耽擱，就在涿鹿當地把他殺掉了。據說怕蚩尤逃跑，砍下腦袋的時候，還不敢把禁錮手腳的木枷除去。殺死蚩尤後，從他身上摘下染有血跡的木枷，拋擲在荒野中，木枷立刻變化成一片楓林，每一片葉子都鮮紅如血，似乎在傾訴蚩尤恆久不滅的冤屈和憤恨。

也有一種說法，蚩尤曾經從主戰場上逃脫，一直逃到冀州中部，才被黃帝的追兵趕上。黃帝就在擒獲蚩尤的地方砍下了這個敵人的首級，為了怕他復生，就把身體和腦袋分別埋葬，從此這個地方就被稱為「解」。解就是分開的意思——這裡就是現在山西的解縣。解縣附近有一座鹽池，叫做「解池」，池裡的鹽水顏色泛紅，據說就是蚩尤血所染紅的。

還有一種說法，堅持蚩尤的身體和首級並沒有埋在解縣，直接運到黃帝的根據地山東，身體埋在鉅野，墳墓名叫「肩髀塚」，首級埋在壽張。古時壽張居民每年十月祭祀蚩尤，此時墳頭總會出現一道赤紅的霧氣直衝雲霄，好像一面旗幟，人們叫做「蚩尤旗」。

獸面紋玉環
良渚文化

⊙「兵神」蚩尤

另有一種說法，蚩尤並沒有讓黃帝斬首，戰敗後他表示悔過，於是仁慈的黃帝就饒恕了他的性命。從此蚩尤就在黃帝部下，為昔日的敵人效勞。據說西泰山大會鬼神是在涿鹿大戰之後，開道的蚩尤，以及灑掃道路的風伯、雨師，都是敗軍之將。

不管蚩尤最終有沒有被殺，對於

上古這個敢於挑戰黃帝權威的英雄，歷代民眾對他又恨又愛，又懼又敬。蚩尤創造了五兵，又有銅頭鐵額，勇猛善戰，所以古人尊他為「兵神」。戰國時代興起的角觝戲，是兩人比較力量和騎射的技藝表演。據《述異記》，大約晉朝時，河北一帶發展成蚩尤戲，老百姓三三兩兩頭戴牛角，互相牴觸。很明顯，這種娛樂活動是在模仿牛頭的蚩尤戰鬥時的情景。

⊙神祕的饕餮紋

古代器物上大都裝飾一種奇特的獸形紋，尤其以商代青銅器上最多，那就是「饕餮紋」。饕餮紋細看是兩條側面的龍或蛇以頭相對，自然形成了雙眼雙耳，一張巨口，有人認為那是一種有頭無身的怪獸，細細的龍尾不是龍尾，而是怪獸的翅膀。這種怪獸，名字就叫「饕餮」。

饕餮是古代傳說中的惡獸，據說吃人未咽，所以沒有了身體，只剩一個碩大的腦袋，以及似乎可以吞下一切的大嘴，饕餮這個詞彙也逐漸引申為貪財之意。有一種說法，這個饕餮，正是蚩尤被砍下的腦袋變化而成的，那一對翅膀還保留在頭顱兩側。

還有人認為饕餮的原型是炎帝的後裔縉雲氏（不肖之子的外號），或者是南方一種頭戴野豬頭，不吃五穀而吃人的毛人。不管是「炎帝的後裔」，還是「南方」的毛人，不也隱約暗指蚩尤嗎？

歷史詞典

良渚文化

良渚文化是從馬家濱文化發展而來的新石器時代的一種文化，首次發現於浙江餘杭良渚鎮。良渚文化的年代約為西元前五三〇〇～前四三〇〇年。良渚文化在農業、紡織、製玉和製陶等方面都很有成就，是史前時期中國南方文化的主流。

這一時期的石器農具磨製非常精細，主要有鉼、石犁、耘田器、穿孔斧、穿孔刀等。農作物品種很多，如秈稻、花生、蠶豆、芝麻、甜瓜等。紡織方面，良渚文化開闢了家蠶飼養和絲織品生產的新領域，養蠶和織絲開始成為人們的主要經濟活動。良渚文化的陶器有泥質灰胎磨光黑皮陶、黑陶和夾砂灰陶等，普遍採用輪製，造型規整。以泥質灰胎磨光黑皮陶最具特色，圈足上常有鏤孔，有的還用勻稱的弦紋裝飾。玉器也很有特色，數量之多，工藝之精，為新石器時代其他文化所罕見。其中玉琮和玉蟬都是中國早期玉器中的珍品，是財富和權力的象徵，尤其是玉琮最具特色，數量多，結構基本相同，上面刻有構圖相同的神祕獸面紋，是一種宗教祭祀活動的禮器。

良渚文化是中國文明起源時期南方文化中最為發達的一系，影響深遠。中國最早的幾個國家都先後繼承了良渚文化的某些成份，同一時期的其他文化中也可以看到良渚文化的某些特徵。

山形玉飾　良渚文化

玉飾的三叉兩側高，中間低。兩側的高叉上各有一眼及眉毛，上飾花冠，似側面的神人頭像，中間矮叉上飾一個戴冠的正面頭像。器下部琢獸面紋。矮叉頂有一圓孔，似可認為這件玉飾是組成某一器物的部件之一。

【嫘祖養蠶】

●時間：傳說時代
●人物：嫘祖　黃帝

據說黃帝的妻子和臣子也對文明的發展也有大的貢獻：正妻嫘祖發明了養蠶和抽絲，並將蠶絲織成綢緞。大臣倉頡發明文字以代替結繩記事，雍父製造臼杵用來舂米，大撓（或說爲容成）制定干支曆法以利農時，伶倫發明樂器，制定音律，共鼓、貨狄發明造船術，揮、牟發明弓箭，隸首發明算術等。

中國是絲綢之國，最早發明了養蠶抽絲織綢的技術，這種技術藉由商路傳到西方，這就是著名的「絲綢之路」。那麼，養蠶技術是何時何地由誰發明的呢？歷代流傳著種種美麗的傳說。

⊙蠶神的傳說

上古的人類還不知道養蠶抽絲織綢，一般用麻來織布做衣。黃帝打敗蚩尤以後，四方進獻各種珍寶以資慶賀，其中有一位「蠶神」，來自歐絲之野，獻上了紡好的絲線，從此，人們就學會紡織絲綢了。

這位蠶神是甚麼人呢？據說古代有位男子出門遠行，很久沒有回家，他的女兒非常想念，半開玩笑地對家裡的白馬說：「馬呀，馬呀，你如果能去把父親找回來，我就嫁給你。」

這匹白馬頗通人性，聽到這話，立刻掙脫韁繩跑掉了，過了幾天，真的把主人帶回家來。父女相見，又驚又喜，然而有功的白馬卻從此不吃不喝，一天天瘦了下去。父親很奇怪，就仔細詢問女兒家中的情況，女兒把對白馬的許諾說了。父親非常生氣，就殺掉了白馬，並且剝下皮來晾在院子裡。

有一天，女兒和夥伴在庭院中玩

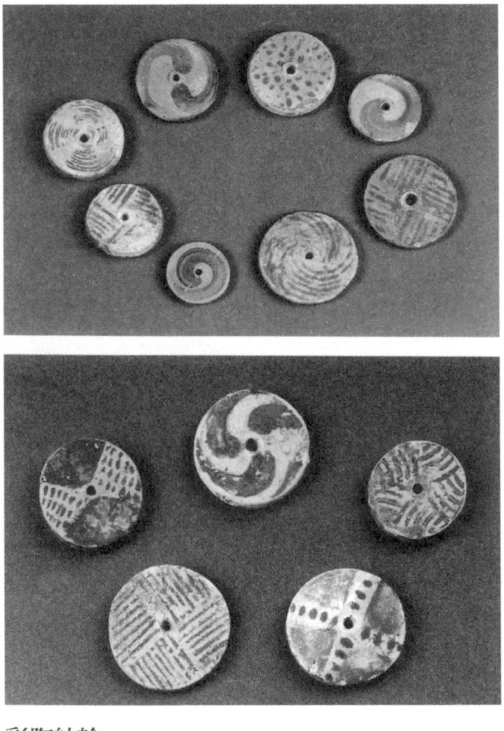

彩陶紡輪

湖北省荊門市的屈家嶺文化以彩陶紡輪最具特色，它既是原始文化藝術的反映，也是紡織手工業發展到一定階段的產物。

要，馬皮突然直跳起來，包裹住她的身體，飛快向外跑去。父親焦急萬分，到處尋找，幾天後才在一棵樹上找到了馬皮包裹的女兒，但是女兒已經和馬皮連成一體，變成蠶了。那種樹從此也被叫做「桑」，桑是「喪」的諧音。

⊙西陵氏之女

大概是古人看桑蠶通體雪白，腦袋好像馬頭，才會有上述的聯想。這種傳說在很多地方都有類似的說法，不知道是分別形成的，還是從中國傳過去。所以蠶神又被稱為「馬頭神」或者「馬頭娘娘」。

但是還有一種說法，蠶神其實就是黃帝的正妻嫘祖。嫘祖，又寫作「雷祖」或者「累祖」，是西陵氏之女。相傳她最早發現了蠶會吐絲，這種絲可以用來紡線織布，做成的衣服又輕又滑。很可能她代表西陵氏前來向黃帝進獻蠶絲，黃帝看上她漂亮能幹，就娶為正妻。

嫘祖最先開始養蠶織布，人們也跟著仿效，從此採桑、養蠶、抽絲、織布就成為古代婦女們的專業，逐漸形成男耕女織的傳統。很古的時候，人們就把銀河兩旁的兩顆星星叫作「織女星」和「牽牛星」，是一對恩愛的夫妻，此後逐漸演化成牛郎織女鵲橋相會的民間故事，由此也可知道紡織絲綢的技術，中國人民很早就已經掌握了。

⊙嫘祖的功績

嫘祖並不僅僅發明了養蠶技術，作為黃帝的正妻，母儀天下，她還創建了很多禮儀規範，譬如尊敬老人，愛護小孩，夫妻之間要相親相愛等等，使整個神州大地不僅穿著得體，而且人人相互禮讓，社會一片安定祥和。

不過那也只是古老的傳說而已，事實上不但普通百姓穿不起絲綢衣服，就連王公顯貴，很長一段時間內絲綢衣料也是難得的奢侈品，麻織物在社會生活中依然占有絕對的比例。傳說黃帝的臣子伯余最早用蠶絲織成的絹做成衣服，黃帝設計了冕服，也就是帝王和貴族的禮服。那時候，帝王和貴族大概也只有祭祀時才捨得穿絲綢的禮服吧！

據《山海經》，嫘祖為黃帝生下了兩個兒子，長子叫玄囂，次子叫昌意。昌意居住在若水，生下韓流，韓流娶淖子氏之女為妻，生下大神顓頊。顓頊後來繼承黃帝之位，成為天下的共主。

雙耳折肩陶壺
裴李崗文化

倉頡和伶倫

●時間：傳說時代
●人物：倉頡　伶倫

先民度過漫長的蒙昧時代，一步步走向文明，走向開化，其中語言文字和藝術影響甚大，並且也是文明開化的重要標誌。漢字據說就是倉頡所造，他和熱愛音樂的伶倫，都是黃帝的臣子。

一九八九年，寧夏中衛大麥地發現了大量的獨立岩畫群，部分專家認為這些岩畫實際是一種象形文字，比公認中國最古老的甲骨文還要早上數千年。這一觀點還有待進一步研究與考證，但中國最古老的文字是象形文字，卻是毋庸置疑的。

⊙文字的誕生

甲骨文已經是一種非常成熟的象形文字了，必然不是漢字的源頭，相信在甲骨文誕生以前數百年，上千年，甚至更早遠的時間，華夏先民就已經學會使用文字來記事了。文字產生之前，人們大多用結繩來記錄時間、事件，以及食糧和牲畜的多寡。如果要記錄牲畜的數目，可以在繩子上打上同樣數量的結，也可以用小結表示個位，大結表示十位，更大的結表示百位，或者用不同的顏色來加以區分。這種結繩記事的方法，還可以應付某些簡單的事物，對於複雜的事情就容易出錯或產生誤解。例如涉及具體的日期或事件，繩結的顏色和大小區分有限，隨著時間的推移，人們往往無法猜測出繩結的確實含義，就連當初打結的人，也未必能記得很清楚。

人們的社會生活日益豐富和複雜，人與人之間的交往越來越頻繁，逐漸地，結繩記事無法滿足大家的需要，迫切需要一種更有效的方法來記錄事物。在這種背景下，文字於是出現了。漢字的發明者，歷代都認為是黃帝的大臣倉頡。

⊙倉頡造字

相傳，倉頡是黃帝的大臣，擔任史官的職務，稱「史皇氏」。既然是史官，當然要記錄當時的大事小情。倉頡逐漸覺得結繩方法的粗漏，難以滿足的需要，在和黃帝商量之後，黃帝就授命倉頡創造「文字」。

古人難以理解抽象文字創造的原因，所以有的認為倉頡是受到了動物腳印的啟發，有的說是摹寫動物斑紋，或是星辰和山川形象的影響。總之，倉頡依靠一個人的力量，把最原始的漢字創造出來了。早期的漢字都

刻符陶尊
大汶口文化

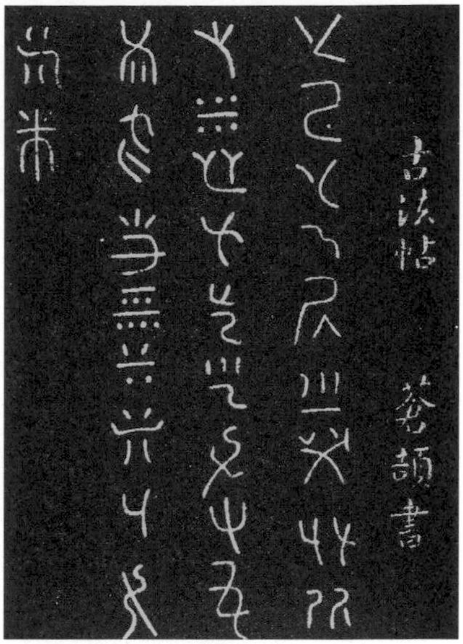

傳說中的倉頡書法

是象形字，後來漢字「六書」的其他幾種造字方法，如會意、指事、形聲，最初是沒有的。

在蒙昧的上古社會，文字是種神祕的東西，據說內部含有魔力，不是祭司、貴族，一般人是不許學習的，並且也無法掌握。傳說倉頡造出文字後，「天雨粟，鬼夜哭」，整個世界都為之震動。因為文字能夠開化人類的智力，智力一開，難免引發爭端。所謂「天雨粟」，是老天預感到人類將會挨餓，所以事先降下食物來。所謂「鬼夜哭」，是鬼怪因世界將發生動盪而感覺恐懼不安。

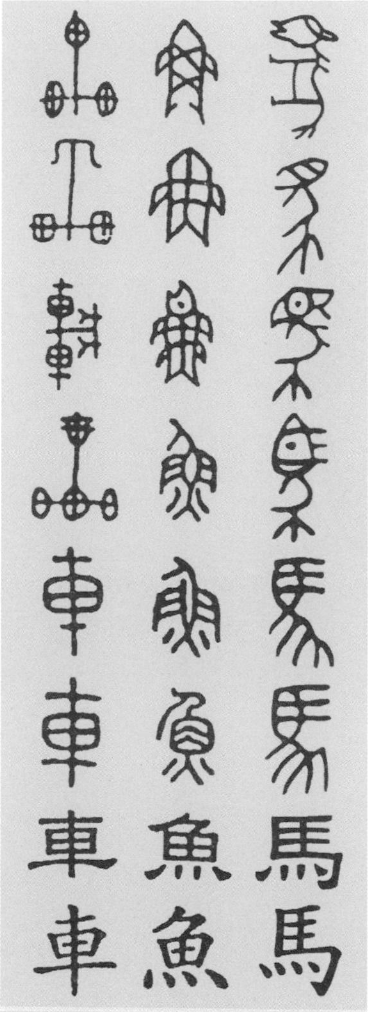

漢字形體的演變示意圖

⊙樂師伶倫

先民很早就為了捕獵而模仿動物的叫聲，時間久了，便開始模仿風吹、葉落，種種自然界的天籟，接著發明樂器，創造出種種自然界原本沒有的聲音，這就是原始的音樂。最早的音樂是沒有調門，沒有規矩，完全隨心所欲。改變這種狀況的，是黃帝的樂師伶倫。

伶倫發明了管樂器，把當時中原地區常見的竹子截成小段，裝上金屬的簧片，吹奏出各種不同的聲音來。一次聽到鳳凰的鳴叫聲，清越悠揚，非常美妙，就決定用竹管來模仿。經過反覆傾聽和研究，他不但成功模仿出鳳凰的鳴叫聲，還分辨出雄性鳳的叫聲宏亮，有六種變化，而雌性凰的叫聲柔美，也有六種變化。

伶倫截取了十二根長短不一的竹管，其中六根模仿鳳鳴，製成六陽律，另外六根模仿凰叫，製成六陰律，從而製成了十二律管。中國最古老的樂律就此誕生了，於是伶倫的功績傳頌千秋萬代。

遠古三大部落

中華民族是由居住在中國境內的眾多原始民族融合而成的。由於史料匱乏，我們只能依照神話傳說，探知、揣測上古文明的真實內涵。根據上古神話傳說的三個源頭，可以推演出中華民族的三個主要來源，即上古的三大部族集團：華夏集團、東夷集團和苗蠻集團。

華夏集團

夏朝建立以後，人民自稱為夏或諸夏，這一支就是華夏集團的後裔。華夏集團的主要生活區域，是在黃河中游的中原地區，基本流向是由西向東，尊炎、黃為始祖。從考古學的證據上來看，以陝西省為中心的仰韶文化，很可能就對應著華夏集團。

白衣彩陶鉢
仰韶文化

東夷集團

東夷集團的發源地在今天的山東半島和安徽省境內，部分向西遷徙，進入中原地區，部分向南遷徙，進入長江中下游地區。商人稱自己是夷人，他們所崇拜的太皞、少昊，以及帝俊，都是東方的上帝，或者出生於東方。從考古學看來，很可能東夷集團對應的是以山東為中心的大汶口文化。

彩陶鸛魚石斧圖缸
仰韶文化

嵌松石骨雕筒 大汶口文化
這個雕筒出土於山東泰安市大汶口，由動物肢骨雕刻而成，一側穿有四孔，便於繫繩攜帶。牙骨雕刻及玉石鑲嵌技藝始於大汶口文化，並開創了商周鑲嵌工藝的先河。

苗蠻集團

伏羲、女媧神話出自南方的苗蠻集團，這個集團原本居住在河南省南部和湖北省北部，歷代受華夏和東夷集團的壓迫，被迫南遷到長江中游的鄱陽湖、洞庭湖以及江西部分地區，後裔甚至可能遷入更南方的湖南和雲貴一帶。江漢流域的屈家嶺文化，很可能就對應著上古的苗蠻集團。

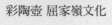

彩陶壺 屈家嶺文化

鏤孔灰陶豆 屈家嶺文化

山東曲阜的少昊陵

少昊陵，古稱壽丘或雲陽山，位於曲阜城東四公里處，傳說為少昊的陵地。少昊號金天氏，為黃帝之子，五帝之一。少昊陵呈正菱形臺，狀如金字塔，底寬二十八．五公尺，坡高十五公尺，頂邊皆為九．四公尺。上有清代黃琉璃瓦小廟，內供宋代漢白玉石像。

【顓頊與帝嚳】

●時間：傳說時代
●人物：顓頊　帝嚳

各種說法的五帝中，大多會提到顓頊和帝嚳，傳說中他們先後代黃帝擔任中央天帝，前承炎、黃，後啟堯、舜，奠定了華夏基根，是華夏民族共同的人文始祖。

顓頊高陽氏，帝嚳高辛氏，傳說都是黃帝的子孫。《山海經》中，黃帝和嫘祖生昌意，昌意生韓流，韓流生顓頊。《史記》中說，帝嚳是黃帝的曾孫。周人認為黃帝是他們的先祖，姓姬，所以顓頊和帝嚳也是姬姓的君王。

⊙顓頊和天梯

傳說顓頊生於若水，後來住在空桑，這個「空桑」也就是「窮桑」，顓頊神話和少昊神話頗有雷同之處。顓頊當過北方的上帝，他的輔佐官是禺強，也稱玄冥，此神人面鳥身，耳朵上掛著兩條青蛇，腳下還踩著兩條青蛇。

傳說顓頊非常愛好音樂，曾經派飛龍（或許是他臣子的名字）模仿八方來風的聲音，創作了一首曲子，起名叫《承雲》，獻給他的曾祖父黃帝。繼黃帝為中央天帝後，顓頊最大的功績就是「絕地天通」。

在任何民族的遠古神話中，人類英雄都具備神性，而神靈也都具備著人性，也就是人神不分，兩者除了力量、神通有不同外，並無區別，甚至神靈也和人類一樣無法逃脫死亡的命運。在那個時代，人和神是經常交往、溝通的，神可以下地，人也可以上天，在中國古代傳說中，人類主要藉由攀爬天梯的方法，前往上界和神靈會面。

天梯也就是天柱，一般以高山的面目出現，例如著名的崑崙山，還有肇山、登葆山等。此外，據說都廣之野有一棵巨大的樹叫做建木，也具備天梯的功能——都廣之野，或許就是現在的成都平原。

⊙絕地天通

人與神自由溝通，這個美妙的時代被天帝顓頊終結了。不知道顓頊出於一種怎樣的理由，或許他認為和人類接觸太頻繁有傷神的自尊，或許他認為人間的紛爭越來越多，神還是少插手為好，總之，他派了大臣重和黎二人施行「絕地天通」，也就是阻斷

陶塤
塤產生於史前時代，是一種古老的吹奏樂器，多用陶土燒製而成，形狀像雞蛋，有一至六個音孔。

天與地之間的通路。

通路雖然被阻斷了，人類不再能夠通過天梯直接和神見面，神想要到下界來，卻依舊是很簡單的事情，不過似乎從此以後，神尤其是天帝，就不大愛管人間的事情，只是高高在上享他們的清福。於是顓頊派重管理上天，黎管理下界——據說這兩位神都是顓頊的孫子，他們建立的完全是一個家族政權。

著名歷史學家徐旭生先生認為所謂「絕地天通」乃是一次宗教改革。顓頊以前，每個人都可以祭祀神靈，每個家族都有祭祀天地的權力，宗教活動沒有足夠的神聖性，大大影響了人們對鬼神的虔敬，降低了神權的威嚴。顓頊決定收回這種權力，設立專人負責祭祀，也等同於阻斷了普通人和上天溝通的權力。通過這次宗教改革，顓頊借助宗教感召力，把人心離散的部落聯合在一起，同時也樹立了自身不可替代的神聖地位，促進了遠古文明的發展。

⊙共祖帝嚳

上古時代，不僅文字是神聖的，音樂也是神聖的，所以傳說中的神靈或帝王，大都參與了音樂的演進。代顓頊為中央天帝的帝嚳，據說就曾派大臣咸黑創作樂曲，派倕製作了鼙、鼓、鐘、磬、管、塤、椎鐘等各種樂器。帝嚳讓手下人使用這些樂器演奏出美妙而莊嚴的樂曲，連鳳凰聽到這種樂曲都會翩翩起舞。

帝嚳在商人的神話中被寫作帝夋，後來衍變為帝俊。帝嚳具備豐富的人性，而帝俊則主要反映了他神性的一面。傳說帝俊有兩個妻子，正妻羲和，生了十個太陽，次妻常羲或者叫常儀，生了十二個月亮。後世因此也稱太陽神為羲和，而常儀，則衍生出嫦娥奔月的故事。

作為人間帝王一面的帝嚳，傳說有四個妃子，所生的子孫都成為天下之主。元妃有邰氏之女，名姜嫄，生下的后稷是周人的祖先。次妃有娀氏之女，名簡狄，生下的契是商人的祖先。三妃陳鋒氏之女，名慶都，生下了堯。四妃娵訾氏之女，名常儀，生摯，也就是少昊金天氏。這種說法，明顯是周人為了抬高自己身分而硬生生編造出來的。

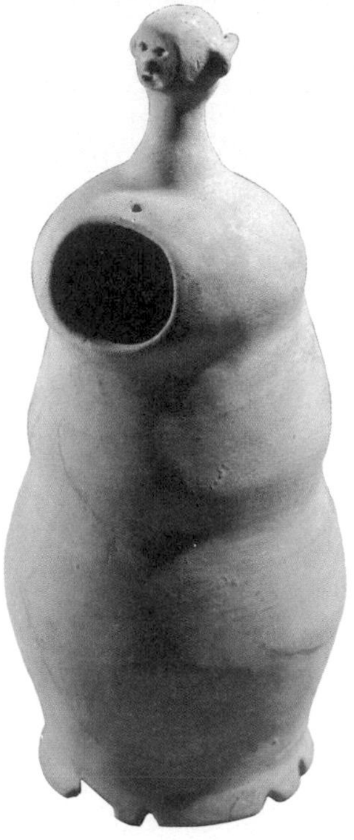

崧澤文化人首陶瓶

浙江嘉興郊區大橋鄉南子村崧澤文化遺址出土。瓶高二十一公分，腹圍二十八公分，泥質灰陶，呈人首三節葫蘆形瓶體。瓶首為小人頭，兩眼內陷，鼻樑隆起，雙耳聳立，作張口若語狀，腦後束短辮。瓶身溜肩，弧胸，鼓腹，體態肥碩。胸前開一個橢圓形大口，口內中空，與瓶體貫通。瓶底作小圈足，略外撇並飾齒狀缺口。整個器物造型奇特，生動古樸。此陶瓶很可能是當時用於祭豐收，求雨或降生靈等原始宗教祭祀活動的禮器。

帝堯的傳說

●時間：傳說時代
●人物：堯

堯，歷代常稱為帝堯；舜，歷代常稱為帝舜。「帝」這個字在上古只用來指稱上帝，也即天帝，說明堯、舜這兩個形象依舊是人神摻雜的上古英雄形象，他們身上會發生那麼多稀奇古怪的事情，也就無足為怪了。

⊙仁德的帝堯

帝堯也稱陶唐氏、唐堯，他的仁德為歷代所傳誦。他住在茅草房子裡，屋樑和傢俱都不刨光，更別說上漆了。他所使用的都是土盆土碗，喝的是野菜湯，吃的是糙米飯，穿的是粗麻布衣，冬天也頂多加披一塊鹿皮而已。

帝堯很關心愛護他的人民。如果有人吃不飽，帝堯必定會檢討說：「這是我使他飢餓的。」如果有人穿不起衣服，帝堯也必定會檢討說：「這是我使他寒冷的。」如果有人犯了罪，帝堯則檢討說：「這是我治理無方，才使他陷入了罪惡的泥潭。」

因為帝堯是如此賢明，所以在他的庭院中生長出許多代表吉祥的植物。譬如，有一株蓂莢生長在臺階的縫隙裡，每月初一開始結一枚豆莢，以後每天結一枚，到了十五日正好是十五枚。從月半十五以後，這株植物就每天掉一枚豆莢，到月底正好掉光。如果那個月是小月，只有二十九天，最後一枚豆莢還會枯而不落。帝堯就把這株神奇的植物當成自己的日曆本，稱為「曆莢」。

⊙名臣濟濟

古代傳說中，帝堯本人的品格是很高尚，不過他似乎並沒有怎麼費心治理天下，卻把重大國政都交給了他的大臣，大概因為他的臣子實在是太傑出了，人才濟濟的緣故吧！據說當時后稷為農師，倕為工師，契為司馬，夔為樂正，皋陶為司寇，後來還出了一個大賢舜，做了帝堯的輔佐官。

堯廟古樹
位於山西臨汾南四公里處的堯廟裡的千年古樹，象徵了中華民族古老的根。

延伸知識

原始音樂的產生

新石器時代，中國音樂已從樂舞中發展成為高度發達的音樂體系，人們對音樂的樂律性質已有了理性認識。隨著笛、塤等有明確音高的旋律樂器的出現，人們開始認識音之間的關係，音階開始產生，並有了將音高納入模式的樂律知識。山西萬榮縣荊村和半坡的陶塤已不按絕對音高製作，而是具有調試性質，其中陶塤一音孔均能發出四個音，並且各塤每個相鄰的音階也大致相同。

早於距今九千～七千八百年的仰韶文化的河南省舞陽縣北舞渡鎮賈湖新石器遺址出土有二十五件骨笛，骨笛係用丹頂鶴的尺骨製作，大多為七孔，能奏出七聲音階，結構完整準確，音質較好。有些骨笛在音孔旁還有調音用的小孔，可見製作者具有明確的樂律意識和調音水準。

新石器時代中國音樂的產生，就是人類音樂在東亞的首次突破，奠定了中國音樂文化的發展基礎，也深深影響了商周的生活方式。

錐刺紋陶響鈴

響鈴是原始社會樂器，供娛樂之用。這個響鈴呈圓餅形，鈴壁排列了規整的椎刺紋，並有一大穿孔。

樂正夔，或許本就和黃帝傳說中的那個獨腳怪獸同出一源，或許是個以那種怪獸為圖騰的部族首領，總之，他在音樂上是很有天賦的。傳說他創作了一首樂曲，名叫《大章》，樂曲溫柔平和，感化人心，從此整個天下都變得太平起來。

帝堯最有名的大臣要算是專管審案的皋陶，此人臉色發青，一看就知道他鐵面無私。還有傳說他長著鳥喙一樣的嘴，這種特徵正是代表了誠信。皋陶審案是最公正的，被告原告，有罪無罪，他能夠分得一清二楚，這都歸功於一頭名叫「獬豸」的神獸。

獬豸長得像羊，只有一隻角，人與人之間產生爭端，獬豸就會用角去頂理虧的一方。有了神獸幫忙，難怪皋陶斷案如神了。許多朝代，法官所戴的帽子和其他官員是不同的，並且有個特殊的名稱「獬豸冠」。

仙人洞魚叉、骨針、骨飾品

魚叉用鹿角製成，長柄帶雙排倒鉤，形制工整，與歐洲舊石器時代晚期馬格德林文化（Magdalenian culture）的魚叉類似。由於仙人洞旁有河流環繞穿過，顯示原始人可在就近地區使用魚叉捕魚。三枚骨針，係用動物肢骨刮磨，鑽孔而成，針孔十分細小，直徑僅有一．六公釐，與北京周口店山頂洞人的骨針比較，製作更精細一些。針上有使用過的痕跡，當是用來縫紉皮衣等物品的工具，反映了當時社會的生產水準在提高，並增強了向寒冷地帶擴展的能力。骨飾品有四枚，是用鹿及貉、小野貓等食肉動物的犬齒製成。中間有孔，可用繩穿繫成串作項飾，有的在孔緣還遺有朱色彩痕，透露出原始人的精神生活已萌發愛美心理。

鉤羽圓點紋彩陶盆 廟底溝遺址

陶盆全部統一為弧形的鉤羽圓點紋，展開在自由流動的圖案格式中，顯示出廟底溝彩陶奔放活潑的藝術風格。

⊙十日並出

按照迷信的說法，天人之間是有感應的，如果君王失德，上天定會降下災禍，以作警示。不過按照這種陳腐的觀點，可就沒法解釋帝堯所碰到的種種天災了。帝堯的品德如此高尚，他的臣子如此有才，國家治理得有條不紊，應該毫無天災，百姓安居樂業，然而傳說中，帝堯時代卻天災不斷。

首先是十日並出。傳說太陽本是帝俊和羲和所生的兒子，共有十個，他們每天輪流，一個兄弟從東方海外的湯谷啟程，橫亙整個天空，最後從西方的蒙谷潛入地下——這時候，天就黑了。如此十日輪替，千百年來都沒出過亂子。但是到了帝堯的時候，不知道怎麼一來，這十個兄弟突然同一天一齊跑到天上去了，並且再也不肯回家。

十日當空，熱浪滾滾，河流全部乾涸，植物全都枯死，連石頭、金屬都被曬得熔化，這實在是古往今來最可怕的大旱災。更可怕的是，趁著這場大旱災，各地的妖魔鬼怪全都衝出他們的巢穴，開始肆無忌憚地殘殺人類。帝堯派出好幾個巫師向上天禱告，請求十個太陽快快下山，卻都得不到回應。最後帝堯親自跪到烈日底下，曬得半死，還是無法結束這場天災。

⊙大洪水的傳說

十日並出的大旱災，最後被英雄羿結束了，然而帝堯時代的第二場可怕的天災很快又拉開了帷幕。那是千年甚至萬年都難得一遇的大洪水，整整延續了二十二年之久。全國河流到處氾濫，除了幾個高高的山頭，整片大地都沉入水下，處處滔天巨浪，簡直像是共工撞倒不周山以後的大洪水再現。當初全靠了女媧補天，才把人類從滅亡邊緣拯救出來，此刻又有誰能阻止人類的滅亡呢？

非常奇怪的是，世界各國的神話傳說都存在著大洪水的影子。古代兩河流域和古希臘的神話中，因為人類不敬天神，生活奢靡放蕩，所以天降大洪水，把絕大部分人類都淹死了，最後只剩下一家好人，他帶著妻兒、禽畜躲在一口大箱子裡，倖免於難，等洪水退去，才離開箱子，重新繁衍出新的人類來。這個神話後來由古希伯來人所繼承，演變成著名的「諾亞方舟」的故事。古印度傳說中，得救的是漁夫曼努，他預先被一條神魚警告，所以造了船，躲過了大洪水。

這些傳說使得古代學者普遍相信創世之初爆發過一場波及整個世界的

彩陶簋形器 仰韶文化

洪水災害。柏拉圖就曾聲稱，文明達到鼎盛的亞特蘭提斯（Atlantis）因此埋葬在大西洋中。對比中國的伏羲、女媧兄妹相配的傳說，女媧補天的傳說，還有帝堯時代大洪水的傳說，或許真的存在過這樣一場巨大的天災，或許這些傳說都出自同一個源頭。

⊙流放丹朱

中國古代的這場大洪水，最終讓睿智而頑強的大禹治好了，此後人們重新開始了和平安定的生活。這個時候，帝堯也已經老了，想要卸除君主的重擔，尋找一個適當的繼承人代替他治理天下。他首先想到的是兒子丹朱，然而丹朱行為放蕩，太不成器。堯就用桑木做成棋盤，用象牙做成白子，用犀牛角做成黑子，發明了圍棋來教化丹朱。可惜丹朱下了兩天棋就顯得乏味了，依舊帶著狐朋狗友到處胡作非為。

帝堯徹底失望了，就把丹朱流放到丹水（源出今天的陝西商縣，流經河南、湖北等省）。但丹朱不但毫不悔悟，反而聯絡了西南的一些部族，想要推翻帝堯的統治。帝堯無奈之下只好派兵討伐，殺死了丹朱。

經過長期尋找和考察，帝堯最後決定把王位傳給輔佐官，也就是女婿舜，退位後，帝堯前往山林中隱居了。帝堯的結局，神話傳說中並沒有提及。

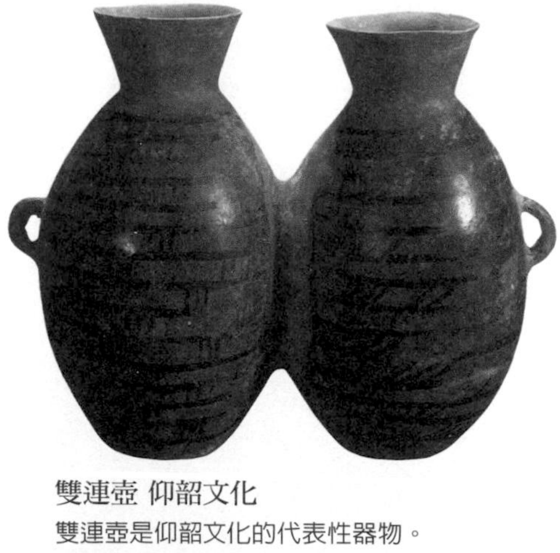

雙連壺 仰韶文化

雙連壺是仰韶文化的代表性器物。

歷史詞典

仰韶文化進入繁榮期

發源於陝西半坡類型的仰韶文化，經過發展，在約西元前四〇〇〇～前三六〇〇年左右進入繁榮期，即形成廟底溝類型。

廟底溝類型的彩紋進入了成熟發展期，是仰韶文化彩陶藝術的高峰。這時紋樣構圖一變過去風格，以圖案裝飾為主旨，此外還有多種姿態的鳥紋裝飾。這種紋飾構圖上的變化，是與當時器物形制的特點相協調的，也說明了當時居民審美觀念的發展和藝術創作上發生的變化。廟底溝類型還出現了多彩紋飾，白地或紅地白邊，紫紅彩白彩相間，更顯得富麗美觀。

廟底溝類型以一九五六年發現的陝縣廟底溝遺址為代表。該遺址的發掘，確立了仰韶文化主要階段之一的廟底溝類型，揭示了它的豐富內涵和特徵。這裡發現的廟底溝二期文化遺存，屬於早期龍山文化的範疇，為仰韶文化向龍山文化的過渡首次集中提供了大量的證據，從而使中原地區新石器晚期文化的傳承關係開始明朗。

【羿射九日】

●時間：傳說時代
●人物：羿

在傳說中，人們常將羿與后羿混為一人。其實，后羿在歷史上確有其人，是夏代有窮國的首領，「后」是夏代對君王的尊稱。后羿發動戰爭，趕走了夏后太康，成為了夏的君主。而羿是傳說中射日的天神，射下九日，除妖斬怪，因而贏得了後世的尊重。

帝堯統治的時代，天上十日並出，人類遭逢如此大的災難，生不如死，幾乎滅絕。傳說天帝（或許就是十日的父親帝俊）實在看不過去了，就派擅長射箭的羿下凡來解除災禍。考慮到帝堯也具備神性，本身很可能也是天帝的化身，羿大概原本就是他的大臣。

⊙羿射九日

據說羿的左臂比右臂長，似乎天生就是射箭的好手，他拿著天帝賜與的一張紅色的弓、一袋白色的箭，降臨到凡間，瞄準天上的十日，做勢欲射。

想來帝俊不會真的想殺死自己的太陽兒子吧！他派羿下凡，只為了警告這些胡鬧的小子規矩一點。然而太陽兄弟似乎並不肯接受父親所派來使者傳達的警告，依舊懸在當空，絲毫沒有落下的意圖。羿生氣了，真的搭弓放箭，「嗖嗖」連聲，天上的太陽應聲而落。

古代傳說，日中有金烏，月中有蟾蜍。所謂金烏，就是金色的三足烏鴉，或許那就是太陽兄弟的本體。總之，隨著羿的連射，天上連續掉下來九隻金烏，天氣很快變得涼爽多了。最後倖存的那個太陽從此規規矩矩，再也不敢肆意妄為了。

⊙除妖斬怪

羿的功績並不僅僅在於射下九日，因為很多妖怪都趁著下界鬧災的機會衝出巢穴，到處殘害人類，所以羿又巡遊各方，用神射的本領，把這些妖怪逐一解決掉了。

他第一個殺死的是猰貐。這種怪獸形狀像牛，遍體赤紅，人臉馬蹄，嗥叫的聲音好像嬰兒啼哭。最喜歡吃人，在中原地區到處橫行，殘害百姓。羿首先射死了猰貐，除去一害，然後前往疇華之野捕殺鑿齒。

這種名叫鑿齒的怪物，有的說是人身，有的說是獸體。但不管怎樣，有一個特徵是很明確的，那就是嘴裡長著一根長五六尺，好像鑿子一般鋒利的大牙齒——鑿齒的名字就是因此而來。鑿齒智商頗高，拿著一柄戈，或者是一面盾來迎戰羿，然而射術精妙的羿根本就不容近身，一箭取了性命。

羿第三個對付的，是北方凶水裡

的怪獸九嬰。九嬰長著九個腦袋，能夠噴火。第四個射死的，是東方青丘之澤中名叫「大風」的怪鳥，牠能吹壞房屋。因為怕一箭不能命中要害，大鳥帶箭飛去，就很難追蹤了，於是羿就在箭尾綁了一條青色的絲線，然後一箭中的，扯著絲線把大風拉到地上砍死了。這種用帶有繩索的箭射鳥的方法，古代叫做「弋」。

⊙英雄的悲劇收場

南方的洞庭湖中，有一條巨大的蛇正在作怪，這條蛇黑色的身體，青色的腦袋，叫做「修蛇」，又叫「巴蛇」。能夠一口吞掉大象，然後消化三年，才把象骨從嘴裡吐了出來。人要是吃了牠吐出來的象骨，就可以治心口疼或者肚子疼的病。羿殺死了巴蛇，人們把巴蛇的屍體打撈上來，竟然堆成一座山，那地方就是巴陵，又叫巴丘。

最後，羿又射死了藏在桑林中的封豨，也就是大野豬，這才圓滿完成了他的壯舉。然而天帝被羿射死了九個太陽兒子，非常不高興。羿用封豨的肉來祭祀天帝也得不到原諒，從此他就滯留地上，再也不能飛升上天了。

雷公、電母、雨師和八卦神

元代壁畫，位於山西省芮城永樂宮三清殿西壁。神靈的形象在此後的中國歷史中逐漸與人間的帝王將相相互重合。

【嫦娥奔月】

●時間：傳說時代
●人物：嫦娥

月亮上有座廣寒宮，廣寒宮裡住著一位名叫嫦娥的仙女，這個傳說在中國可謂家喻戶曉。然而嫦娥原本是甚麼人，她究竟為甚麼和怎樣才能夠飛到月亮上去，知道的人就不是很多了。

嫦娥，古書上也寫作姮娥。其實上古時代，嫦娥兩字和那個生下了十二個月亮的常儀的名字發音很像，或許是古代某個民族崇拜的月亮女神，經過長期演變，衍生出種種不同的傳說。關於嫦娥的傳說，一般認為她是射日的大英雄羿的妻子，然而羿的妻子似乎並不僅她一人。

⊙羿射河伯

大詩人屈原在《天問》中寫道：「帝降夷羿，革孽夏民，胡射夫河伯而妻彼雒嬪？」這分明是把羿和后羿混淆了，於是發問道：上帝派羿下凡是為了解除人民的苦痛，他為何又射傷河伯，並且奪占了雒嬪呢？雒嬪就是洛水女神，也就是伏羲的女兒宓妃，後來做了河伯的妻子。

古代單獨稱河，一定指的是黃河，那麼河伯就是黃河之神。某次化身為白龍，在水中游來游去，正好羿看見了，就開弓放箭，射瞎了白龍左眼。河伯找到天帝哭訴，請求殺掉羿。天帝問說：「你怎麼會被他射傷呢？」河伯回答說：「我正好化身為白龍出遊。」天帝責怪道：「如果你安居水府，誰都傷害不了你，你化身為動物，遭人射傷，那是很正常的事情，我怎能因此處罰羿呢？」

按照屈原在《天問》中所言，似乎羿是為了搶奪宓妃才射傷河伯的，這種行為實在和他大英雄的身分不符。不過龍出水面，一定會帶來風雨，或許羿是為了制止水災的發生，才傷害了河伯吧！帝堯時代大旱災之後的大水災，羿也有過卓越貢獻的。

⊙西王母和不死藥

羿受到上帝的責難，不能重回天界，他的妻子嫦娥也只好陪著他。嫦娥對此是很不滿的，羿雖然並不後悔自己的行為，但想到人壽有時而盡，不知道哪天就會死去，心裡也不好受。他聽說西王母那裡有長生不老的靈藥，就決定千里跋涉，前往訪求。

西王母是居住在崑崙山上的神人，後世把她描繪成一位慈祥的老婦人，是東王公的妻子，但在最早的神話傳說中，她的樣子卻半人半獸，非常奇特。據說西王母長著豹子的尾巴，老虎的牙齒，頭髮蓬鬆，頭頂長著高高的鳥冠。不過，如果把這些特徵都看作是上古部族統治者的特殊裝束，倒也能說得通。

崑崙山高與天齊，周圍還圍繞著

弱水和火山，人類是很難攀登的，但是當然難不倒大英雄羿。羿經過艱難的跋涉，終於見到西王母，得到了不死之藥。西王母關照他說：「藥是給你夫妻吃的，一人一份，吃了就能長生不老。如果一個人吃了兩份，就能重回天界。」

羿高高興興回到了家，打算找個良辰吉日，和妻子嫦娥一同服用不死之藥。然而嫦娥實在太想念天界了，她瞞著羿，一個人吃了兩人份的不死之藥，於是身體變輕，慢慢地向天空飄去。

⊙冷清的月亮世界

大概是害怕天上的仙人責備她拋棄了丈夫，嫦娥不敢返回天界，她飄飄盪盪地到了月亮上。據說一登上月亮，她的身體就發生了變化，從個美女變成了醜陋的癩蛤蟆——日中有金烏，月中有蟾蜍，這種變化倒是早就註定的。

不過這種傳說未免太過淒慘，所以還有一種說法：嫦娥並沒有變成蟾蜍，只不過月亮上空空蕩蕩地，除了一隻小兔子，一株桂樹，還有一個名叫吳剛的仙人外，甚麼也沒有，嫦娥從此就過著寂寞冷清的生活。那個吳剛，據說是學仙犯了罪，被貶到月亮這荒僻的地方來，要他天天砍伐桂樹，何時樹倒，他就能免罪。然而那株桂樹本是神物，樹幹砍開後立刻就又合攏。吳剛砍呀砍呀，只能永遠呆在月亮上，沒有出頭之日了。

其實嫦娥並不算可憐，她是咎由自取，被她拋棄的羿才真的肝腸寸斷吧！

北京頤和園長廊彩畫中的嫦娥奔月圖

帝舜的傳說

●時間：傳說時代
●人物：舜

從帝堯到帝舜，再到大禹，神話傳說逐漸演變，上古人神合一的英雄人物逐漸轉化成真正的人，所以三個人的故事一個比一個更豐富，一個比一個帶有更多的人類的七情六慾。

帝舜又稱虞舜、有虞氏，他的出身並不高貴，父親是一個盲人，因此被稱為瞽叟，「瞽」就是瞎眼的意思。瞽叟第一個妻子生下舜就死了，他又娶了一個妻子，生下舜的弟弟象。

⊙舜的德行

帝堯在位七十年後，外國進獻一隻神鳥，神鳥只有一個眼眶，兩枚瞳仁都生在同一個眼眶中，因此叫做「重明鳥」。神鳥外表像雞，叫起來卻像鳳凰，時常脫去羽毛，光著身子就能翱翔藍天。最神異的是，重明鳥能搏虎屠狼，所有為害人間的妖怪也都害怕牠。

舜本姓姚，名叫重華，重華和重明是同一個意思，因為舜長得也很奇怪，每個眼眶裡都有兩個瞳仁，目光格外的明亮。從這點看來，或許姚重華和重明鳥本就來源於同一個上古神話傳說。和得到外國進獻的重明鳥相類似，帝堯也是七十歲的時候聽到舜的賢明，把他召到身邊來。

舜有多賢明呢？瞽叟和他的後妻都不喜歡舜，甚至想害舜，好讓象名正言順成為瞽叟的財產繼承人。但是舜並沒有表示出絲毫的不滿，他非常尊敬和孝順父母，對弟弟象也很好。如此高尚的品德，使周邊人民全都敬愛他。舜曾去歷山耕田，又到雷澤打漁，在河濱做陶器，他走到哪裡，人民跟到哪裡，很快，那些地方都變成了都市。

⊙舜和象的曲折

帝堯年紀老了，想要尋找一個合適的繼承人，然而兒子丹朱不爭氣，他只好找重臣「四嶽」商量。四嶽推薦了舜，說此人雖然年輕，德行卻是誰都比不上的。帝堯還有點將信將疑，就把兩個女兒娥皇和女英嫁給舜，要她們考察女婿的品德，隨時向他彙報。

看到舜竟然娶回兩個美貌的媳婦，瞽叟夫婦非常不高興，象更是嫉妒萬分，他們合謀要害死舜。首先，瞽叟叫舜修補倉廩。當舜在廩頂塗泥加草，用心修補時，象卻故意把梯子拿走了，並在底下放火，想燒死舜。舜化作一隻大鳥，衝天而起，一點沒受到傷害。一計不成，他們又騙舜挖井，卻把井口堵死。舜化作一條大龍，穿通井壁，再次逃了出來。

象以為舜已經死了，得意地對父母說：「主意是我出的，兩個嫂嫂和舜的琴都要分給我，他的牛羊穀倉就給二老吧！」象說完立刻跑到舜的家裡，拿起舜的琴來彈。彈到一半，舜突然出現在門口，象驚愕萬分，只好解釋說：「我正在懷念哥哥，所以彈琴以寄托思念之情。」舜沒有揭穿，反而笑著說：「這樣就好，才是弟弟該有的樣子。」從此對父親和兄弟更為愛護。

另一種傳說，舜所以能屢次逃脫大難，全靠聰明的娥皇和女英。房屋起火，是妻子事先準備兩個大斗笠，危急時張開斗笠，像大鳥一般緩緩下墜。鑿井被堵，是妻子事先準備好工具，穿通井壁逃了出來。後來瞽叟想灌醉舜，然後殺害他，也全靠妻子事先準備解酒藥，結果舜喝了一整天而毫無醉意，瞽叟只好放棄了陰謀。

湘君湘夫人圖（局部） 明 文徵明

相傳娥皇即湘君，女英即湘夫人。圖中人物作唐妝，高髻長裙，形象纖秀，有飄飄御風之態。

⊙湘妃竹的傳說

帝堯考察舜很長時間，先後交代很多工作，舜都能圓滿完成。帝堯非常滿意，於是讓舜做為輔佐官和繼承人。帝堯退位後，帝舜成為天下的共主。瞽叟夫妻和弟弟象也終於和舜和解了，舜把象封到有鼻地方做諸侯，還發明了象棋來教化他。

帝舜一生辛勞，比起帝堯來，他似乎更關心民間疾苦，經常巡視四方，為百姓排憂解難。他的音樂也很有造詣，曾經命令樂師延把瞽叟的十五弦瑟添加八弦，成為二十三弦的瑟，並且命令樂師質整理帝嚳時代的樂曲《九招》、《六英》、《六列》等。

帝舜和帝堯一樣，年老後為了繼承人的事情憂心忡忡，他的兒子商均也和帝堯的兒子丹朱一樣的不成器。最終，他選中治水有功的大禹做為他的接班人。

帝舜在前往南方巡查的途中，死於蒼梧之野，葬在九嶷山的南面。妻子娥皇和女英聽到噩耗，一路南行奔喪，淚水灑在南方的竹林中，竹竿生出許多斑痕，猶如淚痕，從此就留下了「湘妃竹」這一特別的品種。在過渡湘水時，兩人失足落水，或者故意跳水殉夫，總之，此後她們做了湘水的女神。

大禹治水

●時間：傳說時代
●人物：大禹

司馬遷的《史記》上說，帝堯在位的時候，洪水氾濫，因此「四嶽」向帝堯推薦鯀負責治水工程。鯀因為不怎麼採納旁人的意見，花了九年時間仍沒能消除水患。攝政的帝舜因此將鯀車裂於羽山，啟用鯀的兒子禹繼續其父未竟的事業。在這個故事裡，鯀是一個可恥的失敗者，甚至是個無能者，但在另外一種說法中，他卻是一位偉大的悲劇英雄。

⊙鯀和息壤

傳說鯀是黃帝的後裔，或者是顓頊的兒子，黃帝和顓頊都曾擔任過中央天帝，因此鯀也是具備了神性的。甚至有說他就是居住在上界的神仙，而並非凡間帝堯的臣子。看到下界滔滔不絕的洪水，人民生活在水深火熱之中，引發了大神鯀的惻隱之心。可是，該怎樣解決水患問題呢？鯀反覆思量，不得良策。

屈原在《天問》中寫道：「鴟龜曳銜，鯀何聽焉？」鴟就是貓頭鷹。這句詩是說，鯀下界治水的行動，是受到貓頭鷹和烏龜的慫恿。一位大神竟然會聽信鳥獸的話，說明這兩個動物並非凡物，大概是上界的異禽神獸吧！總之，牠們向鯀建議，只要得到了「息壤」，就能夠解除人類的災禍。

所謂「息壤」，是一種奇特的泥土，遇到水就會自我生長，水湧得越高，息壤也長得越高。這種寶物用來填堵氾濫的洪水是再合適不過的了，於是鯀就取了息壤，飛往下界，幫助人類治水。

靠著鯀的神力和辛勞，靠著息壤的奇特屬性，洪水逐漸退去，土地重新顯露出來，眼看肆虐的水患就要終結了。正當人們歡欣鼓舞，重見曙光的時候，發覺此事的天帝卻勃然震怒，竟然不顧骨肉之情，派火神祝融

治水石刻畫
大禹治水成功後，人們「降丘宅土」，開始農業生產。圖為開封禹王臺石刻畫治水慶功圖的局部。

下凡，逮捕並且殺死了鯀。

天帝為甚麼會感到憤怒呢？或許洪水本就是上帝的傑作，是為了懲罰人類才降下水災的吧！又或許因為息壤是上界的寶物，鯀在未得到允許的情況下，將其偷了下凡的吧！神話中並沒有說明天帝發怒的原因，而可敬的鯀就像希臘神話中偷取天火的英雄普羅米修斯一般，慘遭神界的處刑。

河南禹王臺

⊙從父親腹中誕生的大禹

火神祝融捉到了鯀，按照上帝的命令，將他殺死在北方的羽山。鯀是為了拯救下界生靈才含冤被殺的，靈魂始終不滅，因此屍體三年都沒有腐爛。天帝聽說此事，感到有些害怕，生怕鯀的屍體變成甚麼精怪，前來報仇，於是就派了天神，手持名叫「吳刀」的神刀，剖開鯀的肚子，毀壞他的屍體。

一刀斬下，更為離奇的事情發生了，從剖開的肚子裡突然躥出一條龍來，直飛雲天。這條龍就是鯀的精血，經過三年孕育而成的新生命，也就是他的兒子禹。禹出世以後，鯀的殘骸化作了一頭黃熊（一說是黃龍，或者三足的神龜），跳入羽山下的深淵，從此不見了。

經過這番變故，或許天帝有所悔悟，或許更加感到害怕，總之，沒有再難為鯀的兒子禹了。不僅如此，天帝還派禹下凡治理重新氾濫的大洪水。禹雖然繼承了父親的遺志，但卻沒有息壤可用，於是經過實地勘察，他決定改變堵塞的方法，採用疏導手段，把洪水引到大海中。反正大海是永遠不會滿溢的，把洪水導入海中，陸地上的人們不就能夠重獲安寧了嗎？

大禹治水玉山子 清

陶鷹尊

此尊為泥質黑陶，塑工精美，是一件模擬猛禽外形的史前陶塑，整體看來，造型沉穩，形態威猛。出土的華縣太平莊墓位置特殊，葬者是一個成年女性，墓內隨葬有大量骨匕、紅砂陶釜竈等遺物，當時較為稀罕，說明死者在氏族中的地位特殊，尊器正是顯示其特殊地位和權威的標誌。可見這是一件具有重要意義的文物，也是罕見的史前藝術珍品。

⊙會稽山會合群神

這時候，已經是帝舜攝政之時了。水神共工正瘋狂驅使著洪水，淹沒農田房屋，玩得起勁，突然聽說上帝派禹下界治水，心中非常不高興。於是掀起前所未有的滔天巨浪，洪水更加肆虐，一直淹到山東半島的空桑，整個中國很難再找到一片乾的土地了。

禹知道不打敗共工是無法安心治水的，於是就以上帝使者的身分，在會稽山大會四方神靈，準備與共工一戰。為了立威，把遲到的防風氏殺掉了。這個防風氏不知道是哪裡來的巨人，後來吳越交戰，吳軍在會稽山下挖到一塊巨大的骨頭，要用整輛馬車才能裝下，於是請教博學的孔子。孔子說：「這是大禹所殺的防風氏的骨頭呀！」

禹會合群神，終於打敗了共工，然後讓黃龍前導挖渠，玄龜背著泥土在後跟隨，到各方平定水患。

⊙治水的坎坷

禹在治水的過程中，得到各方神靈的協助。一次，他走到黃河邊上，突然水裡跳出一個神人來，白色的臉，魚的身體，送給他一張「河圖」，上面詳細畫明了黃河流域的水流走勢。這位神人，就是黃河之神河伯。

還有一次，禹為了瀉洪而鑿通龍門山，偶爾發現一個山洞，黑漆漆而深不可測。禹點燃火把走了進去，沒走多遠，就看到好像野豬般的神獸，口銜夜明珠，還有一條青色的狗不停吠叫，引導他來到洞穴的深處。奇怪的是，黑黝黝的洞穴突然變得明亮起來，野豬和狗也全搖身一變，化做了身穿黑衣的人形。黑衣人引導禹會見了一位大神，這位大神蛇身人臉，傳授禹一枚長一尺二寸的玉簡，讓他用神簡測量天地，平定水患。這位大神，就是伏羲。

禹在治水過程中也遭遇阻撓。他三次來到桐柏山，山上都刮起狂風，飛沙走石，使治水工程無法順利開展。禹非常憤怒，派部下捉來桐柏山的山神詢問，山神說是附近的水神無支祈搗亂。無支祈長得像猿猴一般，塌鼻樑，高額頭，白色的腦袋，青色的身體，金色的眼睛，脖子有一百尺長，力大無窮，而又行動敏捷，一般是捉不住的。禹先後派了幾名部下前往，終於捉到無支祈，用繩索栓著脖子，鼻子穿上金鈴，押解囚禁在龜山腳下。從此以後，淮河水流順暢，再也不出事了。

⊙啟的誕生

禹治水來到塗山（約在今浙江紹興附近），看到一條九尾白狐跑過。按照當地的傳說，見到九尾白狐乃是婚姻的吉兆，於是禹就在塗山娶了名叫女嬌的姑娘。此後，女嬌經常跟隨在禹的身邊，為他縫補衣服，做飯做菜，一起踏遍了各地的名山大川。

一次，禹治水來到了轘山（今河南偃師附近），此處山勢陡峭，岩石相當堅硬，要想在此開鑿出一道瀉洪的水渠來，實在不是容易的事情。於是禹就對妻子說：「工地上很危險，妳平常不要來，我在這裡立一面皮鼓，餓了就敲響它。妳聽到鼓聲，給我送飯來也就是了。」

妻子一走，禹就顯出了他的神通，化為一隻大熊，用鋒利的爪子挖掘岩石。一不小心，石頭的碎塊滾下來，敲中了皮鼓，女嬌聞聲來到工地送飯，不見丈夫，只見一頭大熊，不禁嚇得掉頭就跑。妻子在前面跑，禹在後面追，一直追到嵩山腳下。女嬌走投無路，竟然化成了一塊石頭。這個時候，女嬌已經有了身孕，禹就撫石痛哭，並且高叫說：「把我的兒子還回來吧！」說也奇怪，石頭的北面應聲而裂，掉出一個小嬰兒來。這孩子就是禹的兒子，起名為啟，也就是開啟的意思。

經過多年艱苦的治理，洪水終於退去了，帝舜因此退位，把天下共主的位置讓給了禹。禹因為對人類有那麼巨大的貢獻，後世習慣上尊稱他為「大禹」。

夏禹王圖 南宋 馬麟

南宋馬麟作。生活於西元前二〇〇〇年左右的大禹，相貌已無從考證。因為大禹治水，救民於水火，可謂大智大賢，因此馬麟把他畫成一位端方慈祥的長者。

九鼎的傳說

●時間：傳說時代
●人物：大禹

周朝的時候，代表國家最高權力的祭祀用品是九口寶鼎。楚莊王曾經進軍到周都雒邑的郊外，向周定王的使者王孫滿詢問九鼎的輕重，其真實意圖，就是覬覦周王的天子之位。「問鼎」一詞，遂由此而來的。這九口寶鼎，相傳是大禹命人鑄造的。

大禹治水是非常艱辛的，雖然有黃龍、玄龜等神獸跟隨，也能化身為大熊鑿山，此外還有很多天神地祇相助，但民間總說他因為治水，屢次經過家門而不入，跑得路遠了，皮膚曬得很黑，手上長滿了繭，甚至連小腿上的毛都磨光了。大家都讚歎說：「如果沒有大禹，我們全都要變成魚蝦了啊！」

⊙大禹的權力

洪水退去，人民感激和擁戴大禹，於是帝舜順應民意，先讓大禹擔任輔佐官，幾年後又把天下共主之位讓給了他。帝舜退位前賜給大禹一塊「玄珪」，玄指黑色，珪是一種上尖下圓的玉石，是古代祭天的禮器。不過也有一種說法，說「玄珪」是大禹來到西方洮水的時候，出現神人代上帝傳授給他的。考慮到帝舜也可能就是上帝本身，這種說法倒也講得通。

帝舜的權力明顯比帝堯要大得多了。帝堯似乎只是高坐在上，管管官員安排和祭祀而已，帝舜則在攝政的時候，就因治水不利之罪，會合諸侯，在羽山殺死了重臣鯀。帝堯時代，其子丹朱曾聯合西南民族反抗中央，這些民族據說就是「三苗」。帝堯揮兵討伐，將三苗打敗，殺死了兒子。到了帝舜的時代，三苗又蠢蠢欲動。攝政的大禹請求派兵討伐，被帝舜拒絕了，據說帝舜想要靠德化來感服三苗。

大禹繼位以後，改變帝舜的和平策略，聚合諸侯討伐三苗，把三苗從長江流域向南方驅趕。東方的九夷部族不肯協同出兵，大禹回過頭來又討伐九夷。這種強權政治，說明大禹的權力基礎比帝舜更為穩固，權柄也更重大。

關於會稽山大會殺死防風氏的故事，還有一種說法，說那是發生在大禹繼位後的事情。他在擊敗九夷後，

饕餮乳釘紋方鼎 商
河南鄭州張寨前街出土，高一百公分，重八十六．四公斤。

就在九夷故土，即東南部地方，數次大會諸侯，會稽山之會殺死了遲到的部族首領防風氏。此外，大禹還曾劃定九州，在荊山鑄成了九鼎。

⊙荊山鑄九鼎

此時大禹控制的區域已經極為廣大，北到今天內蒙古境內，西達陝西中部，東到大海，南抵長江南岸。為了有效統治，他把天下劃分成冀、青、豫、揚、徐、梁、雍、兗、荊九個行政區域，稱為「州」——所以稱中華為「九州」，就是由此得名的。

在治水的過程中，大禹踏遍了大江南北的每個角落，對於各地的猛獸、邪神、厲鬼，瞭解得非常清楚。所以他就命令九州的官員搜集和進獻銅鐵，然後在黃帝曾經鑄過寶鼎的荊山腳下，又鑄造了九口巨大的鼎，這就是後世所說的「九鼎」。

傳說九鼎上刻滿了圖案和花紋，各地的妖魔鬼怪都開列在上面，以便出遊的百姓有所警惕。這九口巨鼎，一鼎對應一個州，想去哪一州旅行，又怕碰到怪物，只要預先記熟了相應巨鼎上的圖案，就可以趨吉避凶，通行無阻了。

九鼎從夏代傳到商代，又從商代傳到周代，逐漸失去了旅行指南的功效，純粹變成了天子祭祀上天的禮器，作為國家權力走向集中的象徵。

⊙大禹之死

大禹最後就死在曾經殺死防風氏的會稽山上。後世人經常在會稽山下看到一個深不見底的大洞，稱為「禹穴」。有人說大禹並沒有死，他深入這個大洞後就不知所蹤，很可能是上天成神去了。在大禹陵墓所在地方，每年春秋兩季都會有成群的鳥雀飛來，秩序井然地啄去雜草。總之，人民對大禹的懷念之心和感激之情，就都蘊含在這種種美麗的傳說中。

歷史詞典

《禹貢》

《禹貢》是中國已知最早的一部地理學著作，大約成書於戰國時期。禹是指大禹，貢是由下向上貢獻方物之稱。《禹貢》記錄了九州的劃分，山川方位的走向，物產貢賦交通等情況。九州是冀州、兗州、青州、徐州、揚州、荊州、豫州、梁州、雍州。

全篇內容大致分為四個部分。一是對九州中各個州的四至、水土治理、物產、交通、貢賦等級等情況作了介紹。二是把中國的山脈依照由北向南的次序，劃分為四條東西走向的山列，反映了中國地勢西部多山、東部多平原、西高東低的地形特點。三是導水，對九條大河的水源、流向、支流、河口等情況作了如實的描述，開古代水文地質的先河。四是介紹了五服制度和對大禹功績的頌揚。

大禹陵

大禹陵位於浙江紹興城東南會稽山麓，是中國古代治水英雄大禹的葬地。

禪讓和篡權

●時間：傳說時代
●人物：堯　舜　禹

按照傳統的說法，帝堯放棄了不肖的兒子丹朱，把天子之位讓給賢德的帝舜，而帝舜也放棄了無能的兒子商均，把天子之位讓給功蓋天地的大禹。這種傳位以德不以親的做法，稱作「禪讓」。這種說法究竟有多少真實性存在呢？

考古發掘表明，堯、舜、禹的時代很可能貧富分化已非常嚴重，而就算仍處於原始社會，連猴群產生猴王都難免經過一番爭鬥，禪讓的傳說實在太溫文爾雅，太過理想化了。對此，歷代也存在著截然不同的另外一些傳說。

⊙許由和巢父

主張禪讓說的，主要是後世的儒家。根據這種說法，帝堯很早就在尋找合適的繼承人，他聽說有個名叫許由的人品德高尚，就想把王位傳給許由。然而許由不願意接受，連夜跑到箕山腳下的潁水隱居。帝堯追到潁水，說：「好吧，既然您暫時不願意接受王位，那就先來當我的輔佐官吧！」清高的許由聽了更是厭惡，衝出屋子，到潁水邊洗耳朵，表示不願再聽。

許由有個朋友名叫巢父，正好牽著小牛到岸邊喝水。得知許由洗耳的原因後，他不屑說道：「你如果一直隱居在深山密林之中，誰又會想到把治理天下的重擔往你肩上放呢？你自己沽名釣譽，現在惹禍上身，又跑來洗耳朵，把水弄髒，使我的小牛也遭到污染！」說罷，牽著小牛到上游喝水去了。

後人評論此事說，當時的所謂天子，並不是真正鐘鳴鼎食的君王，他們不過是原始社會的部族聯盟長而已。毫無特權的帝堯生活極其清苦，所以一般人不願意接受這種吃力不討好的職位，只有帝舜這種大賢，才肯接受禪讓。然而，《韓非子》等書卻有截然不同的說法和判斷。

⊙堯舜禹禪讓之謎

《韓非子‧外儲說右上》中提到，帝堯想把君主之位讓給帝舜，重臣鯀和共工反對說：「怎能把天下傳給一介平民？」帝堯不但不聽從他們

舜帝畫像

的意見，還發兵將鯀殺死在羽山，把共工流放到幽州之都。《韓非子‧忠孝》又說，舜因為父母和弟弟象不肯悔改，最終流放了父母，殺死了象。《竹書紀年》說，因為帝堯年老德衰，舜就將他囚禁在平陽，還派人攔阻其子丹朱，不使父子相見，最終篡奪了帝堯的君主之位。

如果按照這種說法，堯、舜之間的繼承關係就不是禪讓，而是篡位。類似的說法也對應在帝舜和大禹身上。傳統說法認為帝舜因為兒子商均不賢，就向上天推薦大禹作為繼承人。十七年後，他巡遊到南方的蒼梧之野時突然去世，安葬在九嶷山上。大禹堅持守喪三年，然後想請商均繼位，但遭到諸侯和百姓的一致反對，這才勉強做了君主。還有相反的說法，是說帝舜並非巡遊南方，而是被大禹流放到那裡，大禹趁機篡奪了君主寶座。

至於啟之開創夏朝，也和前述的情況類似，只不過他是兒子繼承君位的勝利者，最終因甘之戰打敗伯益而登上寶座。

九嶷山

九嶷山原名九疑山，因為有九座相似的山峰讓人迷惑不解，故名。位於湖南省南部，在寧遠縣境內。《史記》載舜「崩於蒼梧之野」，故九嶷山又名蒼梧山。

⊙華夏族的誕生

總之，根據考古發現，夏朝以前貧富分化就已經很嚴重了。那麼堯、舜、禹三代君位相傳，與其說是不切實際的禪讓，不如說是攝政官和君主兒子之間的權力爭奪。這只是從所謂「公天下」向「家天下」的轉化，是從古代共和國向帝國的轉化。

即使在傳說中，帝舜和大禹經常會聚諸侯，發動戰爭，甚至斬殺不肯遵從的重臣，其權威之重，權力之大，權限之廣，也並非原始社會的部族聯盟長所能夠擁有的。從大禹傳位夏啟，開創了第一個王朝後，中原地區的人們從此自稱為夏，或者諸夏、華夏（華有繁華、華美的意思）——華夏族就此誕生了，中國歷史也從神話時代邁入了半信史的時代。

古代巴國的傳說

●時間：傳說時代
●人物：務相

長久以來，學者在研究古代文化的時候，往往過於看重中原地區的華夏文明，忽視了周邊地區的很多遠古文明。隨著考古發掘的深入，這些與華夏文明相互包容滲透，而又保留著獨特風格的古文明，才逐一揭開神祕的面紗。西南地區的古代巴、蜀文明是其中最典型的代表。

《山海經》記載：西南地區存在著一個古老的巴國，國民乃是太皞的後裔。商代甲骨和周代竹簡中也多次提到巴人，生活的區域大致在秦嶺大巴山南麓，東至三峽地區，西至嘉陵江流域，今天的重慶很可能是其統治中心。秦王政二十六年（前二二一年），秦將司馬錯滅亡了川西的蜀國後，揮師劍門，歷史悠久的古代巴國就此滅亡了。

⊙赤穴首領務相

巴國開國的君主名叫務相，務相的祖先名為巫誕。巫誕從名字分析，應該是古代一位著名的巫師，而具有血統的務相，大概也是位巫師吧！遠古時代，民智未開，崇敬和跟隨的首領往往是能與天地鬼神溝通的巫師，或許務相正因其血統和能力，才成為巴人部族的首領吧！

巴人最早分為五大姓，也即五個部族，稱巴氏、樊氏、曋氏、相氏和鄭氏，散居在湖北中部的武落鍾離山中。其中巴氏居住的地方稱為「赤穴」，其他四個部族居住的地方稱為「黑穴」——大概那時候還沒有房屋，人們都是開山鑿穴而居的。

隨著社會的發展，巴人五姓逐漸產生了統一的需求，於是五姓的首領，或者是大巫師，就相約推舉一位總的首領。他們找到一塊大石頭，商量把佩劍向石頭上拋擲，劍能夠插入石中的，那就是天命讓他為王。結果黑穴四姓的首領都失敗了，只有赤穴巴姓的首領務相所拋出的佩劍穩穩插入石中。

黑穴四姓不肯遵從前約，要求再試一次。這次比試的方式是五位首領同時乘坐著泥土塑造的、雕刻著花紋的船，一起推入水中，約定土船不沉的當王。結果還是只有務相的土船能夠漂浮在水面，其他四條船全都沒入水中。大家這才沒話說了，就此共尊

玉雕虎頭像 石家河文化

石家河文化代表了長江中游地區史前文化發展的最高水準。因湖北天門石家河遺址群而得名，主要分布在湖北、豫西南和湘北一帶。

務相為王，稱為「廩君」。

⊙鹽水女神的挽留

廩君當上王以後，他感覺鍾離山地方偏狹，不便居住，就沿著夷水（今清江）西上，想要尋找一塊更利於定居的沃土，把部族遷徙過去。廩君走到鹽水邊時，鹽水女神迷戀上他，對他說：「這裡地方寬廣，魚蝦豐美，還盛產食鹽，希望你能夠留下來，和我一起生活。」

或許廩君覺得鹽水這個地方並不算好，就拒絕了女神的好意，想要繼續西行。女神不願意廩君離開，晚上跑來和他同宿，白天化身為飛蟲，召集群蟲一起在廩君頭頂飛舞，遮蔽日光，使他不能成行。就這樣，一直過了七天七夜，廩君只要一想動身，天上就是黑壓壓一大片，完全分不清東西南北。

廩君心生一計，派人把一縷青色的絲線送給女神，並且對她說：「這縷絲線的顏色和妳很相配，妳最好把它繫在脖子上，以此代表我們君王將和妳同生共死。」女神以為廩君回心轉意了，非常高興，就把青絲繫在頸下。可是這樣一來，當她再度變作飛蟲的時候，廩君一眼就把她和群蟲區分開來，於是張弓搭箭射去。鹽水女神中箭而死，群蟲飛散，天光大開，廩君這才得以整裝西行。

玉雕神靈頭像 石家河文化

石家河文化出土的玉雕神靈頭像，均為男子形象。他們既是神，也是當時掌握各種權力尤其是神權的巫師和首領的形象。

⊙巴國的建立

廩君離開了鹽水，就乘坐著那艘雕刻花紋的土船，一直來到夷城（很可能在今天重慶市附近）。夷城這個地方，水流曲折，兩岸岩石犬牙交錯，遠望好像大大小小的洞穴。廩君長歎說：「我才從洞穴裡出來，難道又要回歸洞穴嗎？」

大概夷城的神靈也想要留住廩君，廩君話音才落，岩石突然崩塌，露出一條三丈寬的大道來，道路上還有層層階梯，從水面一直通到遠方。於是廩君棄舟登岸，他發現路邊有一塊直徑過丈的平整石頭，就坐在石頭上用竹籌開始了複雜的計算。計算的結果是，這附近的土地寬廣而肥沃，是定居的好地方。

巴人從此從湖北中部遷到了四川境內，廩君在他坐過的大石頭旁邊建立了一座城市，作為統治中心。古代巴國就這樣建立了，而廩君就是巴國的第一任君王。

【古代蜀國的傳說】

●時間：傳說時代
●人物：杜宇　鱉靈

炎黃兩個部落合併發展為華夏族，華夏先民主要居住在黃河流域，當時中國的其他地區還生活著很多不同的古部族，一代一代逐漸融入華夏民族中。「三星堆」遺址的發現，使得今人對曾經居住在四川盆地及其周邊的古老「蜀」族，有了更為清晰的認識。

蜀人的祖先原本是生活在黃河中上游的古代羌族的一支，沿岷江流域南遷進入四川盆地，並在成都平原建立了國家，也就是傳說中的古蜀國。古蜀國後來被秦國所滅亡。

⊙古蜀國的淵源

古蜀國的第一代王是蠶叢，最早居住在岷江上游地區，後來帶領部族沿岷江南下，進入成都平原，與當地的土著相融合，建立了古蜀國。蠶叢的最大功績就是教民種桑養蠶，因此百姓才尊稱他為「蠶叢王」。

第二代蜀王名叫「柏灌」，柏灌是一種鳥的名字。第三代蜀王名叫「魚鳧」，魚鳧是一種水鳥的名字。第四代蜀王名叫「杜宇」，杜宇就是杜鵑鳥。三代蜀王都以鳥為名，或許古蜀文化崇拜的是鳥類，習慣用鳥類作為本族的圖騰。

大詩人李白在〈蜀道難〉一詩中說：「蠶叢及魚鳧，開國何茫然。」說明經過三代蜀王的治理，到了杜宇時代，古蜀國已經達到了繁盛的頂點。有關杜宇的傳說，非常淒美，令人感歎落淚。

⊙杜宇與鱉靈

杜宇在當上蜀王以後，改名蒲卑，號「望帝」，時代大概相當於戰國中期。望帝最大的功績就是教民務農，大力發展農業生產。一年，蜀地遭遇百年難遇的大洪水，望帝率領百姓避居到長平山上，想不出解決的辦法。就在這個時候，突然來了一個楚國人，名叫鱉靈，聲稱他有治水的良策。

這個楚國人很有一些靈異，他死在楚地，屍體逆著江水一直漂到蜀中。蜀人把屍體打撈起來，他就突然

三星堆出土的大型人面具

位於四川廣漢南興鎮北的三星堆遺址，屬於古蜀國文明。這個青銅面具形體巨大，造型粗獷，兩眼球凸出眼眶外約三十公分，為迄今中國發現的最大青銅人面。

恢復了呼吸。因為這種靈異，望帝相信了鱉靈的話，把治水重任交付他。鱉靈也果然不負厚望，率領百姓鑿通巫山，使阻塞的江水通過巫峽向東流去，最終匯入大海。就這樣，水災平息了，望帝大感欣慰，就任命鱉靈為輔佐官。幾年後，便把王位傳給他。鱉靈稱「開明王」。

> **延伸知識**
>
> ### 原始崇拜
>
> 原始社會的人們在生產力低下的情況下，人們對與日常生活有著密切關係的日、月、星、風、雨、雷、電等自然現象，感到束手無策，無力控制，便自然而然地把生活中的得失成敗看成是自然的恩賜或懲罰。於是，錯誤地把自然現象超自然化，逐漸產生了對大自然的恐懼和崇拜心理，希望得到超自然力量的幫助與保護。
>
> 這種自然崇拜大約從舊石器時代中期開始的，反映了人類在進化過程中的軟弱無力和對自然的依賴。在自然崇拜的基礎上產生了萬物有靈的觀念，逐漸產生靈物崇拜。又由於原始人對自身起源的思考，發展形成圖騰崇拜、祖先崇拜與生殖崇拜等。

望帝離開蜀國的國都，前往西山隱居，死後化為杜鵑鳥，每到春天就不停鳴叫，提醒農民應該播種了。所以蜀地也稱杜鵑鳥為「杜宇鳥」，或者「子規鳥」，「子規」是模仿著這種鳥的叫聲。

⊙望帝春心托杜鵑

唐代詩人李商隱作〈錦瑟〉詩，說：「莊生曉夢迷蝴蝶，望帝春心托杜鵑。」古籍上也記載，每當杜鵑鳥啼鳴，聲音淒厲，人們都會感傷地落下淚來。如果僅僅是死後化鳥，為甚麼叫聲會這樣哀傷呢？《華陽國志》等書就說，因為望帝私通臣子之妻，所以羞慚退位，並且憂憤化鳥。

但是民間還有一種傳說，據說岷江上游有條惡龍，經常引發洪水，危害人民。惡龍的妹妹不齒兄長所為，勸說不聽，反而被囚禁在五虎山鐵籠中。有一個名叫杜宇的獵人，遇見仙人授以一支竹杖，他就用竹杖打敗了惡龍，救出龍妹。龍妹幫助杜宇治理水患，兩人於是結為夫妻，杜宇也因此被人民擁戴為王。

杜宇有個昔日的獵人朋友，後來當了他的臣子。這個人心術很壞，他和惡龍合謀，誘騙杜宇進山，將其囚禁起來，霸占了王位，還想霸占龍妹。杜宇最終死在山中，靈魂不滅，化作杜鵑鳥，飛到宮中圍著龍妹飛舞啼鳴。龍妹因此悲傷而死，靈魂也化成鳥，跟隨丈夫而去。

這個傳說，或許很好地解釋了杜鵑鳥鳴聲淒厲的緣故。

三星堆出土的金面罩人頭銅像

龍鳳文化

龍鳳文化幾乎與中華文明同時誕生，並經歷了漫長的演進歷程。在其演化過程中，不斷融入了豐富的社會生活內容和文化內涵，從而成為中華文明乃至華夏民族精神的崇高象徵。

龍、鳳雖具動物形態，但非現實世界中存在的動物。龍的原型是鱷魚，由於發祥於江、淮的太昊族長期受到水患的威脅，便把長江中下游的貌似凶猛的揚子鱷視為興風作浪的罪魁禍首，因畏懼而加以崇拜。鳳起源於青鳥，「玄鳥生商」的傳說表明商民族的生活關係重大。在那渴求人丁興旺的時代，生機盎然和生殖力強盛是人們的企盼，所以鳳自然演變成了人類的崇拜物。甚至對於龍，有人認為與生殖崇拜也有直接關係。總之，龍鳳文化是以農業文化為特色的中華民族的典型象徵。

龍鳳文化廣泛滲入到了後世的工藝美術、建築名勝、服飾冠履等各個方面。龍是衆獸之君，鳳是百鳥之王，一個變化飛騰而呈靈異，一個高貴雍容而顯祥瑞，神性的互補和對應，使龍和鳳走到了一起。

◀透雕龍形玉珮、鳳形玉珮　龍山文化

兩枚玉珮均呈乳白色。龍體蟠曲，頭頂作高聳華麗的角狀裝飾。鳳鳥頭頂有羽冠，曲頸長喙，喙下置一小獸，展翅捲尾，形神兼備。

▶透碧玉龍　紅山文化

被譽為「中華第一龍」的大型碧玉龍出土於內蒙古赤峰市，是紅山文化的典型器物。它開創了華夏民族尚玉、崇龍的先河，表明了遼河流域和黃河流域一樣，同為中華民族的搖籃。

◀浮雕龍紋紅陶罐　齊家文化

紅陶罐上的浮雕龍紋，鱗軀似龍，身下一爪。龍一向被認為是中華文化的象徵，這個浮雕龍紋是西北地區發現最早的龍的形象。

原始繪畫

遠古到夏、商、西周三代，是中華民族藝術起源、發展和形成的初創時期。舊石器時代晚期，內蒙古阿拉善右旗德杜山就出現了駝鳥岩畫，這是迄今為止在中國境內發現的最早原始繪畫。新石器時代，原始藝術從石器轉移到了陶器上。陶畫與幾何花紋、動植物花紋，真實反映出原始先民的生活和生殖崇拜。

岩畫

岩畫是在岩石上雕刻和繪製的圖畫，創作時間最早約為舊石器時代晚期至遲不超過新石器時代早期。中國境內岩畫分布很廣，比較著名的有陰山岩畫、雲南邊境的滄源岩畫、廣西的花山岩畫、江蘇連雲港的將軍崖岩畫、新疆的呼圖壁岩畫、青海的剛察岩畫以及甘肅嘉峪關附近的黑山岩畫。

中國的岩畫按表現的內容可分為南北兩個系統：北方地區的岩畫多表現各種動物、人物、狩獵及各種符號，反映原始的游牧生活。南方地區的岩畫除表現各種動物、狩獵場面外，還有採集、房屋或村落、宗教儀式等內容，反映了南方原始農業社會的生活狀況。這些岩畫從總體上反映了遠古時代的社會經濟、生產狀況和人群組織形式，成為研究原始社會的重要資料，也為探索原始人的精神世界提供了實物依據。

岩畫達到史前藝術第一次繁榮時期的高潮，包含著人類初期的各種審美意識和觀念，成為史前藝術過渡到第二次繁榮的基礎條件。應該說，這些岩畫不是先民的隨意之作，以當時的技術水準，刻畫出這些岩畫是一項費時費力的工作，因此必定有其特殊的用途。這些人面像，鑿刻的技術都相當熟練，加上長年累月的風化雨蝕，更顯出一種古樸的金石味。這是人工與天工的巧妙結合。這些岩畫反映了原始時代人們的思想、情感、願望和信仰。

人面紋

新石器時代，陰山岩畫，　縱六十公分，橫五十公分，內蒙古磴口縣默勒赫圖溝。

猛虎捕食圖

新石器時代，黑山岩畫，縱二十五公分，橫二十二公分，甘肅嘉峪關市西北黑山四道鼓心溝。

舞蹈放牧戰爭圖

此圖發現於雲南滄源地區的崖壁上，上段是盾牌舞，中段是放牧圖，下段是戰爭格鬥場面。總體上看，岩畫構圖疏密相間，舞蹈場面錯落有致，戰鬥場景緊張激烈，放牧形態前後呼應，氣氛把握得很好，反映了先民們的生活實景與高超的藝術水準。

彩陶畫

製陶工藝是新石器時代最突出最豐富的美術創造。陶器的原料是細膩而有黏性的黃土。因陶器的不同用途而對原料進行不同的加工處理（如淘洗或羼料）。彩繪紋飾的顏料係天然的赭石、紅土或錳土，有的器皿在彩繪之前還加施一層紅色或白色的「陶衣」作襯底，最後入窯經攝氏一千度左右的高溫燒成。由於窯室封閉不夠嚴密，陶土中的氧化鐵得以充分氧化，所以燒成後的陶器是橙黃、紅或紅褐色，紋飾呈黝黑或殷紅色。重要的有仰韶文化的紅陶和彩陶，馬家窯文化的彩陶，大汶口文化、龍山文化的黑陶，青蓮岡文化的紅陶和彩陶，長江流域及以南以至臺灣地區的幾何印紋陶。其中最有代表性的是仰韶文化、馬家窯文化的彩陶和龍山文化的黑陶。

彩陶鳥魚紋葫蘆瓶

新石器時代，高二十九公分，口徑三．五公分，底徑六．五公分，一九七六年陝西臨潼姜寨出土，陝西西安半坡博物館藏。

彩陶舞蹈紋盆

新石器時代，陶質彩繪器， 高十四．一公分， 口徑二十九公分，一九七三年青海大通上孫家寨出土，中國歷史博物館藏。

彩陶人面魚紋盆

新石器時代，仰韶文化半坡類型，高十六．五公分，口徑三十九．五公分，一九五五年陝西省西安市半坡遺址出土，中國歷史博物館藏。

黑陶豬紋缽

新石器時代，高十一．七公分，口徑二十一．七～十七．五公分，浙江餘姚河姆渡遺址第四文化層出土。

彩陶花瓣紋盆

新石器時代，仰韶文化，彩陶紋飾，高二十公分，口徑三十三．三公分，河南陝縣廟底溝出土。

夏朝

西元前二〇七〇～前一六〇〇年

中國社會科學院考古研究所 ■殷瑋璋教授

夏啟開創的父死子繼的世襲制王朝，歷史上稱為夏代。這是中國歷史上第一個王朝時代。不過，從司馬遷開始，史學家大多將夏代的開始從夏禹算起。自禹至履癸（桀），共十四世，十七王，前後經過了四百餘年。

夏代的建立，標誌著漫長的原始社會走向文明時代，這是一個歷史的進步。但是，一種新制度，必然遭到各方勢力的反對。夏啟即位後，在鈞臺大宴各地首領，以確認他的地位。有扈氏對啟破壞禪讓制度的做法十分不滿，拒不出席鈞臺之享。夏啟發兵征伐有扈氏，大戰於甘，有扈氏戰敗被滅。這次戰爭的勝利，使新生政權得到初步鞏固。

夏啟死後，出現了五子爭權的場面。太康即位後，政事不修，沉湎於酒色之中，有窮氏的首領羿乘機奪取了政權。後來后羿被他的大臣寒浞所殺，相之子少康逃到有虞氏，得到有虞氏的幫助，整頓夏的舊部，積蓄力量，乘寒浞內部混亂之時，出兵打敗了寒浞父子，奪回政權，因而恢復了夏王朝的統治。這就是夏代歷史上出現的「太康失國」、「后羿代夏」和「少康中興」的事件。

夏代末年，夏王室內政不修，外患不斷。夏桀即位後不思改革，驕奢淫逸，築傾宮，飾瑤臺，揮霍無度。日夜與妹喜飲酒作樂，置百姓困苦於不顧，百姓指著太陽咒罵夏桀。大臣忠諫，他囚而殺之。四方諸侯紛紛背叛，夏桀陷入內外交困的孤立境地。商湯看到伐桀的時機已經成熟，乃以「天命」為號召，說「有夏多罪，天命殛之」，要求各部討伐，以執行上天的意志。鳴條之戰，商湯戰勝夏桀的軍隊，桀出逃後死於南巢，夏王朝從此滅亡。一個強大的國家經歷了四百餘年，卻被一個小國所滅，不能不引起人們的震驚與思考，所以後來出現了「殷鑑不遠，在夏后之世」的告誡。

由於流傳至今有關夏代的史料十分匱乏，所以歷史上是否有夏的存在，遭到許多人懷疑。但是《史記・夏本紀》中記載的夏代世系與該書〈殷本紀〉中記的商代世系一樣明確，商代世系在安陽殷墟出土的甲骨卜辭中得到證實，因此多數學者認為〈夏本紀〉中所記的夏代世系是可信的。這樣，在考古學家對安陽殷墟、鄭州商城等商代的物質文化遺存有了進一步認識的基礎上，提出了夏文化探索的研究課題，希望用考古手段尋找夏代的物質文化遺存，進而復原夏代歷史。

古史學家依據文獻資料，提出兩個地區可能是夏人的活動地區，一個是河南西部嵩山附近的登封、禹縣和洛陽平原，一是山西南部的汾水下游地區。因為傳說中夏代的都邑和一些重要的歷史事件，大多和這兩個地區有關。一九五九年開始「夏墟」調查，拉開了夏文化探索的序幕。近半個世紀來在豫西、晉南開展了一系列考古調查和發掘工作，使夏文化探索的目標逐漸縮小。目前，多數學者認為：以偃師二里頭遺址命名的「二里頭文化」（包括二里頭類型和東下馮類型）和豫西地區的「龍山文化」，是探索夏文化的主要對象，並對夏文化問題發表了各種看法。但是缺乏文字等直接證據，目前學術界對確實的夏代文化遺存還沒有形成共識。無論是豫西地區的「龍山文化」，還是「二里頭文化」，均已積累了相當豐富的資料，最終定能解開夏文化的頭緒。

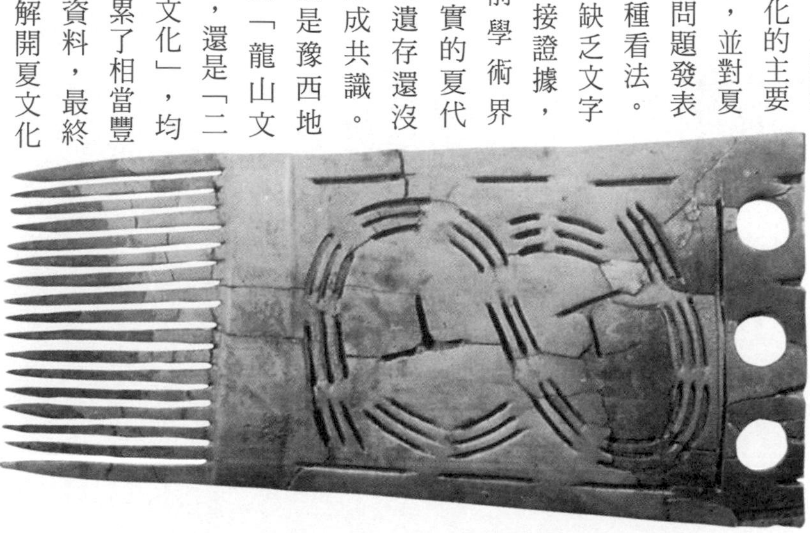

【夏的建立】

●時間：夏初
●人物：禹　啓

禹傳子，家天下。啟取代伯益繼位，是中國歷史上的一個重大變革。禪讓制從此被世襲制取代，中國歷史上的第一個王朝——夏，就這樣建立了。

⊙為兒子鋪平道路

昔日堯、舜的時候，國力不如現在強盛，國家的財富也不如現在，君王並不輕鬆，禪讓王位沒有甚麼反對意見。可是禹統治期間，經過大刀闊斧治理與征伐，諸侯的貢品越來越多，君王的權力也越來越大，王位比從前堯、舜的時代要誘人得多了。禹對王位的繼承人已有疑慮。這個時候，啟已經長大成人，而且聰明伶俐。禹越發覺得不該把天下就這樣禪讓出去。打破禪讓制，讓兒子繼承王位的念頭，就在禹的腦海中漸漸形成了。

禹表面上不動聲色，積極為國家物色新的繼承人。起先，他選中了以公正無私而聞名的法官皋陶，可是皋陶身體不好，早早就去世了。接著禹又選中了皋陶的兒子伯益。

禹一方面讓伯益輔助治理國家，一方面卻把大部分精力放在對啟的栽培上。他讓啟學習治國的方略，廣泛與各路諸侯接觸，又逐年將官員都換成了啟的親信和好友。經過多年的精心佈置，啟的勢力漸漸超過了伯益。然而，伯益卻絲毫不覺。

⊙啟奪天下

指定伯益為繼承人後，經過大約十年，禹已是風燭殘年，知道不久於人世，卻仍然放心不下國家的政務，同時又想要重溫從前的帝王風光，便出巡東南，在會稽山（今浙江紹興東南）再次召開諸侯大會。諸侯大會結束，禹就一病不起了，不久就離開了人世。人們將遺體安葬在會稽山。

禹去世的消息傳開，舉國悲慟。伯益以繼承人身分為禹守了三年喪。按照堯、舜時的慣例，繼承人守喪三年期滿後，再隱居一段時間以表示謙遜，就可以繼承王位。伯益於是在守喪期滿後便避居起來，準備即位事宜。沒想到消息傳來，諸侯早就紛紛朝見啟了。

伯益萬萬沒有想到會發生這樣的

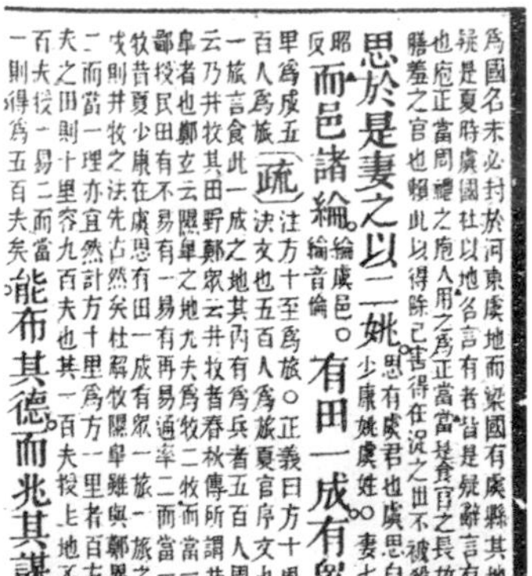
爲國名未必封於河東虞地而梁國有虞縣其地以虞爲名疑是夏時虞國社以地名言有者皆是疑辭言有以示不審也庖正當周禮之庖人用之爲正當當是食官之長故爲掌膳羞之官也賴此以得除己害得在浞之世不被殺也

虞思於是妻之以二姚。思有虞君也虞思自以二女妻少康姚虞姓○妻七計反姚羊昭反 而邑諸綸。綸虞邑綸音倫 有田一成。有衆一旅。方十里爲成五百人爲旅〔疏〕注方十至爲旅○正義曰方十里爲成司馬決文也五百人爲旅夏官序文也田一成衆一旅言食此一成之地其內有爲兵者五百人周禮小司徒云乃井牧其田野鄭衆云井牧者春秋傳所謂井衍沃牧隰皐者也鄭玄云隰皐之地九夫爲牧二牧而當一井今造都鄙授民田有不易有一易有再易通率二而當一是之謂井牧昔夏少康在虞思有田一成有衆一旅一旅之衆而田一成則井牧之法先古然矣杜解牧隰皐雖與鄭異其授民田二而當一理亦宜然計方十里爲方一里者百方一里有九夫之田則十里容九百夫也其一百夫授上地不易者其四百夫授一易二而當一則得爲五百夫矣

能布其德。而兆其謀。兆始 以收

《春秋左傳》中關於夏代軍制的記載

事，由於毫無準備，只能眼睜睜看著王位就這麼失去了。這個時候，諸侯處處稱讚啟是賢能而英明的人，伯益雖然曾經輔佐禹，但是時間太短，而且才能也遠不及啟，天下應該歸有能力的人掌管，必須由啟來繼承帝位。

⊙攻滅有扈氏

伯益看著眾多歸附啟的人們，意識到非但王位得不到，連性命恐怕也有危險了。於是，伯益便主動站出，向天下人宣告：能力不及啟，願意將王位讓與啟，請啟繼位。

啟對於王位本就勢在必得的，見伯益主動讓位，自然十分高興，一番假意謙讓後，便風風光光即位了。事後，伯益則心灰意冷，在箕山腳下隱居。

不過，啟雖然順利得到帝位，要穩定天下卻也並非一帆風順。雖然已獲得不少諸侯同意，仍有人對於整個事情表達不滿，其中意見最多的就是有扈氏部落。有扈氏認為啟繼承王位是玩弄權謀，違反了禪讓制，也違背了通行的道德標準，於是立起了反對的旗幟。啟率領軍隊討伐有扈氏，在甘地（今陝西戶縣南）發生了一次大規模對決。戰前，啟在誓師大會上指責有扈氏輕侮五行，怠慢遺棄天子任命的三卿，因此上天要斷絕他的國命，啟奉行上天的命令，懲罰有扈氏。經過幾番激烈的大戰，啟攻滅了有扈氏，地位得到了鞏固。史書說有扈氏「知義而不知宜」，啟的勝利反映了當時社會觀念已經有了很大變化。

玉鏟　夏

玉鏟是禮器的一種，此鏟從山東泰安出土。

⊙鈞臺之享

平定叛亂之後，為了讓天下人看到有扈氏的下場，達到殺一儆百的效用，同時也為了進一步籠絡諸侯，豎立威信，啟便學父親的樣子，在鈞臺（今河南禹州）召開了一次規模空前的諸侯大會，這就是歷史上著名的「鈞臺之享」。

平定有扈氏的叛亂和舉行「鈞臺之享」，啟進一步鞏固了統治地位。此後，啟又採取了許多鞏固統治的措施，如將天下分為九州，派遣官員治理，建立專門的國家軍隊，以維護統治，以世襲制代替禪讓制。種種措施表明，中國歷史上的第一個王朝——夏，誕生了。

后羿逐太康

●時間：夏初
●人物：太康　后羿

夏帝太康本與后羿交好，但小人作祟，且太康無道，於是后羿起兵，放逐太康於洛水之北。

夏啟去世後，傳位給兒子太康。

太康繼位後，將都城由陽翟（今河南禹州）遷往斟尋（今河南偃師二里頭附近）。太康嗜好打獵，常常離開都城在洛水北岸田獵遊玩，不問政事。日子久了，國家百事廢弛，民怨沸騰。

當時夏的諸侯中，有窮國國君后羿相傳是那位射日神箭手羿的後人。后羿勇武過人，加上家傳的神射箭術，很得太康的寵幸。啟把天下分為九州，每州設置一位首長管轄，稱為牧，共有「九牧」。太康就封后羿為冀州牧，賜予可以征伐有罪的方國的特權，並將今天河南濮陽西南之地作為封地。

⊙后羿失寵

太康和后羿都好田獵，喜鬼神，兩人經常一起相處。太康本來十分寵幸大臣武觀，如今眼中卻只有后羿一人了。武觀嫉妒，暗暗懷恨在心。他本就是奸諛小人，便日夜在太康身邊閒言碎語，挑撥離間：「后羿自稱不但武功第一，才能也是天下第一，可惜的是，不是天下第一人。」太康一聽，不禁勃然大怒，召后羿進宮，說道：「你是要做天子的人，怎能如此委屈，做我的臣子呢？」於是罷了后羿的官，趕回有窮國。為防後患，太康派遣武觀半路劫殺后羿，然而后羿武藝超凡，從圍攻之中殺出了一條血路，逃回了有窮國。

⊙禍起紅顏

相傳后羿回到有窮國後，得到一個絕色女子，名叫嫦娥。每日與嫦娥載歌載舞，日子好不逍遙快活，太康之辱早已拋到九天之外了。武觀又向太康進讒言：「後宮佳麗這麼多，卻沒有一個人能比得上后羿的嫦娥，我為陛下感到遺憾啊！」太康也早垂涎嫦娥的美貌，於是決定封給后羿幽州之地（今北京附近），以換取嫦娥。后羿本來捨不得嫦娥，但是想到美女易得，幽州難求，成就事業不可貪戀美色，便答應條件。嫦娥非常傷心，偷吃了后羿的不死之藥。嫦娥感覺身體縹緲，竟飛向空中，飛到了月亮上，

鏤孔象牙梳　夏
山東泰安大汶口十號墓出土。

成為廣寒宮主，這是嫦娥奔月的又一種傳說。

太康得不到嫦娥，認為是后羿的陰謀詭計，於是收回幽州的成命。后羿沒有得到幽州，且失去美眷，十分懊惱，於事心生反志。

歷史詞典

《五子之歌》

太康在位時荒廢國事，沒有德行，導致百姓反感。在失國後，他的五個兄弟帶著母親逃到洛水一帶，追述大禹的告誡而作《五子之歌》，表達五個方面的悔恨之情。

一是說大禹曾經有過訓誥，百姓可以親近，也不可輕視。百姓是國家的根本，只有根本鞏固了，國家才會安寧。二是不要貪圖女色，也不要過度田獵、嗜酒和貪圖華美的住宅，沾染了其中一點，就會導致滅亡。三是說陶唐氏擁有廣大的北方，但因為喪失德行，敗壞綱常，以至於亡國。四是說大禹有明德，作為眾方國的君主，制定了治國的典章，為後世的楷模。現在太康廢棄了典法，導致宗廟祭祀滅絕。五是現在被后羿距於河岸，沒有歸宿，因此歎息不謹慎行德，將會追悔莫及。

⊙太康失國

一次，太康帶領眾人離開都城到洛水打獵，數月馳騁在洛水北邊，獵物滿載的時候才返回都城。車隊走到洛水岸邊準備渡水時，洛水對岸傳來搖旗吶喊聲，原來后羿趁太康遠出狩獵，率軍攻占了夏王朝的都城。

此時，后羿的軍隊已經將河岸封鎖。馬上的后羿威風凜凜，頗有天子威儀，對太康說：「我已經占領都城了，你還是另外找地方居住吧！」太康知道大勢已去，回不了都城，只好在洛水北岸過起了流亡生涯。漂泊到陽夏地方（今河南太康），年老體邁，就選擇在陽夏築室居住，終老於此，史稱「太康失國」。

太康有五個弟弟一起出逃，悲憤不已，追述大禹之誡作《五子之歌》，以警示後人。

后羿占領都城後，向天下宣告太康荒淫，失去天子的資格。后羿於是扶持太康的弟弟仲康為王，應該是中國歷史上第一個傀儡政權，后羿挾天子以令諸侯，諸侯莫敢不從。不久，仲康憂鬱而死，其子相立，是為帝相。諸侯朝拜時，都先拜后羿再拜帝相。后羿見時機成熟，便代夏自立，號為帝羿。

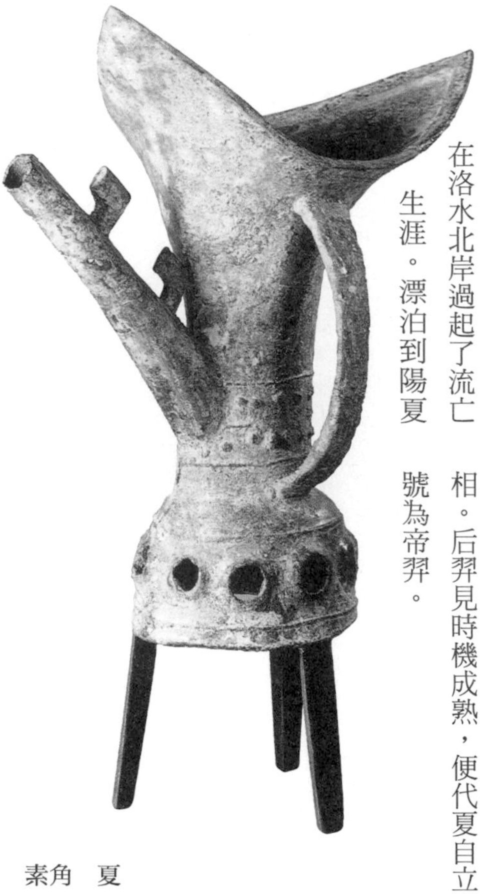

素角　夏

河南偃師二里頭夏時期遺址出土。

【寒浞殺后羿】

●時間：夏初
●人物：寒浞　后羿

后羿代夏後，同樣沉迷於打獵，將國事交於寵臣寒浞。寒浞乘機收買人心，與后羿的學生逄蒙合謀，乘后羿酒醉時殺了他，取而代之。

相傳，寒浞為寒國的公子，出生時，寒國國君以為是不祥之人，把他拋棄荒野，但數日不死，寒國族人偷偷撫養成人。後來寒國國君發現了，寒浞在族人的幫助下投奔后羿。寒浞巧言令色，處處投后羿所好，幫助后羿成功代夏，深得后羿寵信，立為宰相。

⊙陽奉陰違

后羿代夏後，並沒有心思打理朝政，終日想著遊玩打獵射箭，於是把國家政事全交給了寒浞，自己則四處尋找獵物，以顯示自己精妙的箭法。

寒浞本就野心極大，設計讓后羿在外不歸，私下命手下尋訪奇禽異獸。於是西方林中有食人豎虎，北方有禦風怪獸能做惡風毀人民居，東海又有河伯水怪，后羿東奔西走，樂此不疲。每次后羿大勝而回，寒浞都率領官員出城遠迎，恭敬稱讚后羿恩威四方，后羿於是沉浸於自得之中。

后羿忙於四方遊獵之時，寒浞也沒閒著。除了處理日常政事外，寒浞熱衷於樹立自己的威信，結交官員，收買人心，培養自己的勢力。寒浞甚至私通後宮，廣佈眼線。可憐的后羿日日馳馬射箭，不知已禍起蕭牆。時間長了，百姓只識寒浞，不知后羿。

⊙勾結逄蒙

寒浞垂涎后羿的王位，雖然羽翼已豐，但是后羿絕世武功，不是輕易可以刺殺的，一試不成，則自己性命也也不保。他把心思動到了后羿的學生逄蒙身上。

逄蒙追隨后羿學習射箭，箭術雖也十分高超，卻總輸一籌。每次遊獵，所有的歡呼聲都只為后羿響起，逄蒙只是后羿的影子，「天下第一」的名號是不用想的。逄蒙心有不甘，寒浞早就看在眼裡了。

一天，寒浞請逄蒙夜宴，酒酣耳熱之際，寒浞問逄蒙：「您射箭百發百中，為甚麼每次隨國君打獵，總是悶悶而歸呢？」逄蒙乘著幾分醉意說道：「我也不甘居人之下啊！」寒浞追問道：「既然不願，為何不將其除掉呢？」逄蒙愕然。寒浞接著說：「我有妙計可以除掉后羿，但是需要你配合……」其實逄蒙也早有意思，兩人於是密謀殺害后羿。

⊙計殺后羿

此時后羿遊於東海已有數月，寒浞騙說國有要事，需要后羿親自定奪，后羿很不高興地率兵回來。逄蒙

延伸知識

銅石並用時代

銅石並用時代也叫「紅銅時代」、「金石並用時代」，原為拉丁文「純銅的」和希臘文「石的」的合體，意思是既使用銅器又使用石器的時代。因此，所謂銅石並用的時代，應該是人們已經知道冶煉紅銅，製作銅器，但還不知道冶煉其他金屬，同時仍然大量使用石器的時代。

銅有良好的延展性、可塑性和回爐性，也就是說銅可以經過錘鍊做出很細、很薄的器具，銅器壞了還可以回爐重新鍛打或鑄造，做成新的器具。這些都是傳統的石器所不可比擬的。

但是銅器也有缺點：首先，銅的原料比較少，天然存在的銅則更少。當時對銅礦的認識還存在很大的困難，而且即使認識了和發現了也不易開採。因此當時還沒有足夠原料來生產大批銅器。其次，銅石並用時代冶煉的多數是紅銅，硬度較低，不宜製造大型的生產工具。所以當時銅器比較少，而且較為珍貴，現在我們所能看到的也僅僅是一些小型的器具，如小刀、錐、鑿、指環等。

由此看來，當時無論是生產還是日常生活中，銅還沒能取代石器而占據主導地位。

到都城門外設宴迎接后羿，后羿貪杯狂飲。夜色漸漸降臨，后羿也醉意朦朧，突然從暗中射來一箭，后羿躲閃不及，正好貫穿后羿的喉嚨。后羿知道只有逢蒙才能發出如此精準的箭法，悲憤高呼：「逢蒙！逢蒙！」拔箭氣絕而亡。

后羿死後，寒浞居然在城牆上將后羿烹煮，更召集后羿的兩個兒子，命食用後才能入城。后羿的兩個兒子知道是逢蒙殺了父親，想要報仇，可惜不是逢蒙對手，兩人也被殺了。

寒浞向逢蒙舉杯慶祝，逢蒙一飲而盡，寒浞笑道：「味道怎麼樣？我特意為你準備的。」逢蒙未發一言，已中毒而死。原來寒浞早在酒裡下毒，趁機害死了逢蒙。

於是寒浞向天下宣布：逢蒙謀反弒師，已殺了他替后羿報仇。寒浞奪得天下，自立為帝。寒浞不僅竊取了后羿的國家，也奪占了后羿的妻子，更追殺逃亡的夏帝相。結果相被殺死，他的妻子從牆洞逃回娘家，生下了遺腹子少康。

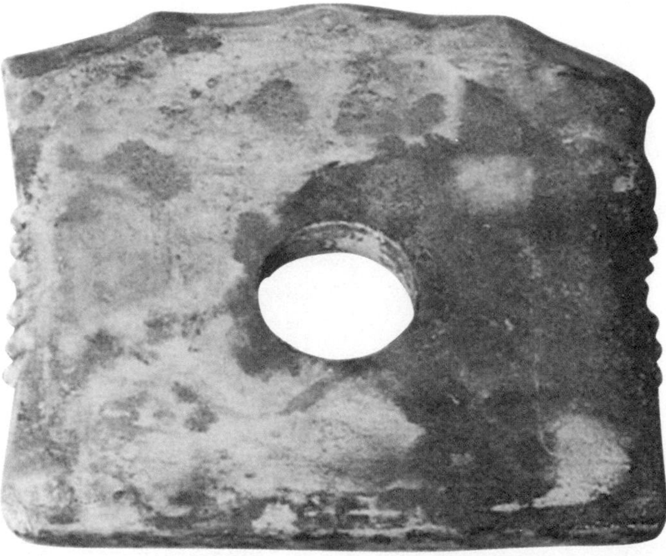

玉鉞

二里頭文化遺址出土。鉞是一種兵器，但玉鉞並非武器，而是由鉞演化而成的禮器。

【少康中興】

●時間：夏初
●人物：少康

太康失國，其孫少康發奮圖強，得賢人相助，巧用計策，奪回天下。

寒浞奪取后羿的政權後，認為帝相的存在是個威脅，命人攻剿收留帝相的斟灌氏和斟尋氏，殺死了相。相被殺之後，相的妻子后緡忍著悲痛從牆洞中逃出，回到娘家有仍氏部落，次年生下相的遺腹子，取名少康。

⊙年少流亡

少康自幼聰明伶俐，懂事後，母親告誡祖上失國的慘痛經歷，日後要報仇雪恨，復興夏朝。少康知道後，痛哭了幾天，自此發奮圖強，立志雪恥復國。

少康十五歲那年，寒浞聽說相有後人，就命兒子澆向有仍氏索取少康母子。有仍氏懼怕寒浞，但又不願交出少康，只好讓母子從小路逃走。少康和母親相互扶持，四處躲藏，找不到安身之所。一日來到虞國，虞國國君姚思為人賢良且睿智非凡，知道少康是相之子後，決定收留少康母子，並且任命為虞國的庖正（掌管食物的官職），以掩飾他的身分。

時間一過就是五年，少康日夜謹記復國之志。姚思十分欣賞志向遠大的少康，就將兩個女兒許配給少康，把綸邑送給少康作為封地。在少康的治理下，綸邑百姓安居樂業，士兵勇敢善戰，少康因此得到百姓的稱頌。

⊙五謁崇開

少康深知復國大業必須得到賢人相助，聽說山南有賢士，名叫崇開，是代國國君之後，代國被寒浞滅亡了，不得已避居於山野。少康連續四次求見崇開，崇開都是一言不發。

少康並不氣餒，第五次敲開崇開的家門，崇開終於開口了。他問少康：「你想復國，為甚麼會來問一個山野之人呢？」少康聽了大驚，忙說：「我只想拜師學習禮義罷了。」崇開笑道：「你的命很珍貴啊！拜師卻隱瞞身分，不是明智之舉啊！」少康聽他一語道破心事，不由得熱淚盈眶，跪下說：「我不想連累您，才不說實話，既然您都知道了，就請幫助我吧！」崇開笑著說：「得人者方能得天下啊！」

於是少康親自駕馬車，將崇開接

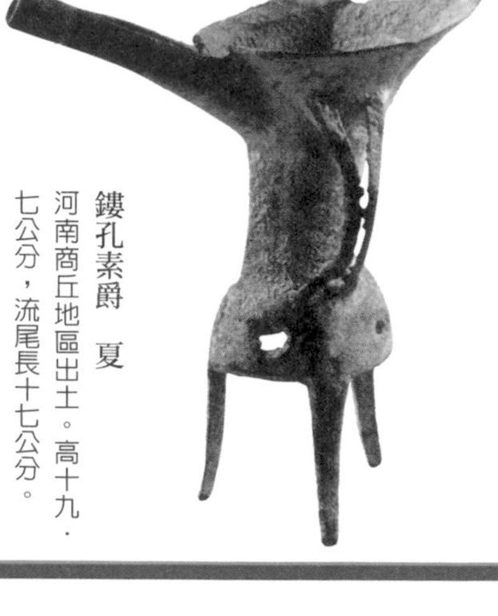

鏤孔素爵　夏
河南商丘地區出土。高十九．七公分，流尾長十七公分。

到綸邑，並為崇開挑選夫人，安置家室。從此少康每日向崇開請教，學習天地古往之道，治亂興亡之故，撫士安民之術。

⊙離間計成就復國大業

數年過去，少康的勢力已經不小了，但是要想和寒浞抗衡，還有些差距。少康為此十分煩惱，不知何時才能復國。崇開勸說：「寒浞如今氣焰正盛，強取是不可行的，我們可以智取。」

寒浞把大兒子澆封在過地，小兒子豷封在戈地，因此這兩人又被稱為過澆和戈豷。他們為了繼承的問題早有心結。

崇開對少康說：「寒浞有兩個兒子，一個是過澆，一個是戈豷，我們派人離間他們，使兄弟相爭，天下混亂。我們再趁機攻打寒浞，定能成功。」少康大喜，連連稱讚。

為了這件大事，少康的親信戴寧和女艾主動請纓。兩人均是仲康舊臣，足智多謀，忠心耿耿。戴寧和女艾分頭行動，一個前往過地，一個前往戈地。過澆雖為太子，並不得寒浞喜愛，戴寧利用這點，每天在過澆耳邊挑撥：「帝寒浞偏愛戈豷，使戈豷的勢力一天天壯大，這不是您的威脅嗎？不如早早下手以保住王位。」

而戈豷這邊，由於深得寒浞偏愛，對兄長過澆又早有不滿，女艾就搧動他滅掉過澆，以取天下。於是兄弟二人暗中佈置兵力，伺機而動。

一日，寒浞出宮遠遊，戴寧對過澆說：「這是您大好時機啊！」過澆於是集中過地的兵力，殺入王宮。過地兵力空虛，戈豷於是命女艾率兵襲擊過地，又攻打王宮，過澆在享樂中丟了性命。

螳螂捕蟬黃雀在後，少康趁機發兵，毫不費力就攻取了戈地和過地。之後，少康便率兵殺入王宮，殺了寒浞和戈豷，光復夏朝，成為夏朝第六位君主。

少康執政後，勤於政事，很有賢名。在他的治理下，夏朝國泰民安，出現了繁榮安定的盛世局面，史稱「少康中興」。

乳釘紋斝

斝為古代的一種酒器。這件乳釘紋斝高四十五公分，口徑二十六公分，為夏晚期遺物。

【孔甲養龍】

●時間：約夏中期
●人物：孔甲

孔甲篤信鬼神，飼龍食龍，荒唐淫亂，致使諸侯叛離。孔甲亂夏，夏朝的國力迅速衰落，以至四世之後就滅亡了。

⊙巫風盛行

孔甲是夏朝的第十四位君主，性情怪僻，好事鬼神。他的父親不降（夏第十一位君主）懷疑他的治國能力，沒有傳位於他，而是內禪給弟弟北扃。北扃死後傳位給子廑，子廑死後，國內找不到合適的繼承人，才由孔甲繼位。孔甲激動萬分，認為這是長期求神的結果，於是更加沉湎於鬼神活動之中，對於政事不聞不問，肆意淫亂，胡作非為，做出了很多荒唐的舉動。

孔甲繼位後，立即大興土木，修建青帝廟、白帝廟、赤帝廟、黑帝廟，黃帝廟，同時命人修建玄女臺、素女臺、青女臺、神女臺等祈神之所，一時間廟臺廣佈國內。孔甲隔三差五便上神臺舉行各種儀式，迎神，宴神，降神，送神。宮內巫師無數，每天鳴鐘擊鼓，焚香禱拜。宮廷內巫術瀰漫，宮外也不甘落後，百姓紛紛效仿孔甲，舉國上下巫風盛行，不事五穀，國勢日益衰落，各諸侯叛離之心日重。

⊙天降雙龍

一天，從天上降下一雌一雄兩龍，舉國歡慶，孔甲親自前往龍降之地，見雙龍矯健俊美，高興說到：「神龍降在這裡，是祥瑞的好徵兆啊！」於是就在龍降之地修建龍苑，四周圍以高臺，名為「御龍臺」，命專人侍奉雙龍。

然而兩條龍似乎不領他的情，不吃珍饈美食，不吃五穀糧食。幾天下來，孔甲焦慮不已，不知如何是好。有人報告說：「龍喜歡水，應該修建龍池。」孔甲趕緊傳令工匠，挖造了一個湖泊。兩條龍像沒看見一樣，還是盤臥在降落的地方，並不移動龍體。孔甲前去勸說，龍卻發怒了，張大嘴撕咬孔甲身邊的侍衛，嚇得眾人抱頭鼠竄。

陶唐氏的後人劉累，多年來流亡海外，學得養龍之術，苦於無用武之地。聽說此事，劉累十分高興，跑到

陶盉
二里頭文化遺物，高二十五公分。淺灰色，泥質陶製成。下有三個袋狀空足，一側有一柄，也是二里頭文化典型的陶盉形制。整個器物造型均衡，表面光滑，製作精良。

都城請命，自願為孔甲養龍。孔甲大喜。

翌日，劉累開始施法請龍。他讓三千將士假扮為二十八星宿，每人手持旌旗，造成雲霞密佈的樣子，用火砲模仿雷鳴，以煙花代替閃電，造成巨大波濤的水池。霎時間，電閃雷鳴，雲霞翻滾，白浪滔天，宛若天庭中神龍行雲佈雨。困居於地面的雙龍忽見煙雨噴薄，不知真假，仰天長鳴，飛身躍入白浪，終於困於水池之中。劉累趕緊餵養雙龍，雙龍只得認命，暫時棲身於此。

孔甲為了嘉賞劉累，賜姓禦龍氏，並且將豕韋氏後代的封地賞賜他。天下諸侯都替豕韋氏打抱不平，決定不朝見孔甲，天下出現了變亂的端倪。

⊙冤殺師門

龍究竟非池中之物，雌龍懷念天上的日子，因而成疾，竟然一命嗚乎。劉累怕不能交差，一不做二不休，乾脆用雌龍烹製了菜餚呈給孔甲。龍肉是天下美味，孔甲吃得讚不絕口，又向劉累索要。知道這是龍肉後，竟說：「雄龍留著也沒有甚麼用處，不如殺了吧！」劉累害怕了，連夜逃往魯國。

後來，孔甲又找到了一個叫師門的高手，手段比劉累更勝一籌，把雄龍養得光彩耀人。但是，師門為人耿直，屢次頂撞孔甲。孔甲驕縱慣了，怎能容忍手下如此？於是悄悄派人誘使師門出城，在郊外把師門殺死。師門死後，狂風肆虐，天降大雨數日，雨停，郊外又起山火。相信鬼神的孔甲心虛，覺得這是師門的冤魂報復，上天警告他。孔甲連忙和巫師來到郊外作法禱告。回城路上，車中的孔甲竟然受驚而死。

歷史上「孔甲養龍」不過是個傳說，他的那兩條「龍」，很可能只是兩條大魚，讓他吹噓成了神龍。這位荒唐帝王不問政事，一心沉溺於迷信和玩樂，其下場可知。

玉戈

二里頭文化遺物，河南偃師二里頭出土。玉戈是遠古時代典禮上的儀仗器。

歷史詞典

《夏小正》

《夏小正》是一篇按月份記載物候、農事、氣象、天文、田獵等活動的文獻，是夏代留下的一份寶貴文化遺產。《夏小正》現保存於西漢人戴德所編的《大戴禮記》中，分經文和傳文兩部分。經文記載了夏代的曆法和生活情況，傳文即註文，其註釋部分是後代學者所加。

《夏小正》記載的物候和人的活動情況生動而有趣，如正月大雁北飛，田鼠出洞，桃李開花，農夫開始治理田畝。二月農夫種黍，昆蟲蠕動，黃鸝鳴叫，芸豆結實。……十月捕捉野獸的季節到了，烏鴉忽高忽低地飛翔，夜變得長起來……這是當時人們長期經驗的積累。

值得注意的是，夏代把一年的正月放在冬至後的第三個月，稱「建寅」。因為這時萬物復甦，大地更新，農民開始工作，把這個月作為新年的正月既受百姓歡迎，又便於管理農業。直到現在我們所用的農曆，冬至通常在十一月，新年在冬至後的第三個月，也是沿用夏曆。

【夏桀亡國】

●時間：夏晚期
●人物：桀

夏桀荒暴，寵愛妺喜，自然失去天下民心。商湯愛民，任用賢能，首先翦除夏桀的羽翼，最終滅夏，建立商朝。

⊙誅殺忠臣

夏朝最後一位帝王是桀，桀重用佞臣，排斥忠良，為政殘暴，對外濫施征伐。

他即位後的第三十三年，發兵征伐有施氏，有施氏抵擋不住，進貢一個美女，名叫妺喜，為有施氏之妹。桀十分寵愛妺喜，特地造了富麗堂皇的瓊室、象廊、瑤臺和玉床，供他倆荒淫無恥地享樂。一切的負擔都落在百姓的身上，人民痛苦異常，敢怒而不敢言。

桀手下有個叫關龍逢的臣子，聽到百性憤怒的聲音，向桀進諫：「天子謙恭而講究信義，節儉又愛護賢才，天下才能安定。陛下奢侈無度，嗜殺成性，使百姓怨聲載道。長此以往，天下就危險了。」桀聽了大怒，將關龍逢處死，還說：「天上有太陽，我就是國家的太陽，太陽滅亡，我才會滅亡。」他還召集各部首領開會，準備發動討伐其他部落的戰爭。桀因此日益失去人心，最後眾叛親離。

⊙崛起的商部落

這時候，商部落在湯的領導下，日益興旺。桀擔心湯勢力壯大而威脅自己，便將湯召入夏都，囚禁在夏臺。

商族送桀重金，並賄賂桀的親信，使湯獲釋回商。

湯的妻子有個陪嫁，名叫伊尹，湯將他安置在廚房。伊尹很有才能，為了讓湯發現，伊尹有時故意把飯菜做得或鹹或淡。有一次，湯責問他，伊尹就乘機談論治理國政的見解。湯聽了大為驚奇，知道伊尹的才能，就任命為助手。自此，在伊尹的謀劃下，湯積極準備滅夏。

湯以仁厚收攬人心，爭取人民的支持。人民都稱讚他寬厚仁慈，紛紛擁護，湯的勢力由此進一步壯大。

湯歷數夏桀的暴虐無道，號召夏的附屬小國背棄桀，歸附商。對不聽勸告者，先後出兵攻滅。湯率兵先後滅掉了葛（今河南寧陵北）、韋（今河南滑縣東南）、顧（今山東鄄城東北）等夏的屬國，以翦除桀的羽翼。同時，湯還遷都於亳，準備最後攻滅夏朝。

商湯越戰越強，十一征而無敵於天下，夏桀陷於孤立的境地。

湯不斷征討夏的屬國時，大量向夏

石磬

山西襄汾陶寺遺址出土的禮器。這件石磬為打製而成，表面粗糙，形狀近似鯨頭，其形態源於石鐮。

朝進貢各種珍奇異寶，並賄賂桀的近臣。桀收到這些珍寶，又有佞臣的耳語，因此對湯的行為不聞不問，雙方力量在不知不覺中此消彼長。

歷史詞典

夏代樂器

一九七四年在山西夏縣東下馮出土的夏代石磬，長六十六．八公分，寬二十六．八公分，屬於二里頭文化。這件石磬是打製而成，表面粗糙，形狀近似鯨頭，其形態源於石鐮。

在夏人的重要統治區域，山西聞喜西官莊鄉南宋村，也曾經發現一件四千年前的打製石磬，長八十三．三公分，高三十三．五公分，重四十一．五公斤，製作渾厚古樸，還比較原始，但已具股、鼓的形制，上部鑿有一孔，孔內有繩系摩擦痕，當是實用打擊樂器。敲擊鼓部，聲音清脆，擊其股部，聲音開闊洪亮。

中國古代重視禮樂，在舉行一些重要的儀式時，都要以樂助興。這些石磬的出土，表明了早在夏代就出現了該類樂器。

類似的石磬在晉南襄汾陶寺遺址也有出土，多見於大型的貴族墓葬，其性質屬於特磬。在河南偃師二里頭夏代都邑遺址也有出土的特磬，而未見編磬。

⊙悲慘下場

湯和伊尹見時機成熟，就由湯召集部眾，出兵伐夏，直逼夏的重鎮鳴條（今河南封丘東）。

桀得到消息，帶兵趕到鳴條。

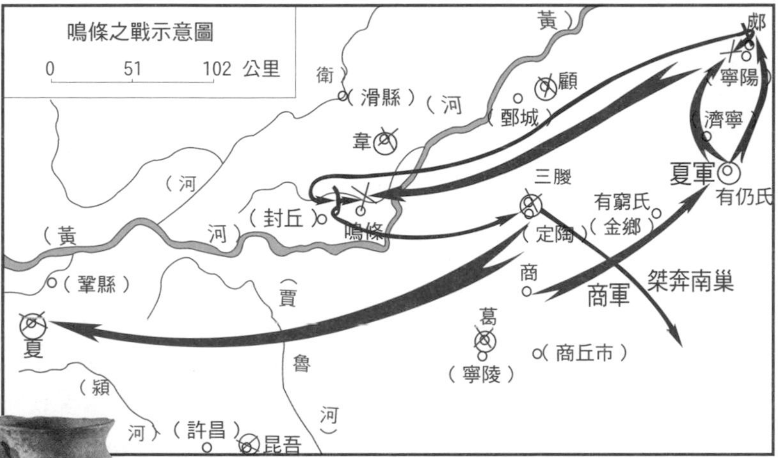

兩軍交戰，桀登上附近山頂觀戰。忽然天降大雨，桀又急忙奔下避雨。夏軍將士原來就不願為桀賣命，此時，也乘機逃散。夏桀制止不住，只得倉皇逃入城內。商軍在後緊追，桀不敢久留，攜帶妹喜和珍寶，登上一艘小船，渡江逃到南巢（今安徽巢縣）。後來被湯追上俘獲，放逐在這裡。這時，桀仍然不悔悟，反而狠狠地說：「真後悔當時沒有在夏臺監獄把湯殺死！」

桀和妹喜養尊處優慣了，在這荒僻山鄉，無人服侍，就活活餓死於山中，夏朝宣告滅亡。

湯一舉攻滅了夏桀，建立了商朝，定都亳。湯建立商朝後，減輕徵賦，鼓勵生產，安撫民心，使商的勢力擴展至黃河上游，成為一個強大的王朝。

桀是中國歷史上記載的第一個暴君，荒淫無度，自認是太陽的化身，最終丟掉了國家，也失去了性命。

鴨形陶器

二里頭遺址

在中國早期國家的探源中，夏代扮演著一個極為重要的角色。早在二十世紀中葉，史學家范文瀾先生根據《竹書紀年》中的傳說和《史記》的記載，將夏代列為中國歷史上的第一個朝代。然而，單靠文獻資料研究夏代歷史，許多問題甚至不可能得到解決。而考古發現，無疑對認識夏代歷史有著重要的意義。

尋夏之旅

二里頭遺址位於河南偃師境內洛水南岸的二里頭村南。遺址以二里頭村為中心，範圍包括洛水以南的四角樓村、北許村和餵羊莊之間，東西約有二．五公里，南北約有一．五公里，總面積約四平方公里。遺址依山臨水，東阻成臯，西擋崤函，自然條件優越，地勢十分險要。

從一九六〇年至一九六四年，洛陽考古隊在二里頭先後進行了八次發掘，先後發現了作坊遺址、陶窯、窯穴、水井、墓葬、銅器、玉器、陶器等。根據這些發現，考古學家斷定這是一座早期城市遺址。至於是哪朝哪代的城市，則有兩種說法：一是商代成湯建的都城西亳，一是夏代的都城。如果與偃師尸鄉溝商城相比較，後一種意見應該是比較合理的。後來考古學家又發現不同時期的陶器呈現出不同器物特點，從而斷定二里頭遺址的文化特徵大約介於河南龍山文化與鄭州二里岡商代前期文化之間，在考古學上通常稱為二里頭文化。

嵌綠松石饕餮紋銅牌飾

一九八一年河南偃師二里頭出土，長十四．二公分，寬九．八公分。牌飾略呈長圓形，面凸起，兩側有兩組穿鈕，用以固定在織物上，背面尚存麻布痕跡。牌上用綠松石小片黏嵌成饕餮紋圖案。這件牌飾的饕餮紋，是青銅器上已知最早的一例。饕餮雙目正圓，鼻與身脊相通，兩角長而上延，捲曲似尾，均不同於後來的饕餮。所嵌綠松石磨成種種形狀，互相接合，非常工巧。

鑲嵌十字紋方鉞

河南偃師二里頭出土。扁平短內，鉞本有兩長條穿，身中央有圓孔，周圍鑲嵌十字紋，與較早的帶狀飾風格不同。

文化分期及內涵

二里頭遺址的撲朔迷離之處，在於分期和它與夏文化的關係問題上。就遺址的分期工作而言，可以說是眾說紛紜。早在二里頭遺址發掘初期，有人就根據出土陶器類型把二里頭文化分為早、中、晚三期。然而，一九七四年，二里頭考古隊根據宮殿遺址的發掘資料，提出了二里頭文化的四期劃分說。

二里頭文化四期說雖為多數人所接受，然而，在二里頭文化與夏文化的關係上又存在許多分歧，幾種主要的看法是：一種是二里頭文化一至四期都是夏文化，第二種是二里頭文化一、二期是夏文化，三、四期屬於商文化，第三種是二里頭文化一、二、三期為夏文化，偃師二里頭遺址即是夏都陽城，四期為商文化。不過，儘管各家說法存在諸多分歧，大多數學者還是一致認為二里頭文化是探討夏文化的主要對象。

七孔大玉刀

墨綠色，體扁平，呈肩窄刃寬的寬長梯形，兩側有對稱的凸齒，近肩處有等距且排成一直線的七個圓穿。玉刀兩面飾紋相似，皆以交叉的直線陰紋組成網狀和幾何紋圖。玉刀早在新石器時代已有發現，此後的夏商仍有生產，西周已消失，推測為古代代表權威和地位的玉儀仗器。此器保存完好，紋飾精美。

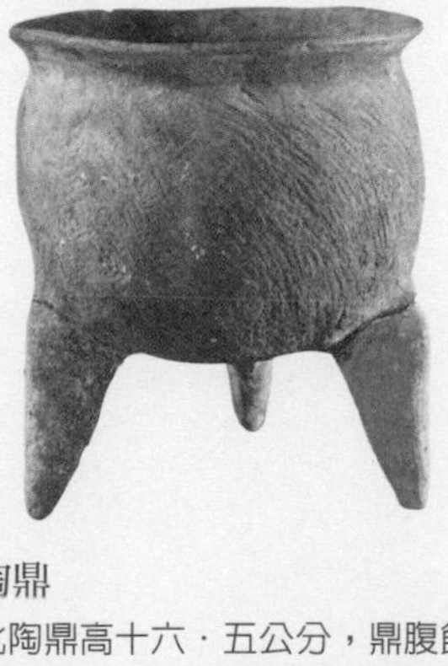

陶鼎

此陶鼎高十六．五公分，鼎腹飾以方格紋，是二里頭遺址早期遺物之一。

宮殿復原模型

二里頭遺址文化內涵豐富，而且發現了中國目前發現最早的宮殿遺址，成為我們研究夏代國家形成和發展的重要資料。

中國社會科學院考古研究所 ■殷瑋璋教授

西元前一六〇〇～前一〇四六年

商朝

商代是繼夏代之後，中國歷史上第二個世襲制王朝時代。自太乙（湯）至帝辛（紂），共十七世，三十一王，前後經歷了將近六百年。

商湯立國後，汲取夏代滅亡的深刻教訓，廢除了夏桀時殘酷壓迫人民的暴政，採用了「寬以治民」的政策，使商王國內部緩和衝突，政治局面趨於穩定，國力也日益強盛。他征伐四周的許多國家，取得了一系列勝利。所以《孟子・滕文公下》記有：「（湯）十一征而無敵於天下。」《詩・商頌・殷武》也有「昔有成湯，自彼氐羌，莫敢不來享，莫敢不來王」的記載，反映了商王朝在湯的統治下，已經成為強盛的國家。

商湯統治時期的興盛局面，得益於伊尹和仲虺這兩個賢臣的輔佐。據記載，他們二人在政治上頗有建樹。他們任為右相和左相以後，在處理政務、穩定政局、發展生產等方面，有不少貢獻。仲虺死後，伊尹在政壇上尤其突出，成了商湯至太甲時期重要的輔佐，政壇的一位元老。

商湯死後，因子太丁早死，由太丁弟外丙繼位。外丙死後，弟中壬繼位。中壬死後，又乙太丁之子太甲繼位，太甲乃商湯長孫。據《史記・殷本紀》記載：「帝太甲即立三年，不明，暴虐，不遵湯法，亂德，於是伊尹放之於桐宮。」太甲居桐宮三年，悔過自責，伊尹迎回太甲而授之政。以後，太甲修德遵法，諸侯歸服，百姓生活安寧。這個故事反映了伊尹貫徹商湯的治國方略，使商王朝長治久安，努力不懈。這個故事流傳久遠，伊尹也獲得了「大仁」、「大義」的美名。

不過，統治階層貪婪本性決定了王室內部爭權奪利的局面不可避免。《史記・殷本紀》記載：「自中丁以來，廢適而更立諸弟子，弟子或爭相代立，比九世亂，於是諸侯莫朝。」從仲丁算起，經九世正好到盤庚時期，說明這一期間商王室內部為爭奪王位，內亂不止，致使外患不斷。這期間，商王朝曾多次遷都。

據文獻記載，商代曾五次遷都。《竹書紀年》記載，商王仲丁「自亳遷於囂」，河亶

甲「自囂遷於相」，祖乙「居庇」，南庚「自庇遷於奄」，盤庚「自奄遷於北蒙，曰殷」。不過考古學家至今只發現了偃師二里頭、鄭州商城、偃師商城和安陽殷墟四個都邑遺址。這四個遺址的面積都很大，均在三四百萬平方公尺以上。考古學家已在這四個遺址中發現了大型宮殿基址、墓葬及作坊等重要的遺存，如二里頭遺址中部發現的一號宮殿，面積達一萬平方公尺。在偃師和鄭州發現了規模宏偉的城垣。安陽殷墟還發現了規模宏大的王陵區祭祀場。從這些發現與文獻記載可以知道，商代已經建立完備的國家機構，有各種職官、常備的武裝（「左中右」三師），有典章制度、刑法法規等。但上述這幾個都城，與文獻中記載的名字是甚麼關係，學術界還有不同看法，只有對「安陽殷墟是盤庚以後諸王世的都城」看法比較一致。

對商代歷史上多次遷都的原因，史學家有不同的看法。但從《尚書・盤庚篇》中看到，遷都與內部的政治爭鬥有一定關係。如盤庚雖然聲稱「視民利用遷」（即爲人民的利益而決定遷都），但對那些不聽命令的人，他發出了「我乃劓殄滅之，無遺育，無俾易種于茲新邑」（我要將他們斬盡殺絕，不讓孽種留在新邑）的威脅，反映了內部激烈的衝突。盤庚遷殷以後，王室內部得到緩解，促進了社會經濟的發展。盤庚被稱為「中興」之主，之後才有武丁盛世。

武丁是盤庚之弟小乙之子，即盤庚之姪。年幼時，小乙曾讓他到民間生活了一段時間，深知民眾生活的艱難困苦。即位以後，兢兢業業，不敢荒寧，勵精圖

治，決意振興大業。他四出征戰，討伐鬼方、土方、羌方、人方、虎方等方國，戰爭的規模不小，往往動用數千兵力，最大的發兵一萬三千人。在這些戰役中，商王征服了許多小國，擴大了領土。

武丁時期的文化遺存相當豐富，宮殿、墓葬、作坊等遺存都有發現。代表當時社會生產力發展水準的青銅業，有了突破性進展，如銅、鉛、錫合金出現了，分鑄技術已廣泛運用。青銅器生產數量大增，還出現了司母戊大方鼎、偶方彝、三聯這樣的重器。武丁之世青銅業方面的成就，表明中國青銅時代進入繁榮時期。此外，在紡織、醫學、交通、天文等方面，也都取得不小成就。武丁開創的盛世局面，為商代晚期社會生產的發展乃至西周文明的繁盛，奠下良好的基礎。

清光緒二十五年（一八九九年），因一個偶然機會發現的商代甲骨文，把湮埋了三千餘年的古老文字重新呈現在世人的面前。甲骨文的發現，使商代的存在無可爭議，並使商代歷史成為信史。安陽殷墟出土的十五萬片甲骨卜辭，記錄了商代社會中發生的許多事情。經過幾代人的整理和研究，揭示了包藏的豐富內容，為研究商代歷史開拓了重要的途徑。

祭天祀祖在中國有著悠久的歷史，史前時期的考古中曾一再發現這類遺存。隨著農業的出現，人們為祈求風調雨順的好年景而產生對天崇拜，是自然崇拜中的一種。祖先崇拜又叫靈魂崇拜，源自對先人懷念，把夢中的情景理解為先人

靈魂作祟而產生。人們祭祀祖先，為的是求得先人的保佑。

夏代開始的家天下局面，使原始宗教的內容發生很大變化。由於帝王是世上最高的統治者，為了維護統治地位，就把祖先崇拜與自然崇拜相結合，創造了天或上帝這樣的至上神。從文獻中可以知道商代有「天」這個神，甲骨文中則有「帝」或「上帝」。所以商湯伐夏桀時說，「有夏多罪，天命殛之」，「夏氏有罪，子畏上帝，不敢不正」，打出「天命」的旗號，鼓動軍士和同盟執行上帝的意志，奮勇討伐。

但天上的上帝與地上的下帝（商王）是相對的。為了執行上帝的意志，下帝透過巫與上帝溝通。商王在祭祀祖先時，用五種祀典，對上甲以後的祖先輪番周而復始祭祀。安陽殷墟王陵區的祭祀場中，發現了上千個祭祀坑，武丁時一次使用人牲達數百人。這種情況反映了商王對祖先崇拜的重視，因為上帝既是至上神，又是宗祖神。

武丁死後，他開創的太平盛世，沒能長久延續下去。祖庚、祖甲以後諸王，特別是帝乙、帝辛時期，國內衝突不斷，四方諸侯也群起思變。面對這種情況，商王帝辛（紂）不思改進，不聽忠諫，繼續驕奢淫逸的生活，進一步惡化了國內問題。同時，窮兵黷武，調集大軍征伐東夷，加重了人民的負擔，使國內兵力空虛。

周武王的大軍打到商郊牧野，商紂王才調集軍隊，倉促應戰。結果，商王的軍隊毫無鬥志，「前徒倒戈」，為武王的軍隊開道。帝辛看到大勢已去，逃到鹿臺，拿出珠玉寶貨自焚而死。商王朝就此滅亡。

【玄鳥生商】

●時間：商部族早期
●人物：契

商族是黃河下游一個古老的部族，後來成湯滅夏，入主中原地區，建立殷商王朝。關於商人的起源，《詩經．玄鳥》說：「天命玄鳥，降而生商。」玄鳥就是黑色的鳥，也就是指燕子，這短短八個字裡蘊含著一段美麗的神話。

⊙祭祀求子

商朝的祖先名字叫做「契」。他的母親簡狄，是帝嚳的妃子，然而契卻並非帝嚳之子。簡狄嫁給帝嚳之後，一直沒有子息。有一年，春暖花開，簡狄和丈夫以及兩個妹妹，一起到郊外祭祀媒神。媒神是專門司管生兒育女的神，一直是很靈驗。祭祀時，簡狄誠心誠意向媒神祈禱，希望能賜給一個孩子。

接下來發生的事情，就帶上了神話色彩。簡狄在祭祀儀式完畢之後，覺得有些疲乏。兩個妹妹於是提議到不遠處的玄丘之水洗澡，輕鬆一下。簡狄也有此意，便欣然同意。溫暖的春日，簡狄和妹妹在涼爽的河水中沐浴過後，覺得疲勞頓消，非常愜意。正當這個時候，天上忽然飛來了一隻燕子，在她們頭上飛舞不去。簡狄她們看著好奇，就向燕子揮手。燕子像通人性似的，翩翩落在了簡狄的手上。簡狄開心極了，將燕子捧在手裡，左看右看。出人意料的是，燕子忽然產下一枚卵，落在了簡狄的掌心，然後飛到空中，很快就不見了蹤影。

⊙玄鳥遺卵，意外之喜

簡狄十分驚異，雙手把那枚蛋捧到眼前，細細地看。只見這枚卵小巧玲瓏，蛋殼上還帶著五色斑斕的花紋，說不出有多麼精緻漂亮。這下子，兩個妹妹更好奇了，跳著鬧著，紛紛伸手想把蛋搶到手裡，好看個仔細。簡狄生怕忙亂中打碎了蛋，兩手又沒處藏，一著急就把蛋含進了嘴裡。妹妹們看姐姐把鳥蛋含起來了，便又笑又叫地讓她趕緊拿出來，大家一起看。簡狄笑了笑，剛要吐出來，不知怎麼的，蛋像是有靈性一般，一下子就滑進肚子裡去了。蛋一吞下去，三個人都嚇了一跳，還好簡狄並沒有覺得有甚麼不適，姐妹三個互相取笑了一陣，便收拾齊整，隨著帝嚳回家。

誰知，沒過多久，簡狄便開始覺得腹中有異動，請人醫治，發現居然是懷孕了。簡狄認為腹中的孩子定是天神賜予的，又驚又喜。不過好事多磨，幾個月後，孩子要出生了，卻是難產，令簡狄吃盡了苦頭，最後不得不剖腹，才生下一個男孩。簡狄為他取名為「契」。

⊙掌管德化，商族誕生

契出生後，一直跟著母親。簡狄出嫁前本是有娀氏部落首領的女兒，自幼受到父親教誨，學識淵博。她將全副心思都放在培養契成人上，在契懂事後，便悉心教導他各種知識以及種種做人的美德。契天性聰慧，將母親教導都牢牢記在心中。他長大後，果然成為一個有膽有識的人物，在堯、舜的宮廷中做了掌管教育民眾的「司徒」。在做司徒的期間，國內的道德風貌大大改觀，父母慈愛，子女孝順，兄弟團結友愛，夫妻間相敬如賓。

契還曾經幫大禹治理洪水，表現得極為出色，受到禹的讚賞。後來，契受封在「商」（大約在今天河南商丘一帶）這個地方，契的子孫後代生活在封地，以「商」作為宗族的名號。這就是商的來歷。

這個故事今天聽來似乎有點荒唐，可是古人卻深信不疑。古文字專家依甲骨文證實，商人確實以燕子作為祖先。據《史記》記載，夏禹是龍的後裔，幫助大禹治水的契則是鳳的後裔。「天命玄鳥，降而生商」，說明契和玄鳥有著不解之緣，所以整個商代都十分崇信玄鳥，商代的青銅器上也鑄有很多變幻無窮的鳳紋圖案。

《說文解字》說：「夷，東方之人也。」東夷各部落多以鳥為圖騰，「玄鳥生商」的故事更證實了商人和東夷族有著歷史淵源。而《史記》記載：「殷契，母曰簡狄，有娀氏之女。」又表明了殷商文明承襲了早先的戎夏文明。商族只是從有娀氏分出的一個宗族，契是這個宗族的第一代始祖，這也表明了商族當時已經從母系氏族社會過渡到了父系氏族社會。

簡狄像

簡狄，是古代傳說中帝嚳的妃子，為商始祖契的母親。

上甲微為父報仇

●時間：商部族時期
●人物：王亥　上甲微

上甲微的父親王亥為有易部落首領所害，四年之後上甲微聯合河伯，打敗有易部落，手刃了殺父仇人。

⊙不幸身死

契之後又過了很多年，王亥成為商部落的首領，他是一個善於飼養牛羊的人。在他的傳授下，商部落的牛羊總是又肥又壯，滿山遍野。當時的人民以遊牧為生，牛羊的多少是部落實力的象徵。別的部落對此很是羨慕。

商部落的牛羊越來越多，王亥就和弟弟王恆商議，用多餘的牛羊，到東方的有易部落（今河北易水一帶），換回一些生活所需。兄弟二人從現在的商丘出發，載著貨物，趕著牛羊，長途跋涉來到有易部落。有易部落首領綿臣從來沒有見過這麼多的牛羊，心生歹意，趁夜殺害了王亥，奪走了貨物和牛羊。

王恆逃回商部落，和族人擁立王亥的兒子上甲微為部落首領。

⊙君子報仇，四年不晚

上甲微雖然年輕，但是深謀遠慮，認為商部落雖然比較富裕，但是缺少善戰的士兵，無法長途遠征，雖然報仇心切，但是也不能急於一時。

於是，他繼承父業，大量飼養牛羊，向別的部落換取刀槍劍矛，準備充足的武器。同時加緊訓練士兵，即令族人中年輕力壯者必須參加軍隊，也把過去征戰中的俘虜也集中充當兵卒，日夜操演陣法。

四年過去了，商部落實力大增。為了確保成功，上甲微游說河伯部落首領，請求派兵援助。為了表示誠意，上甲微親自前往河伯部落傳授馴養牛羊之法，並且送給河伯部落首領牛羊數千，答應事成之後更有厚禮相送。河伯本來就與商交好，上甲微又師出有名，當即許諾派出三千人馬，幫助商討伐有易。

⊙妙計伐有易

一切準備就緒，上甲微率領人馬，浩浩蕩蕩踏上了征討有易部落的征程。有易部落首領綿臣毫無準備，慌忙應戰。商部落軍隊士氣旺盛，勢

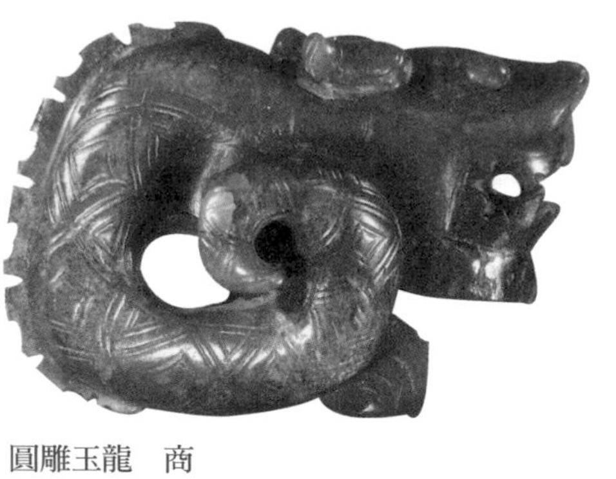

圓雕玉龍　商

此玉龍呈墨綠色，張口露齒，是目前發現的商代玉龍中唯一一件圓雕作品。製作精良，對瞭解商代玉龍的具體形態有重要的價值。

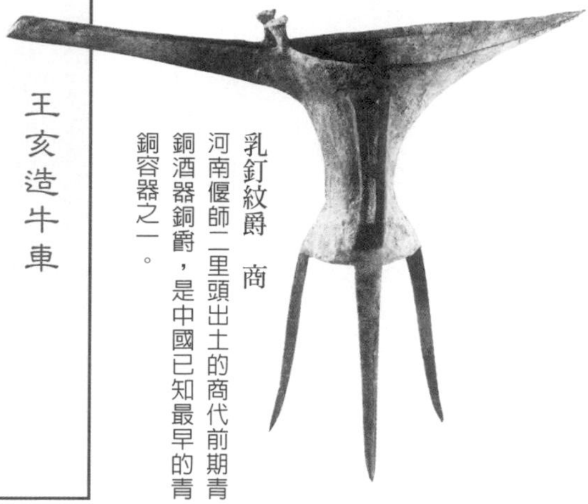

乳釘紋爵　商
河南偃師二里頭出土的商代前期青銅酒器銅爵，是中國已知最早的青銅容器之一。

王亥造牛車

王亥是商人先祖之一，商代祭祀時稱他為「高祖亥」。牛車最早出現於商代，史料記載「王亥作服牛」，即牛車為王亥所造。牛車是服重致遠的，可見在商人的社會關係中，已經懂得利用牛車作為運送貨物的交通工具。牛車在甲骨文中稱為「牽」，字形像縛牛引縻之意。

牛車雖然不如馬車輕靈快捷，但負荷能力卻遠在馬車之上，所以牛車又稱為大車。古代用於戰爭中的運輸軍用物資的牛車，數量遠遠超過馬車。由於牛車偏重於實用，比較笨重，車速也不快，數量多於馬車，因此地位是無法與馬車相比的，上層權貴墓葬未見用牛車作殉葬品，原因大概就在於此。

延伸知識

如破竹。不多時，有易軍隊就敗下陣來。有易部落擅長修築工事，綿臣命令撤退到防禦工事，停軍據守。上甲微自有妙計，白天命令軍隊原地休息待命。兩軍成相持局面。

當夜，上甲微率兵攻打綿臣的防線，雙方廝殺，難解難分。綿臣的工事確實不同一般，堅固無比，上甲微屢攻不破。正在這時，有易工事的左後方突然傳來震天的殺聲，火光閃耀。原來是河伯部落的軍隊從後方包抄，截斷了有易的後路。有易腹背受敵，軍心大亂，士兵四處逃竄。包圍圈越來越小了，只剩綿臣數人仍在負隅頑抗。

此時，上甲微奮勇當前，已經殺到了綿臣面前，綿臣知道難逃一死，於是拚命一搏。兩人就像困獸出籠，每一擊都殺向對方要害，一時難分勝負。終究綿臣膽怯心虛，上甲微又年輕氣盛，迅速卸下綿臣手中的兵刃，揮刀刺中綿臣心臟，用綿臣的鮮血祭奠先父王亥。

這次戰爭，以商的大獲全勝告終。這次勝利使商部落威名遠颺，上甲微大大擴張了勢力。後來成湯建商，基礎始於此戰，所以商朝後代對上甲微實行隆重的報祭。

獸面紋銅瓿　商

瓿頸部飾有兩道弦紋，肩部飾長鼻獸面紋，腹上部和圈足各飾目雷紋。腹部飾獸面紋，雙目凸出，其餘部分鋪飾雷紋。圈足上部有三個不規則鏤孔。瓿的器型存在時間不長，約在商中期至晚期，發現數量也不多。

成湯建商

●時間：商部族時期
●人物：成湯

夏王朝統治了四百多年，到了西元前十六世紀，夏朝最後的一個王夏桀在位。夏桀是個出名的暴君，他和貴族殘酷地壓迫人民。夏桀還大興土木，建造宮殿，過著荒淫奢侈的生活。此時，商部落的首領成湯執掌國事，成湯看到夏桀十分腐敗，決心消滅夏朝。

⊙雄心勃勃的年輕首領

成湯是契的第十四代孫。相傳他的母親扶都懷孕時，曾夢到一道白氣貫穿明月，幾天之後就生下了湯。由於湯的功績很大，人們常在他名字前加上不同的形容詞或天干號，如商湯、成湯、天乙湯、大乙湯等。史書上因此說「湯有七名」，以形容他名字之多。

不管名字如何，湯的確是一個英明的領導人才。商在他的治理下，比先前更加繁榮強盛。然而，雄心勃勃的湯，他真正的理想是滅亡夏朝，消滅夏桀這個暴君，並且開始了積極的努力。

從始祖契開始，商族已經歷了八次遷徙。到了湯的時候，他又將部落的居住地遷回了祖先契曾經居住過的亳（今河南商丘）。從亳到夏朝的都城，是一片平原曠地，幾乎沒有甚麼山河阻擋，特別有利於軍隊進攻。遷亳之後，湯對內注意寬以待民，與民謀利，從而獲得國內民眾的擁護和支持，在商族內部形成了百姓親附、安居樂業的局面。對外關係上，成湯盡力擴大影響，力圖取得各方國和部落的擁護。

銅卣
卣是流行於商代和西周早期的酒器。此卣以青銅製成，短頸，鼓腹，上有提梁，卣身上鑄有銘文，是研究商和西周的寶貴資料。

⊙德傳四方

人心所向，湯在民眾的心中更具有號召力了，不僅本族人擁護他，連夏人甚至其他方國的人也十分嚮往。出現了《史記・夏本紀》中記載的「湯修德，諸侯皆歸商」的局面。

湯的一系列活動自然引起了夏桀的注意。夏桀深恐湯的勢力壯大會威脅他的統治，於是將湯騙到夏國，軟禁在夏臺（位於今河南禹縣）。商國的右相伊尹設計將湯救出，並為湯正確分析了敵強我弱的形勢，建議湯表面仍向夏桀表示臣服，暗中積蓄力量。湯信服且採納了他的建議。

⊙滅夏建商，開創一代王朝

由於夏桀的苛暴，夏的同盟九夷中的一些部落已經不能忍忍夏的壓榨勒索，逐漸叛離夏朝，情勢逐漸有利於湯。

這時，伊尹又獻計：不向夏朝進貢，以觀察夏朝的反映。夏桀見湯不進貢，便召集九夷之師伐商。湯趕緊謝罪求饒，夏桀便讓九夷退兵了。九夷因此覺得受了夏桀的戲弄，心中憤憤不平。次年，湯又不進貢，夏桀再召九夷之師伐商，九夷之師卻不響應桀的號令了。這時，夏桀已處於孤立無援的境地，滅夏的時機成熟了。

湯知道機不可失，果斷地決定大舉進攻。他召集將士，假借上天的旨意動員將士，有功者將給予獎賞，不從者會受到懲罰。湯從亳起兵，矛頭直指夏都。夏桀對商湯的進攻並未認真準備，只得調集兵力倉促應戰。成湯的將士恨不得夏桀早日滅亡，作戰非常勇敢。甫一接戰，夏軍就大敗而逃。在鳴條之戰中，夏軍徹底潰散。夏桀逃到南巢（今安徽巢縣西南），被商軍俘獲。夏朝滅亡了。

成湯回師亳都，即位為王，三千諸侯前來朝賀。成湯也因此被稱為商湯。他把夏禹所鑄的九鼎移到亳都，從此商王朝取代了夏王朝，成為中國歷史上第二個國家——商朝。

歷史詞典

《湯刑》

商代的統治者為了鞏固統治地位，維護商王和貴族的權力，從建國伊始，就制定了一部法典——《湯刑》。《湯刑》又叫做《湯法》，大概是成湯時期頒布，而為後繼者繼承和充實的商代法典。

相傳《湯刑》的法律條文有三百條之多，刑罰有死刑、肉刑和徒刑等，《湯刑》所規定的罪名有「不從誓言」、「顛越不恭」、「謠言惑眾」、「不孝之行」等，也就是說對不服從商王命令的人、越軌亂法的人、不盡孝道的人，都要處以刑罰。

《左傳．昭公六年》說「湯有亂政，而作《湯刑》。」所謂的亂政是指清明、良好的政治，這是把商代的良好的政治歸功於《湯刑》的作用。《湯刑》對西周時期的法律也產生了重要的影響。

鴞卣　商

整個器形猶如兩個相背站立的鴞。卣蓋為橢圓形，蓋頂有瓜稜形的鈕，卣體兩側放置龍首提梁。整個腹部布滿鳥翅紋，翅上又雕有小龍紋。全器花紋別緻突出，是鳥獸卣中的精品之作。

廚子宰相伊尹

●時間：商初期
●人物：伊尹

有商一代，伊尹的地位介於殷先公和商王之間，他的豐功偉績為後人所稱頌。而商湯和伊尹更是中國歷史上第一對並稱的聖君賢相，為後世君臣所效仿。

湯滅亡夏朝，建立商朝，右相伊尹是他的得力助手。伊尹原是商湯岳父有莘氏家裡的奴僕。有莘氏嫁女兒的時候，把伊尹作為陪嫁，於是到了商湯家裡。伊尹善烹飪，為湯掌廚，利用侍奉湯進食的機會，分析天下形勢，歷數夏桀暴政，進獻滅夏建國的大計。後來，他得到湯的信任，並任命為「尹」，即右相。

⊙生於空桑

伊尹的本名叫摯，因為生於伊水邊，「尹」是商代的官職，所以被稱為伊尹。史書上記載，他是有莘氏陪嫁進商部落的奴僕。

伊尹的母親住在伊水邊，懷孕之後，一天夜裡夢到了天神。天神告訴她：「如果看到臼（古代舂米的器具）中冒出水來，就趕緊向東走。千萬不要回頭看。」伊尹的母親感到很奇怪，早晨起床，看到臼中真的冒出水了。她非常驚異，把這件事告訴了鄰居。鄰居也都奇怪，紛紛勸她遵從神的意思，趕緊向東走。伊尹的母親於是依照天神的指引，向東走去。走了一段路，忍不住回頭看了一眼。結果原先居住的村落就被水淹沒了。她非常懊悔，就在原地化為一棵中空的桑樹。

這時，剛好有莘氏部落的一個女子路過，發現桑樹樹洞中有個啼哭的嬰兒，就把嬰兒抱出，送給了國君。國君見孩子生得可愛，來歷又頗為奇特，就決定留下，取名為摯，交給了廚師撫養。

⊙庖廚中的賢才

摯在有莘氏廚師的悉心撫養下長大了。聰明伶俐，學得了一手好廚藝，烹調出天下無雙的美食。更難得的是，摯不但手藝出眾，而且頭腦靈活，各方面都表現得很有見識。很快，摯賢德的美名就傳遍了四方。

當時，夏朝正是夏桀當政的時期，局勢動盪，諸侯多半不願臣服，其中就屬商部落的首領湯最具雄心。湯胸懷大志，想要成就一番事業，卻苦於缺少輔佐的賢才。他聽到摯的美名，暗中查訪，發現摯的確有才能。

殷墟婦好墓出土的玉人 商

湯非常高興，就向有莘氏國君提出邀請摯的想法。但有莘氏婉言謝絕了湯的請求。

轉念一想，有了主意。於是，湯向有莘氏提出聯姻的請求，附帶條件是摯作為陪嫁。當時，商已經是天下的大諸侯國，能成就這門親事，有莘氏自然求之不得。雖然捨不得摯，但畢竟只是廚子，於是隨口答應了。因此，摯作為陪嫁，與有莘氏的女兒一起來到了商。

⊙助湯得天下

到了商以後，湯為了觀察摯是否有真才實學，便仍然讓他做廚子。摯於是做了宮廷中的廚師，與湯接觸的機會也多了起來。藉著獻食的機會，為湯論述天下大事，分析時局，出謀劃策。漸漸地，湯徹底信服了，摯的確是一個難得的治國之才。於是湯便破格任命摯為「尹」，也就是相當於宰相的地位。從此，摯才被稱為「伊尹」。

事實證明，湯的眼光果然沒錯。湯最終一舉滅亡了夏朝，伊尹確實舉足輕重。商朝建立後，伊尹又協助制訂了各種典章制度，使官吏不能胡作非為，政局得以迅速穩定，經濟得到恢復和發展，商朝於是逐漸繁榮。商的後代在祭祀時，伊尹總是排在歷代名臣的首位，甚至有時還放在與商湯平等的位置接受祭祀，也可見伊尹在商人心中的地位是何等崇高和重要了。

歷史詞典

商代的天文曆法

商代的天文、曆法，在夏代的基礎上有了較大的發展。商代的天文學處在觀象授時的階段，也就是說觀察測量天體在天空中的位置，及其隨著時間推移而運動變化的客觀規律，從而制定出曆法，運用於農業。商人對太陽週而復始的運轉有了一定的認識，也有了對日食、月食、日至的觀察記錄。卜辭中還可見到對大火、鳥星、歲星、彗星等天體現象的記載。

商代曆法為陰陽曆，陽曆以地球繞太陽一周，即三百六十五又四分之一日為一回歸年，所以又稱為四分曆。陰曆以月亮繞地球一周，即二十九或三十日為一朔望月。商代用干支記日，數字記月，月有大小之分，大月三十日，小月二十九日。與回歸年有差數，所以陰陽曆在若干年內置閏，閏月置於年終，稱為十三月。季節與月份有大體固定的關係。

商代每個月分為三旬，每旬為十日，卜辭中常有卜旬的記載，又有「春」、「秋」之稱。一天之內，分為若干段時刻，天明時為明，以後有大采、大食，中午為中日，以後有昃、小食、小采。旦為日初出之時，暮為日將落之時。對於年歲，除稱「歲」、「祀」外，也稱為「年」。

商代天文學中的許多現象在卜辭中均有記載，為後世提供了寶貴的資料。

陰陽直立玉人　商

玉人一面為男性像，一面為女性像，皆裸體，梳角形髮髻。整體直立式人中，兩面作不同性別的極其罕見，對瞭解當時製作玉人的手法，和反映的社會內涵有重要的價值。

【伊尹放逐太甲】

●時間：商初期
●人物：伊尹　太甲

太甲無道，宰相伊尹將其放逐，讓他閉門思過。三年後，伊尹見其悔過自新，還政於太甲。太甲痛改前非，成為商朝的一代有為君王。

伊尹協助商湯建立了商朝，連續輔助四代商王（商湯、太丁、外丙、中壬）。中壬死後，伊尹立商湯的孫子太甲為商王，自己為輔弼大臣，輔佐太甲治國。

⊙放逐太甲

太甲繼位之時正是商王朝興旺之際，四方臣服，風調雨順。太甲無心朝政，每日飲酒作樂，任意行事，甚至破壞祖制以滿足私慾。伊尹一再規勸，連寫了三篇文章來教導太甲做一個好的君主：一篇名為〈伊訓〉，是伊尹對太甲的告誡。一篇名為〈肆命〉，講分清是非曲直，教育太甲行為處事。一篇名為〈徂後〉，介紹商湯時期的法律制度，教育太甲要按照祖制來治理國家，百姓才會信服。

太甲出生尊貴，內心並沒有把這個宰相放在眼裡，反而變本加厲，甚至像夏桀那樣治理百姓，百姓苦不堪言。伊尹苦口婆心屢屢勸誡，太甲全當作耳邊風，依然我行我素。伊尹為商朝社稷考慮，毅然決定以輔弼大臣的身分放逐太甲，把太甲軟禁在商湯陵墓所在地的桐宮（今河南偃師），讓他面對上祖之墓思過反省。伊尹放逐太甲之後並沒有另立新君，而是代太甲執天下，接受諸侯的朝拜。伊尹時刻關注著桐宮中的太甲，期待有朝一日太甲能幡然悔悟。

⊙桐宮三年悔過

商湯雖然是商的開國君主，但是墓地十分普通，只有一座低矮的宮室，一個守墓老人，簡單卻不失莊嚴肅穆。

太甲剛到此地，憤憤不平，每日向祖父痛訴伊尹的行為，犯上作亂，居然敢放逐君王。守墓老人每日向伊尹彙報，伊尹聽後反而心喜，覺得太甲還是有些君王之氣，就叮囑守墓老人應變方法。日子久了，太甲無聊，守墓老人就每天講一個故事。老人講

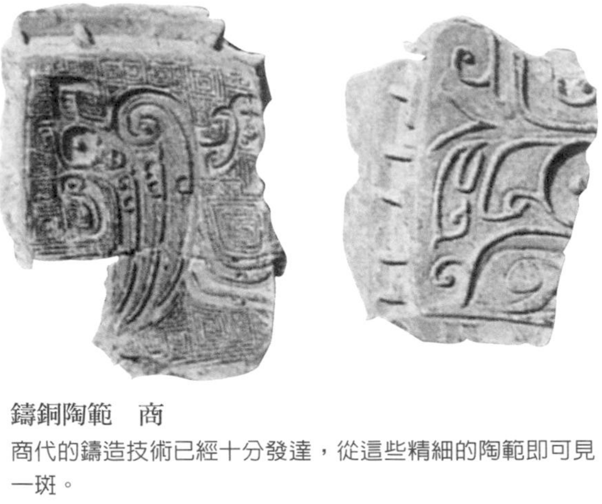

鑄銅陶範　商

商代的鑄造技術已經十分發達，從這些精細的陶範即可見一斑。

的都是陳年舊事，夏桀為甚麼亡國，祖父商湯創業的艱辛，為甚麼天下百姓擁戴商湯，如今又為何愛戴伊尹……太甲越聽越羞愧，開始反思所作所為真是愧對祖上。太甲決定洗心革面，以祖父為榜樣重新做人。

三年過去了，太甲變得行事謹慎，言語謙遜，思想沉穩，心憂天下，勤勞愛民，具備了做個好君王的條件。

⊙伊尹還政

太甲的悔過自新，伊尹都看在眼裡。伊尹見放逐太甲的目的已經達到了，就率領文武大臣前往桐宮，接太甲回都城，兩人見面，喜極而泣。回到都城後，伊尹還政於太甲。

太甲復位後，謹遵祖訓，效仿祖父商湯，專心治理國事，愛民如子，使四方臣服，社會安寧，商朝進入了穩定發展的時期。

太甲死後，伊尹作〈太甲訓〉三篇，用來褒揚太甲身為君主，知過能改的高貴品格。

伊尹長壽，死的時候，太甲之子沃丁當政，沃丁以天子之禮葬伊尹。伊尹輔佐商王數代，代理國政，實為一代名相。

延伸知識

商代服裝上衣下裳

商代手工業頗為發達，已初具規模。特別是紡織業的發展，使商代在人類自我裝飾方面邁開了一大步，即實行上衣下裳制。

商代已能生產各種各樣的麻絲製品，絲織品除有紋絹外，還生產出世界上最早的提花織品綾紋綺。紡織技術的進步，必然使衣著日趨精美，隨著生活觀念的變化而不斷更新。上衣下裳制一方面是技術進步的結果，另一方面也反映了社會分層和風俗習尚。

中國古代以「衣」作為各類服飾的統稱，在春秋以前，沒有褲子，男女都穿裙，所以當時的裳實際上就是裙。早在夏代，衣和裳就有一定程度的分離，到了商代，成為普遍現象，形成中國古代服飾的兩種基本形制。

商代貴族服飾（根據出土玉人服飾復原繪製）

神祕的三星堆

　　四川省廣漢縣三星堆蜀文化遺址出土的大量青銅人頭像，反映了蜀文化的藝術成就及其地域特點。三星堆遺址出土的大型青銅雕塑作品，以人物雕像最具特色。青銅人頭像的大小與真人相當，共十餘件，有貴族頭像，也有奴隸形象。銅像有大有小，高的達一七〇公分，矮的只有六．五公分。三星堆還出土有青銅方座大型立人像、人頭像、人面像、人面罩，及雕刻於其他器物上作為裝飾的人頭像。這些人像由不同的製作模型鑄造，所以無一雷同，神態各異，精緻優美，顯示了不同人物的個性與身分。這說明當時的青銅鑄造技術已經十分成熟。

▲戴冠飾簪人頭像

通高三十四公分，四川廣漢三星堆遺址出土。祭祀人像頭戴雙角冠，腦後有簪孔。長方形臉龐，粗眉巨目，鼻樑高直，捲雲紋狀耳，耳垂有孔。頸作三角形。

◀青銅樹枝頭及人面鳥身像

此像是三星堆遺址二號祭祀坑出土的小神樹的殘件部分，由樹枝頭和人面鳥身像組成。人面鳥身像方面，大凸眼，高鼻，大耳，身子短而碩大，有很寬的翅羽。鳳尾，尾羽已殘斷，但仍能看出是呈孔雀開屏狀。

青銅失冠人頭像

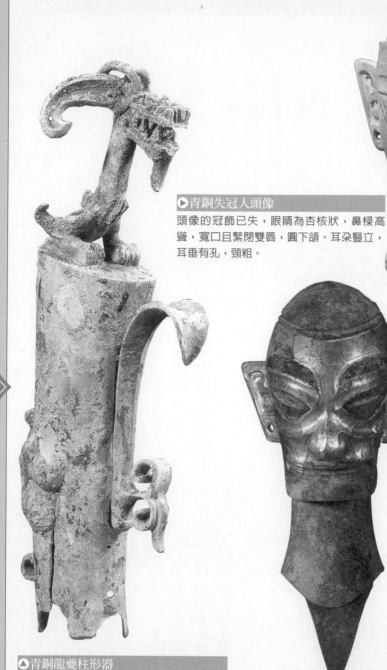

頭像的冠飾已失，眼睛為杏核狀，鼻樑高聳，寬口且緊閉雙唇，圓下頜。耳朵豎立，耳垂有孔，頸粗。

青銅龍夔柱形器

器身為上大下小的圓柱形，上端站立著一條昂首向前的龍。龍的下身緊貼器壁，兩個後爪緊緊抓住器壁的兩側，尾巴向上捲曲。龍口大張，露出齒牙，似乎想要呼嘯而飛。在器壁的另一側還有一條夔龍向下爬行。

貼金箔銅人頭像

此人頭像通高四十八．五公分，製作精美，風格獨特。

盤庚遷都於殷

●時間：商中期
●人物：盤庚

商朝從建國到滅亡，長達五百多年，最後的二百七十多年都城都在殷（今河南安陽），所以商朝又叫殷朝，有時候也稱為殷商或者商殷。商朝定都於殷，是從盤庚做國君時開始的。

⊙九世之亂

商王太甲死後，王室內部因爭權奪利而愈演愈烈。由於王位的繼承還沒有確定的規則，因此每一代君主死後，就會爆發一場激烈的王位爭奪戰。從仲丁開始，經歷外壬、河亶甲、祖乙、祖辛、沃甲、祖丁、南庚和陽甲九代，幾乎沒有一代帝王是平平安安繼承來的，因此史書稱為「九世之亂」。

王位爭奪使統治者無法專心國事，荒廢了政務，國力也大大消耗。加上這段時期社會問題越來越嚴重，小國和少數民族也趁機脫離，再加上水澇、乾旱等自然災害，使得商朝簡直到了崩潰的邊緣。就在這個岌岌可危的時候，盤庚用他的英明舉措挽救了頹勢，並且使商王朝重新走上了強盛之路。

⊙決意遷都

盤庚的本名叫做旬，是商湯的第九代孫，商朝的第二十個王。本是第十九代王陽甲的弟弟，哥哥去世後，一番激烈爭奪，他才登上王位。盤庚善於觀察形勢，因此深深明白，應當趕緊想出一個有效的辦法來緩和各種衝突，挽救商朝的衰亡。

盤庚認為，扭轉國家形勢的最佳方式就是把都城遷到殷，因為殷這個地方西依太行山，地勢西高東低，像簸箕一樣，而且前面有一大片土地肥沃的平原。洹水自西北向東南穿過，取水方便，有利於農業生產。在此開墾，不愁國力不富。另外，殷正處於簸箕口處，地勢險要，可以有效管理全國，以及出兵打仗比較方便。從政治上考慮，遷都以後，一切都得從頭做起，王室貴族受到抑制，政權問題得到緩和。遷都還可以避開不友善勢力的攻擊，保障都城的安全。外部的干擾少了，統治權可以更加穩定。

青釉弦紋豆　商

江西青江吳城商代遺址出土。胎質灰黃，堅致細密，造型工整，製作精細，是研究商代文化的一件珍品。

⊙侃侃而談，恩威並施

雖然遷都有許多好處，但並不是所有人都支持遷都這個決定。貴族極力反對遷都，害怕到了新的地方權利不能依舊。盤庚於是召集貴族，公開說明遷都的理由，時而動之以情，曉之以理，時而用嚴刑峻法威脅，時而又用先公先王的神靈恐嚇。

《尚書・盤庚》三篇記錄了盤庚的這些訓話。第一篇是勸告，訴說搬到殷的好處。他說：「我要遷都是繼承先王的基業，以平定四方。……我要像先王關心臣民那樣關心你們，保佑你們，帶著你們尋求安樂的地方。你們如果不與我同心，先王在天之靈便要責罰你們，降下不祥來」。「我之所以遷都，正是為了安定你們的生活」。

第二篇是威脅，他用強硬口氣，警告大家，一定要老老實實地服從遷都的命令，否則就要採取嚴厲的制裁措施。他說：「我將要殺戮你們，絕滅了，不讓你們惡劣的種子遺留在這個新邑之中。」最後他號召民眾說：「去吧！去尋求安樂的生活吧！現在我要把你們遷徙過去了，在那邊，永遠安定你們的家。」

青銅公雞　商

⊙遷都一舉，功在千秋

可是反抗並沒有結束，百姓到了一個新地方，生活不習慣，吵嚷著要回老家。貴族乘機煽動大家。盤庚沉著應對，告誡官員貴族不要貪圖享樂，聚斂財寶，而要謀生立功，施恩惠於人民，與人民同心，治理好國家。過了幾年，局面才算安定。

盤庚遷殷，擺脫了長期以來舊勢力的影響，加上殷都附近土地肥沃，物產豐富，特別是大眾的辛勤工作，終於在短時間內就出現了「百姓由寧，殷道復興，諸侯來朝」的局面。殷都建設成了一個十分繁榮的都市，衰落的商朝也由此出現了復興的局面。從此，商朝的都城就固定在殷城，再也沒有遷移過。

盤庚遷殷，在商代歷史上是意義重大的，這使得商代早期四處游移的都城有了定所，此後一直到商朝滅亡，都以此為都。商朝從此政治穩定，經濟也有極大的發展，商也因此有了「殷」的別稱。因此，史學界也一直將盤庚遷殷列為商代歷史上一個重大事件，學者甚至以盤庚遷殷為標誌，把商代歷史分為前期和後期兩段，盤庚對於商朝發展的貢獻，由此可見一斑。

武丁中興

●時間：商中後期
●人物：武丁

盤庚將國都遷殷後，商的政治、經濟和文化都有了很大的發展。到武丁時期，商王朝的國勢達到了鼎盛階段。

⊙打破傳統的小乙

盤庚遷都後，商的國力迅速恢復發展起來。盤庚在位二十八年，去世後，由弟弟小辛繼承了王位。小辛的治國才能不好，一生庸庸碌碌，統治期間，商又出現了衰敗的趨勢。小辛不但資質平平，生命也很短暫，在位只三年就去世了。後由弟弟小乙繼承了王位。小乙覺察到國家缺乏人才，想要振興國家，然而自知不是卓越人才，心有餘而力不足。不過，小乙雖然沒有甚麼貢獻，卻在選擇繼承人上做了一個明智的決定。

按照商代的規矩，小乙死後王位應當傳給長兄盤庚的兒子。但是小乙發現兒子武丁年幼機靈，聰明過人，是個治國之才。他深知人才對於國家的重要性，於是毅然破壞祖宗成規，立武丁為太子。

⊙隱居民間的太子

為了讓太子日後能成為賢君，小乙著實下了一番功夫。武丁剛剛成人，小乙就不讓他再在宮中過舒適的日子，而是命令他到民間過普通百姓的生活。一來，可以體驗民間的疾苦，磨練意志，二來，也能夠以平民的身分暗中尋訪隱居民間的賢能之士。

武丁深明父親栽培的苦心，毫無怨言踏上了旅程。他隱居在黃河岸邊，沿著黃河四處闖蕩。武丁和當地人生活在一起，穿樸素的衣服，住簡陋的房子，與百姓一起工作。休息時，就和大家一起聊天，聽他們對生活以及朝廷的態度和看法。不久之後，武丁不但深切體會了民間的疾苦，還瞭解到不少平時在宮中接觸不到的學問。

司母戊方鼎

司母戊鼎是商王文丁為祭祀母戊而鑄造的祭器，民國二十八年（一九三九年）在河南安陽殷墟出土，重達八百七十五公斤，是中國現存最重的青銅鑄件之一。司母戊方鼎展現了商代青銅冶鑄業的生產能力和技術水準，是商代青銅文化高度發展的標誌，在世界青銅文化史上有很重要的地位。

⊙拜師訪甘盤

武丁沒有忘記自己的另一項重任：尋訪賢人。他在這方面一直非常留意，期待遇到一位品德高尚、學識超群的人。他流浪到了虞（今山西平陸一帶）這個地方，聽說黃河岸邊的小村子裡，隱居著一個名叫甘盤的人，很有學識。武丁一聽到這個消息，就興沖沖登門造訪。

這位年輕的不速之客，讓甘盤著實吃了一驚，但還是熱情接待了武丁。交談中，甘盤發現面前的青年雖然裝束一般，卻氣宇軒昂，風度不凡，而且談吐間顯得明達事理，胸懷大志。他早聽過小乙的太子在民間闖蕩的傳聞，敏銳的直覺知道，面前這位不凡的年輕人正是民間巡遊的太子武丁。甘盤好奇問道：「聽說太子並不在宮中，而是隱藏於民間，巡查民情。您的樣子像是從都城來的，請問，這件事是真的嗎？」說完，便目光炯炯注視著武丁的反應。

聰明的武丁馬上意識到，身分已經被這位精明的長者看穿了。看來甘盤果然名不虛傳，是個有見識的人。為了向他討教，武丁便坦然承認了自己的身分，並希望能向甘盤求教。甘盤早就期望能遇到賞識的人，使滿腹才華不至於埋沒山林，現在證實面前的人果真是太子，他不由得興致勃勃，開始滔滔不絕為武丁講解治國之道。一番懇談之後，武丁越發敬重學識廣博、見識超群的甘盤了。最後，他起身恭恭敬敬地向甘盤行禮，希望拜甘盤為師，並請他以後輔佐自己處理朝政。甘盤欣然應允了他的要求。

⊙即位三載，不發一言

小乙在位的第十年去世了，死後，武丁就成為商朝的第二十二任國君。

三羊首銅尊　商

此尊出土於重慶巫山，器身裝飾夔紋、雲雷紋、饕餮紋等，體形較大，風格粗獷，對於研究古巴人文化的起源及發展有重要的研究價值。

回字紋鐃　商

此為一九六八年河南溫縣出土。鐃為最早使用的青銅打擊樂器，一般三至五件為一組。

武丁果然是位與眾不同的君主。本來，由於小乙對於他特殊的栽培和專注，即位本就是萬眾矚目的事情，但是武丁一即位，就做了件驚世駭俗的事出來，他三年沒有說一句話。

按照商代的祖制，前任國君去世後，繼承者先要守喪三年，才能正式繼承帝位。這三年，繼承人要居住在特別為守喪建造的「凶廬」裡，不能著華服，不能享用美食，不能有任何娛樂活動，要用全副心思來表達對先王的哀戚之情。當然，這期間，新王也是無需上朝處理政務的，一切國家大事均由輔佐君王的「太宰」來代理。

小乙去世後，武丁就依照祖制進「凶廬」守喪了，他不但完全按照守喪的禮節來約束自己，而且整日全無笑容，甚至一句話也不說了。起初，大臣還以為他是哀傷過度，過一陣就會緩和。但是幾個月，甚至一年、兩年過去了，這位守喪的新君，樣子越來越肅穆，最後面孔也變得像雕像似的沒了表情，整天只是盯著定點出神，一副若有所思的樣子，話也不說一句。大臣和內侍想引他說話，他也只是恍惚點頭示意，還是不肯說。

這樣一來，朝廷上上下下慌了手腳。大家苦苦思索，不明白新君出了甚麼問題，可是又沒人敢探問。群臣只能私下揣摩，卻又不得要領，於是提心吊膽地過日子，生怕朝局變動，商朝可就危險了。日子一直持續了三年。

⊙緘默的含義

武丁的緘默不語，究竟是為了甚麼呢？毫無疑問，從小以聰慧伶俐著稱的武丁是不會做傻事的，這只是著手整治國家的一個策略而已。

首先，因為武丁的繼位不合乎商的繼承制度，違反了祖制——兄終弟及，最後還位於長兄之子。本來，小乙死後應該把王位傳給盤庚的兒子。因此武丁必先平復諸伯兄弟的不滿，樹立威信。三年不語，必然會在朝野和民間造成一種懸疑的效應，讓臣子、諸侯和平民心下惴測，不知國君心中的主意，這樣一拖就是三年。他一旦開口說話的時候，必然會引起轟動和矚目，說出來的話就更有份量了，這樣對於樹立威信，收服臣心，自然是大有幫助。

另外，聰明的武丁也深知治國之難，守喪期間不需料理朝政，他正好利用這段時間，靜下心思索安邦治國之道，默默觀察朝中的政務與人事，做到心中有數，等到親自執政的時

龜魚紋鳥柱盤

商代盤是作為盥洗用具的。商人祭祀天地鬼神、宴請賓客時，都需要準備盤、，以備淨手所用。從中可以看出，商人對清潔衛生是很重視的。此盤的沿上立有兩個鳥形柱，盤內飾有龜形紋和魚紋，足上飾有斜角雷紋。

候，也就分得清忠奸，不至於讓小人蒙蔽了。

⊙中興盛世的來到

武丁三年默默不語，一是在思索治國之道，同時也算是一則苦肉計，懾服人心。他的做法果然收到了很大的效用，三年之後，一旦開口說話，果然朝野轟動，舉國矚目。臣子心中懸著的石頭也終於落下，一心一意輔佐君王。武丁治國成功邁出了第一步。

從此他過起「正常」的生活，專心治理國家。由於曾經深切體驗過民間的疾苦，瞭解百姓的生活，武丁做了君王以後，沒有改變當年簡樸的生活習慣，也沒有忘掉民眾的疾苦。他一心想要復興商朝，做個像商湯那樣的賢王。即位的第一年，就把甘盤請入宮中，虛心聽從指導。後來又任用傅說、祖己等賢臣，再加上武丁也有過人的聰明才智，商朝的國力迅速恢復，政治穩定，經濟發展，很快又呈現出一片繁榮的景象。

同時，國力強盛使得商王朝有能力聲討騷擾邊庭、叛服無常的方國部落。武丁開始征戰四方，先後發起一系列戰爭，從周邊少數民族處獲得了大量人口和財富。與此同時，商王朝也積極與周邊的方國部落進行經濟和文化的交流，諸侯各國紛紛融入商王朝，使商王朝的版圖和政治影響空前盛大。武丁的成功與年輕時代體驗民情，謙虛尋訪賢人，採用獨特的手段與策略是分不開的。

武丁在位五十多年，統治期間，是商王朝最為強盛的時期，歷史上把這段時期稱為「武丁中興」。

玉羽人　商

羽人通高十一・五公分，為蹲踞姿態，雙手前拱，頭上戴羽冠，冠後雕成三個活環。這種連結活環的透雕技藝，在商代玉雕作品中為首次發現，是顯示商代玉雕成就的代表作。

父己方鼎　商

宰相傅說

●時間：商中後期
●人物：武丁　傅說

利用商人多迷信鬼神的特點，武丁假託神仙寄語，終於達到了目的。傅說也不負武丁的厚望，終使得商朝出現「武丁中興」的大好局面。

⊙坎坷身世

武丁為太子時，小乙令他到民間遊歷，廣泛接觸社會生活。武丁以平民身分各處巡遊，學會了各種工作，更深切瞭解了民間的疾苦，後世傳為美談。武丁遊歷期間，尋訪到不少有才學、有見地卻埋沒在民間的人才，他尊為師長的甘盤就是其中之一。另外還有一個就是日後名振天下的傅說。武丁從尋訪到拜他為相，這其間還經歷了一段曲折而有趣的過程。

傅說本來沒有姓，他的名字就叫「說」。他的祖先原本是自由的平民，曾做過小官，後來因為耿直而得罪了權貴，遭惡意陷害，全家罰為奴。當時傅說的年齡還小，卻也沒有逃脫殘酷的命運。長大後，傅說便一直在做苦役。

商代時，氣候溫暖，雨水過多，水澇成災，海邊通往中原的運鹽古道經常被洪水沖斷，朝廷於是徵召四方來此築路防洪，以暢通鹽路，傅說是受征築路的人。他從小就做了奴隸，但天資聰穎，膽識過人，時常想出好辦法，省時又省力，因此小有名氣。

築路期間，他發明了「版築」技術（一種用土築牆的方法）。由於這一發明，徹底改變了工作狀態，提高了效率，一時轟動朝野。傅說沒有想到，他的這項發明帶來的並不止於此，還有命運的轉折。

這期間他結識一位專程前來的青年，此人正是布衣出遊的太子武丁。

⊙偶然的相識，轉變了命運

正在尋訪賢人的武丁，聽說傅說的名氣，好奇而前來探訪。他溫文儒雅的舉止，彬彬有禮的態度，兩個人很快便成了好朋友。傅說雖然做的是低下的工作，為人卻不粗鄙，經常為同伴們講故事，分析統治者的是非得失，直言闡明對王室的看法，而且分析得頭頭是道，精闢入微。

結識了傅說，武丁真是又喜又憂。喜的是找到了罕見的人才，憂的是商代的祖規戒律相當嚴厲，平民是不能做官的。傅說的身分，怎能讓他入朝為官呢？離開的時候，武丁便暗下決心，一定要想重用傅說的方法。

武丁繼承王位後，曾經有三年不說話的舉動。在三年裡，他靜下心來，思索出不少治國安天下的新方法，而如何提拔傅說這個問題，也一直困擾著這位年輕的國君。武丁的王位來得不算名正言順，剛剛繼位，根基不穩，這個問題讓武丁費盡心思。

天獸御尊　商

⊙國君用奇計，傳說成宰相

經過一段時間的靜心思索，終究想出主意了。求賢若渴的武丁，把三年不語後的第一句話留給了傳說。

三年的守喪期一結束，武丁神情莊嚴地來到朝堂上，一反三年來的沉默，一開口就宣布說：「昨晚我夢到先祖湯了。他告訴我，要賜我一個名叫『說』的人輔助我，並且把這位賢人帶到面前，讓我記住他的相貌。不知這個賢人是否現在就在你們中間呢？」說完，便以虔誠認真的樣子在群臣中尋找，當然沒有找到。

於是，武丁又說：「看來這位賢人也許不在朝中，那麼就到民間尋訪吧！」然後便召來畫師，把「夢中所見」的賢人的相貌描繪出來，其實，描述的就是傳說的相貌。

國君三年不語，現在終於開口了，而且又是傳達先祖的指示，群臣驚喜之下，自然照辦。就這樣，傳說的畫像張貼全國。武丁又特意宣傳，造成聲勢，於是傳說還沒正式現身，就已經成為上天賜予的大賢人了。

不久，「大賢人」果然在民間找到了。這個人蓬頭垢面，相貌卻與畫像上的一模一樣，而且又名「說」。國君夢中的人找到了，負責尋找的官吏如獲至寶，趕緊換上乾淨齊整的衣裳，送進宮中辨認。

武丁聽到消息，按耐不住興奮，一路相迎傳說。喜出望外並拉著傳說的手，激動說到：「正是我在夢中見到的那位賢人啊！」

武丁不想浪費時間，馬上任命說為宰相，並准許隨時進諫。因為說在傅險做工，因而賜姓為傅。

⊙宰相的千秋功績

傅說登上宰相位後，果然表現出卓越的治國才能。他向武丁提出了振興商朝的方略——《傅說三篇》。建議武丁政治上要任人惟賢，不分貴賤；軍事上要強化訓練，加強周邊防禦，鞏固王朝領土。經濟上增加國家收入，並減徭役，輕薄賦。

據史書記載，傅說為相時，為了適應發展的需要，確實對社會分工，讓一部分人專門從事工藝製作和文化創造等腦力活動。

傅說為相時，商的冶煉技術也有提升，在傳統冶銅技術的基礎上加入錫等礦物，冶煉出青銅。聞名的「司母戊大方鼎」，正是傅說為相時所鑄造的。既是華夏文明的標誌，也是傅說智慧的象徵。青銅器的出現，徹底擺脫了石器時代，生產工具的改進，提高生產力，邁進的社會文明。

傅說為相五十餘年，他的發明與智慧，以及治國策略，使商朝疆域南到長江流域，北到燕山，西到陝西，東達海濱的大國。而武丁啟用傅說，雖然利用殷人迷信的心理，但在當時的歷史時空下，重用傅說這樣的人，卻能看出武丁不但具備與眾不同的眼光，而且知人善任。正是在君主英明、臣子賢德的條件下，終於出現歷史上有名的「武丁中興」的盛世。

四羊方尊　商

在青銅方尊的尊體四角，各鑄出一隻站立的羊，各將羊頭伸出尊體，大角捲曲而角尖又轉向前翹，身軀和腿蹄分別在尊腹和圈足之上，即與銅尊合為一體，又似四羊對尾向四方站立，呼之欲出，而共同背負起方尊的長頸和外侈的尊口，從而將立體雕塑和容器造型成功結合在一起。在尊體上除四羊外，仍舊沿襲著當時紋飾力求繁縟的傳統，羊體上飾有高冠的鳥紋，尊肩又浮出四條蟠龍，並將龍頭伸出凸現在兩羊之間，使原來頗為寫實的四羊造型，增添了幾分神祕的色彩。

【能征善戰的婦好】

●時間：商中後期
●人物：武丁　婦好

作為王后，婦好也許不是歷史上最著名的一個，但是同時作為王后和軍事統帥，婦好卻是歷史上少有的。

⊙帝王之愛

武丁見於史料的妻子有六十多位，其中只有三人擁有王后的地位，婦好則是第一位。

在現存於世的甲骨文獻中，「婦好」的名字頻頻出現，僅在安陽殷墟YH一二七甲骨穴中出土的一萬餘片甲骨中，她就出現過兩百多次。而且武丁在這些甲骨占卜中向上天祈告的內容，包括婦好生活的各個層面：征戰、生育、疾病，甚至包括她去世後的狀況如何，足見武丁對婦好關心之深。

婦好並不姓婦，嫁給武丁以後，武丁給了她相當豐厚的封地和人口，在她的封地上，她得到了「好」的氏名，尊稱為「婦好」，或者「后婦好」。

婦好的廟號為「辛」，後代尊稱她為「母辛」、「妣辛」或「后母辛」。

⊙能征善戰

婦好留在歷史上的紀錄不僅僅停留在一個王后的位置上，她還是中國歷史上第一個女軍事家。

婦好與武丁剛剛結婚的時候，武丁對婦好領兵作戰的能力還不是非常瞭解。某一年夏天，北方邊境外敵入侵。武丁派大將前去征討，但是戰火延續了很久，商朝軍隊都沒能徹底打敗敵人。就是在這種情況下，婦好主動請纓，要求率兵前往助戰。武丁對妻子的要求舉棋不定，畢竟征戰沙場歷來都是男子的事情。但是前線久戰不勝，武丁也沒有其他辦法。考慮很久之後，武丁於是選擇占卜，向上天詢問出戰的吉凶，結果顯示大吉，武丁這才決定讓王后婦好率軍出征。

果然，婦好在前線調度指揮有方，而且身先士卒，很快就擊敗敵人，獲得了勝利。

武丁因此對妻子刮目相看，封婦好為商王朝的統帥，讓她指揮作戰。婦好率領軍隊南征北戰，前後擊敗了北土方、南夷國、南巴方，以及鬼方等二十多個小國，為商王朝開疆拓土

玉鶴
此件玉鶴屈頸展翅，是殷墟婦好墓玉雕動物中的一件精品。

立下了不朽戰功。

在對羌方一役中，婦好帶領的軍隊達一萬三千人，占了當時商王朝總兵力的一半以上，可見武丁對婦好的信任。這場戰爭大獲全勝，也是武丁時期出兵規模最大的一次。

對巴方作戰中，婦好率領部分軍隊在群山中布陣設伏，武丁則率領其他軍隊與敵人正面交鋒，把巴方的軍隊從東面驅趕進婦好的伏擊圈。婦好引著伏兵四面殺出，將敵人全部殲滅，成為中國戰爭史上記載最早的伏擊戰。

象牙杯　商

此杯出土於河南安陽殷墟婦好墓。通體雕刻精細的饕餮紋，並鑲嵌綠松石，是中國古代象牙雕刻的傑作。

⊙厚葬示念

除了率軍作戰，婦好還掌握著商王朝的祭祀占卜之典，經常主持典禮。她是名副其實的神職人員，最高祭司。

婦好於三十三歲死去，在商代已經不能算做英年早逝了，但是對於活了五十九歲的武丁來說，失去婦好的悲痛可想而知。

三聯銅甗　商

這件三聯甗是由並列的三個甑和一個長方形中空的案狀的鬲組成的。三個甑為單獨的個體，都為獸首雙耳，口徑為三十二・六～三十三公分，高為二十六・二～二十六・六公分。案上有三個鬲口，用來承接甑體。使用時，在鬲下燒火加熱，這樣鬲內的水產生水蒸氣進入三個甑內，三個甑中分別放置不同的食品，以此來使甑內食物蒸熟。在甑與鬲之間有穿孔的「箅」，作為隔板。該器造型獨特，構思巧妙，紋飾簡潔大方，是研究青銅文物類型學的重要資料。

武丁厚葬婦好，修築享堂，時時紀念。一九七六年發現的婦好墓，是一座墓主人身分清楚、沒有盜過的王室墓葬。共出土陪葬物品一千九百二十八件，其中青銅器四百四十多件、玉器五百九十多件、骨器五百六十多件，此外還有石器、象牙製品、陶器以及六千多枚貝殼。出土的器物精美，如工藝精湛的小玉人、鑲嵌綠松石的象牙杯等。在大量青銅器中，有多件上面鑄有「婦好」的銘文。特別是一件帶有「婦好」銘文的武器鉞，學界普遍認為這是婦好可以領兵打仗的權力標誌。

【武乙射天】

●時間：商晚期
●人物：武乙

商王武乙征服了叛亂的方國部落後，更加驕縱狂妄，以和神賭博來取樂，甚至箭射裝了血的皮囊，以侮辱天神。

⊙討伐四面方國部落

商朝自祖甲之後，國君一代不如一代，都是一群好逸惡勞的無能之輩。他們生於深宮，長於婦人之手，自以為國勢強盛，只知尋歡作樂。在他們治理之下，商朝國力日漸衰退。

約西元前一一四七年，武乙即位之後，決心擴充軍隊，加強武備，用武力征服那些叛亂的方國部落。據甲骨卜辭記載，武乙曾派重兵討伐以旨方為代表的西方叛國。據說武乙征伐旨方，一次就俘獲了兩千餘人。此外，武乙還向南討伐過地處今湖北姊歸的歸伯。武乙靠著強大的武力平定了各方國部落的叛亂，使商王朝的統治暫時趨於穩定。而在四處征戰的過程中，武乙的驕縱情緒也在不知不覺中增長。

⊙博神以示威

商人對上帝及鬼神十分迷信，史官也常借占卜、祭祀來限制君王的行為。武乙頗不以為然，他相信只有武力才能統治天下。為了加強王權，武乙造了一個木偶，稱之為天神，並和它賭投擲。木偶不動，他就命史官代替天神來投。一切準備好後，武乙仰天長嘯，大聲說：「天神啊，你是天神，應該高過我，但是如果你輸了，你必須承認我比你強，自此之後你要聽從我的號令！」

比賽開始後，史官怎敢取勝，故意連輸幾局，這可大大助長了武乙的氣焰。他於是趾高氣揚對群臣說道：「你們所敬畏的天神怎麼樣呢？哈哈哈，不過是我的手下敗將罷了！」群臣不敢反抗，只好高呼：「大王勝了天神，天神也應該尊敬大王！」

武乙並不罷休，命人剝下木偶「天神」的衣冠，時而抽打和侮辱，最後毀壞了這些「天神」。

⊙狂妄射天，身遭雷劈

武乙覺得不過癮，又尋思道：「我怎麼才能讓臣子相信天神敬畏我呢？」想了很久，有了主意。他於是

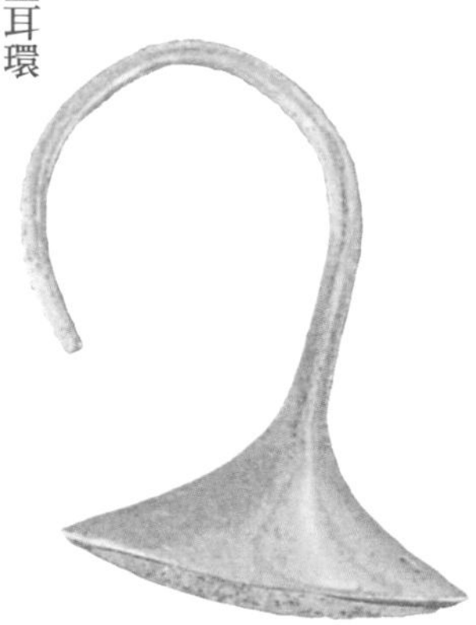

金耳環
這件金耳環出土於北京平谷的商代中期墓葬中，含金量達八十五%，雜有較多的銀和少量的銅。耳環一端錘成喇叭口狀，一端錘成尖狀，整體為圓形，表明商時期的金銀器工藝已經發展到了相當的水準。

命內臣做一個皮囊，皮囊內盛滿豬羊的血，命巧匠造了兩個白羅鷂風箏，將皮囊綁在兩個風箏之間。兩個內臣伏於高臺上，把風箏放到空中。白羅鷂風箏到了高空，消失在白雲中，下面的人看不到，皮囊雖然隱約可見，一般的人不會清楚是甚麼東西。

準備就緒，武乙在高臺下命群臣集合，說道：「今天我要讓你們看，是我厲害還是天神厲害，我就要射天神了，要見到天神的血！」武乙箭術不錯，連發三箭，均射中皮囊，囊破血散，血滴從空中落下。武乙指著落下的血滴，對群臣說：「這就是射中天神所流的血，哈哈，天也害怕我啊！」說罷揚長而去。

從此之後，武乙更加狂妄，終日驕奢淫逸，荒唐無度，民怨天憤。一日，武乙帶領三軍將士與文武百官，在黃河、渭水之間縱馬圍獵。正午烈日當空，突然烏雲密佈，猶如黑夜驟然降臨，狂風大作，將武乙從馬上掀翻。武乙落馬墜地，倉皇逃竄，卻無處躲藏。雷電交加，大雨傾盆，一聲霹靂撕裂長空，令人心驚膽戰。

雲散天晴，黃河與渭水之間一片狼藉，卻不見武乙蹤跡，百官慌忙找尋武乙。只見黃河岸邊，武乙跪於地上，頭髮散亂，面目猙獰，已被暴雷劈死了。

明人馮夢龍作詩感歎道；「性癖剛愎侮上天，獲罪於天命不延」。許多喜歡附會的人也說，武乙是因為惹怒了天神，被天神用雷劈死的。鬼神之說雖然不可相信，但武乙的狂妄自大，確實已經到了荒唐的地步，而且自古只有他一個天子被雷擊而死。這樣張狂，又這樣倒楣，也難怪人們會這麼傳說了。

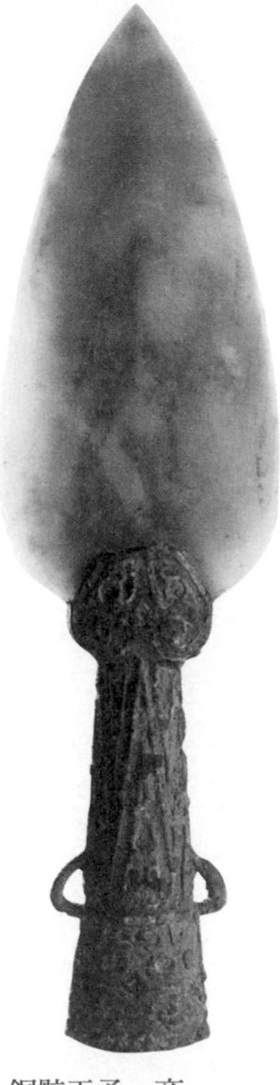

銅骹玉矛　商

此器仿青銅矛形制，為儀仗用具。

圓雕玉虎

此虎出土於婦好墓中，為商代中晚期小型立體圓雕。老虎張口露齒，似蓄勢欲撲，為寓動於靜的佳作。

甲骨文的祕密

甲骨文是世界四大古文字之一，是中國目前所見到最古老的有系統的文字，是用龜甲、獸骨占卜時刻寫的卜辭和少量記事文字。因為這些文字書寫於龜甲、獸骨之上，學者便定名為「甲骨文」。甲骨上的卜辭和記事文字，雖然嚴格地說起來並不是正式的歷史記載，但是因為數量眾多，內容豐富，又因其歷史悠久，所以一直是研究中國古代文字和古代史，特別是研究商代歷史，最重要、最直接的史料。

甲骨文博大精深的內容，展示了商文化獨特的魅力。作為圖書檔案，它為再現商代的社會風貌提供了最好的原材料；作為精神產品，它打開了一扇通往古人內心世界的窗扉；作為書法藝術，它為豐富的漢字文化添加色彩……

△征鬼方牛骨刻辭

鬼方是歷史上著名的方國，即後來的匈奴。刻有「鬼方」的甲骨，目前僅有三片，此即其中之一。

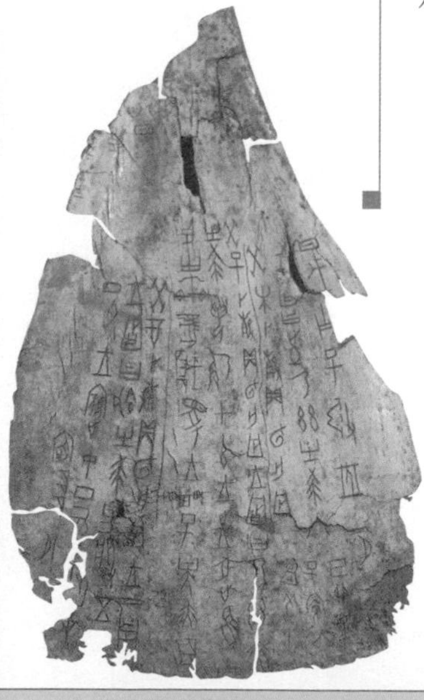

◀商代狩獵甲骨文

河南安陽出土的祭祀狩獵塗朱牛骨刻辭，是商王武丁時期一塊牛胛骨記事刻辭。骨片巨大完整，正反兩面共有一百六十餘字，除了有「來雲自東，有虹自北」的記載以外，還記錄了商王的一次大規模狩獵活動，是有關商代社會生活的重要資料。

▶「月又食」牛骨

商晚期，長二十四．五公分，下寬十九．五公分，上寬五公分，河南安陽小屯村出土，經考證上刻有「壬寅貞月又戠」幾個字，是商代實際觀測有關月食的記錄。據推算，此次月全食出現於商王武乙時期，時間約為西元前一一七三年七月二日。

◀刻辭卜甲

▲記載習武樂教學活動的甲骨文

卜辭原文是：「丁酉卜，其呼以多方小子小臣，其教戒。」表明當時殷都以外的方國也派出自己的子弟到殷都習武。甲骨文中的象形字「戒」，為一人雙手執戈備戒待敵之意，因此在商代，「教戒」應為傳授武藝之意。

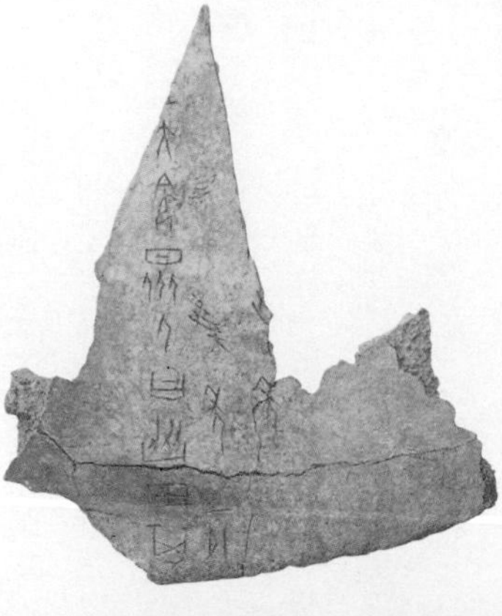

◀「眾人協田」牛骨刻辭

長十四．八公分，寬十二．五公分，河南安陽出土，這塊卜骨上面有商王命令「衆人」協田活動的記載。

【帝乙選太子】

●時間：商晚期
●人物：帝乙　帝辛

> 看待一個人，內在的品德比外在的才智更重要。帝王選擇繼承人尤其需要慎重。錯走一步，往往滿盤皆輸。

武乙被雷劈死後，他的兒子文丁繼承了王位。文丁死後，兒子羨繼承王位，就是帝乙。帝乙在執政期間，妥善處理了與周部落的恩怨，並且進行攻伐東南少數民族的戰爭，開發了東南與中原地區的交通，可以說是一位很有才能和作為的君主。但是帝乙晚年卻犯了個大錯，他做的糊塗事，間接導致了商王朝的覆亡。

⊙四子各有賢才

商朝的王位傳到帝乙的時候，已經是第二十九任了。帝乙勤政而賢明，國家在他的統治下，國泰民安，一派繁榮景象。帝乙的王后和妃子一共給他生了四個兒子。

長子名叫啟。啟通達事理，心地忠厚仁善，愛護兄弟，尊敬長輩，遇事從不與人爭執，總是以謙讓為先，很有長者的風範。

次子的名字已經失傳了，由於封在一處叫做「箕」的地方（今山西太谷一帶），因此稱為「箕子」。箕子和哥哥啟一樣，也是個明達事理而宅心仁厚的人，但性格固執倔強，不像哥哥那樣安詳沉靜。

第三子仲衍也是個有謙遜品德的人，雖然天資不如其他兄弟，但做事沉穩，很有古代賢人的風範。

最小的兒子名叫受德。與哥哥不同，受德年紀雖然最小，卻是個鋒芒畢露的人。他天生思路敏捷，聰穎過人，辯論從來沒有輸過。受德不但口才好，勇力更是過人，能夠徒手與猛獸搏鬥而毫髮無傷。就外表而言，受德也長得非常英俊，身材高大，氣宇軒昂，格外受人矚目。

幾何紋瓿

此為商代陶器，河南安陽殷墟出土。製作極工，器形端整，尤其文飾富於裝飾效果，粗細結合，刻紋剛健有力。

⊙為難的選擇

四個兒子各有長處，讓帝乙在選擇繼承人的問題上猶豫不決。平心而論，他最喜歡啟和箕子，兩人年齡既長，人品又好，尤其是啟，很有寬容祥和的帝王風範，與自己年輕時候非常相似。論起資質，卻是小兒子受德最為出眾，可是受德有個毛病，就是輕浮傲慢，好大喜功，不像哥哥那樣沉靜穩重。左右為難之下，帝乙決定聽聽大臣的意見。

這天，帝乙召集大臣，說：「我已老年，到了該指定繼承人的時候了。我想把王位傳給啟，大家覺得怎麼樣呢？」啟平日就很得人心，再加上國君已經開口，也沒甚麼好辯駁的，多數人都點頭贊成，覺得很好。這個時候，掌管禮法的官吏站了出來，大聲說：「不可以啊！啟雖然好，卻不是大王正妻所生的孩子，立了庶出的王子為太子，於禮法不合。王子受德資質既好，又是正妻所生，只有他才有資格繼承王位！」

帝乙一愣，他的確沒有考慮過嫡出或庶出的條件，經大臣提醒，越覺得是個問題。啟出生的時候，他的母親還只是一個妾，立啟為太子，將來可能要被笑話。而受德就名正言順，而且受德的確較有資質，就算品行上不夠完美，年紀還輕，將來閱歷深了，自然有所改進。

⊙立嫡的錯誤選擇

因此，受德立為太子。三個哥哥原本謙讓，也沒有甚麼怨言。帝乙死後，受德即位為王，稱為帝辛。

帝乙萬萬沒有想到的是，受德成為國君後，再也沒人管束了，不但傲慢自大的毛病沒改，更變本加厲荒淫暴虐。不但貪圖享樂，不理朝政，後來竟變得越發殘暴，以酷刑殺人為樂。這就是歷史上出了名的暴君——紂王。「紂」是後人加給他的謚，依據《謚法》，「殘義損害」稱之為「紂」。商朝的天下就是斷送在他的手上的。

歷史詞典

商代的教育

商代的學校教育已經有了一定的規模，學校主要稱為序、瞽宗、學、庠等名稱，教師由國家職官擔任，教學內容以宗教和軍事為主，此外還有倫理和一般文化知識。六藝教育初露端倪，為西周時期的教育奠定了基礎。甲骨卜辭的發現，證實了商代學校已進行了多方面的教學活動。

商代的序是講武習禮的場所。商代的學校有「左學」、「右學」之分，「左學」即下庠、小學，位於國中王宮之中，「右學」為大學，設於西郊。殷商卜辭中的大學是指獻俘祭祖的場所，並且與宗廟的神壇連在一起，以祭祖、獻俘、養老等為主要職能，以教授有關宗教祭典等禮儀知識為主要內容。

殷人重視祭祀，崇尚禮樂，特設立「瞽宗」，瞽宗本是樂師的宗廟，用作祭祀的場所。祭祀中禮樂相附，瞽宗便逐步變成了對貴族子弟傳授禮樂知識的機構。

瞽宗、學的出現，表明商代已經有了比較完備的學校教育機制。甲骨文還表明商代學校已經有讀、寫、算等教學內容，出現了作為教材的典冊。

殷失三仁

●時間：商末期
●人物：微子　箕子　比干

面對著窮途末路的王朝，冒死進諫，明知不可為而為之，還是保全性命，以圖未來，殷商三位忠誠的臣子，分別選擇了不同的方式。

帝乙晚年的時候，出於禮法考慮，將王位繼承人選定了小兒子受德。他心知大兒子啟受了委屈，很過意不去。為了安慰啟，帝乙就給啟一塊封地，叫做「微」（今山西潞城以東一帶），將啟封作了子爵。後來，人們便稱啟作「微子啟」，或「微子」。帝乙也給了二兒子一塊封地，名叫「箕」，也封為子爵，這就是箕子。再加上紂王的叔叔比干，這三個人被孔子稱為殷之「三仁」。

⊙紂王即位

帝乙去世後，受德即位，他就是後來惡名昭著的商紂王。比干、微子和箕子這樣的賢臣，滿心希望能好好輔佐君王，建立一番事業。哪知紂王卻一天不如一天，他寵愛美女妲己，造了酒池肉林，後來竟又發明了各種酷刑，以殺人為樂。國內民怨沸騰，而西方的周正蠢蠢欲動。忠心為國的大臣們無不心急如焚，紂王卻絲毫不予理會。而且對待直言進諫者，紂王動輒施加刑罰，群臣再也不敢進言，只是心中暗暗悲傷，懼怕商朝就要遭到亡國的命運了。

比干、微子和箕子身為商朝的王族，自然更加心焦，卻也束手無策。但不同的個性卻讓他們做出了不同的反應。

⊙留下還是逃亡

微子心裡清楚，商朝離滅亡的日子不遠了。雖有一片忠心，苦於能力有限，無法力挽狂瀾，那麼，只剩兩條路了。要麼拋開一切，拚著性命勸諫紂王，不過一死，也算成全忠臣的名節。要麼退後一步，不顧江山社稷，遠遠逃離，則可以保全性命，度過與世無爭的生活。如果是後者，情感上卻無法放下。左右為難，於是和敬重的好友太師和少師（均為當時的官名）商量。

微子問他們：「照現在這個樣子看來，殷商的天下不能長久了。先祖成湯得天下，制常法，為我們創立了這份基業，而現在帝辛卻無視先祖的美德，荒淫無度，快要把天下都斷送

銅龍虎尊　商

了。現在商的子民道德敗壞，連官員都無視祖法了。百姓不再信任我們，和我們作對。法度淪喪到這個地步，就像船行在河上，卻尋不到河岸，也找不到渡口，商恐怕就要滅亡了！我們該怎麼做呢？是不顧性命拚死一諫，還是索性躲起來，終老於荒野？現在你們不指點我，我實在是不知道該選哪條路了！」

太師與少師聽了微子的一番話，不由得被他的赤誠打動。太師想了想，說：「我的王子啊，這是老天降災給我們啊！現在商的上上下下已經無可挽救了。我們臣子還有甚麼可做的呢？如果商有災難，我們便與國家一起承受，如果商要滅亡了，我們決不能做亡國的奴隸。商反正快要滅亡了，既然徒死無益，我勸王子還是逃離這裡吧！這是我的意見，王子自己拿主意吧！每個人都有自己的方式效忠先王，不一定要犧牲性命才算是忠心。我是沒甚麼可猶豫的，打算逃亡了。」

微子聽完後，心情大震。看了看少師，少師也點了點頭。微子沉默不語，打定主意遠走他鄉。

乳釘三耳簋　商

簋通高十九．一公分，口徑三十．五公分，重六．九四公斤。簋呈圓體，口沿外折，鼓腹。腹上有三隻獸耳，高圈足。頸部飾目雷紋，腹部以鞭形雷紋為地，飾乳釘紋。腹上獸耳採用浮雕的手法，雕工精湛，具有強烈的裝飾性。

⊙挖心而死

這天，傳來消息說，周的首領西伯侯姬昌發兵攻滅了離殷都僅不到二百里的黎國，矛頭直指向商。大臣祖伊顧不上危險，向紂王進諫，要他警惕周的行動。紂王卻哈哈大笑道：「我自有天命在身，他們又能把我怎麼樣？」祖伊還算幸運，沒被處罰。

這時候，性情耿直的王叔比干看不過去了，說：「主上有了過錯，做臣子的不勸告，就是不忠。如果是因為怕死而不敢言語，就更是怯懦的行為了。我是一定要進諫的，大不了就是一死。一心為國的人，死又有何懼呢？」

於是比干直接跑到尋歡作樂的紂王面前進諫，痛陳國家的形勢，希望

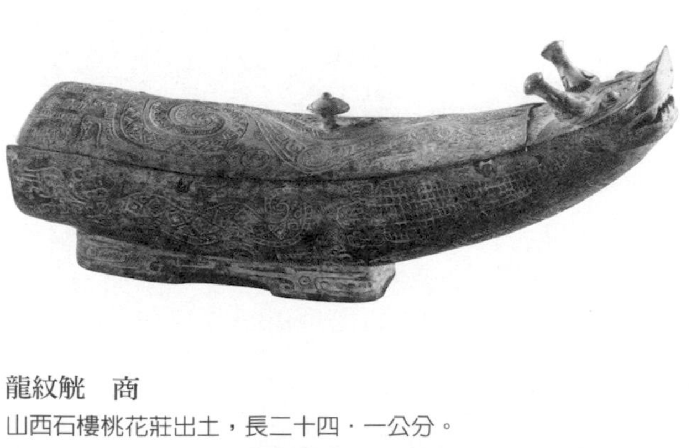

龍紋觥　商

山西石樓桃花莊出土，長二十四．一公分。

紂王能及時驚醒，挽救國家於危難。

紂王面紅耳赤，但比干畢竟是長輩，當面不好發作。他便笑嘻嘻說：「您的話我知道了，會好好記住的。」

比干見紂王毫無誠意，便一連三天都去紂王面前諍諫，言辭越來越激烈，終於把紂王惹怒了。

到了第三天，等比干說完，紂王仍舊笑嘻嘻說道：「叔叔真是賢明的聖人啊！我聽說聖人的心與眾不同，有七個孔。不知叔叔的心是不是這樣呢？我想看看。」說完便命令侍衛剖開比干的胸膛，活生生地心挖了出來。群臣嚇得心膽俱裂，再也沒人敢多說一個字了。

雲雷紋鉞　商後期

兵器，援（戈的橫刃）部呈方形，寬弧刃，兩角外侈。闌部有兩個對稱的長方形穿孔。援部邊沿飾雲雷紋兩組，中央有齒狀鏤空孔。

比干慘死，微子心知紂王是無可救藥，亡國的大禍已迫在眉睫，再不能猶豫了。於是連夜打點行裝，悄悄從殷都朝歌溜走了，一直逃到封地微的附近，過起了苦悶的隱居生活。

⊙裝瘋避禍

比干挖心、微子逃亡的消息很快傳到了箕子這邊。箕子痛苦地說：「明知道進諫沒有用，還要去送掉性命，這是愚忠。可是不進諫會加重君王的惡名，這是不忠。怎麼做都不對，該怎麼辦好？」不進諫是不忠，進諫了是送死。箕子痛苦不堪，最後，索性扯爛衣裳，披頭散髮，把面目塗得汙穢不堪，口中胡言亂語。別人都嚇壞，以為他瘋了，但也只能搖著頭暗暗同情。

從此，箕子就這樣瘋瘋癲癲，每天混跡在奴僕中間，裝瘋賣傻。他想以此來逃避無法進諫的痛苦，同時也企望紂王因此不要再來加害自己。但是他的行為卻沒能逃過紂王的疑心，紂王聽到箕子發瘋，感到奇怪，就親自去查看，發現箕子果然蓬頭垢面，混在奴隸中，滿身是泥，嘴裡還有詞，說著聽不懂的話，果然是十足瘋癲的模樣。然而紂王仍然半信半疑，覺得箕子只是裝瘋賣傻，於是把箕子抓住，關了起來。

太師和少師兩人也對紂王越發憤恨了，連夜帶著祭祀用的禮器和樂器逃亡，投奔周了。

豕尊　商

此尊於一九八一年在湖南湘潭出土。器物外觀比較逼真，栩栩如生之感。以豕為尊，在中國青銅鳥獸尊中是相當罕見的，特別是這種紋飾精美、形象逼真而富有裝飾性的豕尊。

延伸知識

內服制與外服制

商代的職官設置經歷了一個由簡到繁的過程。早商時期，商王朝地位最高的職官是像伊尹、阿衡一類的師保，伊尹是商湯的老師，阿衡是太甲時的太保。這些職官在後世被稱之為三公。這些師保並不僅僅承擔教育國王和貴族子弟的任務，而是權勢很大的方國聯盟的代表。還有一類職官具有神職，如太戊時的巫咸和祖乙時的巫賢，他們集政治權力與神職為一身，具有很高的地位。

商代後期的職官體系比較齊備，特點是按照行政區域把職官分為內服官和外服官兩類。商王朝直接統治的區域（即王畿）職官為內服，間接統治區域，也就是以商王朝為首的方國和部族的職官為外服。內服和外服星羅棋布，並不以距離殷都的遠近區別，譬如遠在孤竹（今遼寧喀左）的首領曾任商王朝的亞職，屬於內服。

從卜辭的內容看，內服是以進貢龜甲、骨版表示服從的意思。外服則以聽令於占卜來表示服從的意思，商王朝的內服官地位高於外服官。卜辭和商代的金文所見到的內服官約有五六十種，其中有百僚庶尹，主要包括商王的近臣和地位較高的職官。惟亞惟服，是指與商王有親屬關係的擔任祭祀和軍事的官員。宗工，主要負責祭祀、占卜和王室的具體事務。百姓里君，主要是商王朝社會基層的官員。外服官大部分是方國部落首領，也有商王朝封於各地的官員。

⊙三仁留美名

就這樣，紂王的三個親人，比干、微子和箕子，一個挖心而死，一個逃亡在外，一個裝瘋囚禁了。面對著國家的末路，三人雖然採取了不同的態度和方式來面對，卻都飽含著一腔忠誠，歷來都為人們所敬重，留下了美名。面對三個忠誠而賢明的人，紂王不但沒有知人善任，還迫害他們，商朝的江山越發搖搖欲墜了。

人面紋方鼎

方鼎四面各飾一個巨大的人面圖案，眉目口鼻耳五官俱備，形貌奇異。是目前所知唯一的一件四壁以人面為主紋的商代方鼎。

紂王亡國

●時間：商末年
●人物：帝辛

作為一個帝王，紂王的聰明才智與荒淫暴虐，可以說在中國歷史上都是少有的。或許正是這兩點，斷送了商朝五百年的天下。

⊙生性殘暴

商朝的最後一位君主，名為帝辛，後世稱為商紂王。他能言善辯，很有才能，但不像祖先那樣用於治國安邦，而是一心追求糜爛腐朽的生活。紂王喜好酒色，廣建苑囿臺榭，寵愛美女妲己，築起豪華的鹿臺，命樂師作「北里之舞」、「靡靡之樂」，又「以酒為池，懸肉為林」，通宵達旦飲酒作樂，不理朝政。

不僅如此，紂王非常殘暴。商朝都城西邊有一座巍峨的尖山，尖山腳下淌過一道清澈的泉水。有一天，商紂和妲己在摘星樓上飲酒，遠遠望見一老一少涉渡溪水。老人行動緩慢，而小孩很快就渡過了溪水。紂王感到很奇怪，妲己對紂王說：「小孩骨髓硬朗，不怕冷。老人骨髓空虛，所以怕冷。」紂王不信，竟命人立刻把無辜老人和小孩抓來，用斧子砸斷腿骨，驗證妲己的話。人們為了記住紂王的這一暴行，把這條溪水取名為「折脛河」。

⊙拒諫施酷刑

為鎮壓各方的反抗，紂王制定了嚴酷的刑法，製造了許多駭人聽聞的刑罰。如「炮烙之刑」，用青銅製成空心銅柱，中間燃以木炭，將銅柱燒紅，凡有敢議論紂王是非的人，就令他赤腳在銅柱上行走，受刑者不能忍受燙烙，就掉下去活活燒死。「醢刑」，就是把人殺死後製成肉醬。朝中大臣九侯的女兒是紂王的妃子，因厭惡宮中的生活而被紂王殺死，九侯也被處以醢刑。諸侯梅伯曾勸諫紂王廢除「炮烙」酷刑，紂王便將他剁成肉醬，強迫其他諸侯分食，殺一儆百。此外還有「脯刑」，就是把人殺死後切成塊，然後曬成肉乾。鄂侯與紂王爭辯，指

獸面紋大鉞　商

鉞是刑殺的兵器，執有者被賦予兵權。此鉞形體巨大，器身方正，弧形刃，兩角外侈，平肩上有兩穿，用來縛紮鉞柄。鉞身裝飾有精美花紋，上部獸面紋間隔高浮雕圓形圖案，下方則飾以細膩的三角形獸面紋。

責紂王無道，被紂王處死，並製成肉乾示眾。西伯侯姬昌聽到這些事後背地裡歎息，讓人告發後也被紂王關進監獄，後來又把姬昌的兒子殺死後做成肉羹送給姬昌。商朝的諸侯或者被害，或者痛恨入骨，決意報復。朝中紂王的叔叔比干因為苦諫被挖心而死，哥哥微子逃亡，箕子裝瘋，一個輔助的賢臣也沒有了。

⊙周抗暴政

在內部問題嚴重的同時，商王朝與周邊各族的衝突不斷，長期的征戰耗盡了國力，頹勢已難以扭轉。商國西邊的附屬國周，在周文王、武王兩代英主的領導下，勢力日益強大起來。

特別是武王繼位以後，知人善用，延攬了一批有才能的人，如太公望、周公旦、散宜生等。在他們的輔佐之下，國家日益興盛。武王也一直尋找機會，滅掉商朝。他不斷派人調查商朝的情況，當得知商朝的百姓連話都不敢說了，斷定滅商的時機已到，於是聯合西方和南方的部落，向商紂王發起進攻，最後在商都郊外的牧野開戰。那時商朝的軍隊正與東夷作戰，來不及調回，紂王於是臨時集結奴隸，開赴戰場。誰知大家早就恨透紂王，於是陣前倒戈，引導周武王的軍隊攻入商都。

⊙鹿臺遺恨

到了這個地步，紂王只好狼狽逃回宮中。眼看著大勢已去，紂王悔恨不已，想到周軍馬上就要攻入，如果淪為階下囚下場可想而知。他把心一橫，換上華貴的服飾，掛了滿身珠玉，登上最豪華的宮殿——鹿臺，以袖掩面，表示愧對列祖列宗，然後便舉火自焚了。等武王率軍趕到時，紂王已經死了。武王於是命人斬下紂王的頭顱，與一面大白旗高高掛起來，以彰顯他的罪惡。

商朝就這樣滅亡了，周武王成為新的天子，中國歷史上第三個王朝——周朝，建立了。在周之前，夏、商的國君都被尊稱為「帝」，帝辛的失道，使他被後世貶黜了「帝」的稱號，而改稱為「王」，這也是「紂王」這個稱呼的來歷。

青玉人首鳥身人　商

青玉，半透明，圓雕。器呈人首鳥身狀。人首上戴頂冠，面容沉靜，身體用陽線刻飾出鳥身狀。

繁榮的青銅文化

大約在西元前十三世紀前後，也就是中國商代的時候，中國進入了一個青銅器繁榮昌盛的時期。那時的青銅製品涉及了社會生活的大部分領域。青銅製造技術也在這一時期得到了提升，獨特的造型，精美的紋飾，使商朝青銅器在數千年的文化發展及藝術發展中，居於顯要的地位，成為中國古代文化的標誌。青銅器的大量應用，促使商代的政治、經濟、文化和藝術獲得了前所未有的發展，創造了中國歷史上燦爛的青銅文明。

△青銅獸面具

三星堆出土。面具呈長方形，兩個大耳向外側伸展。長眉大眼，眼球向外凸出。闊口微張。額頭正中有一呈夔龍狀的額飾，額飾向外捲角。

△饕餮乳釘紋方鼎

河南鄭州張寨前街出土，高一百公分，重八十六．四公斤。

▷青銅編鐃

一九九三年湖南寧鄉出土，編鐃共九件，三十六．五～五十三．五公分高，均通體飾雲雷紋，鉦部有乳釘紋二組十八枚，每組橫豎各三枚。圖為七號編鐃，與其他稍有差別，鼓部兩側各飾一獸，鉦部為雲雷紋。每件編鐃都能發出一個或兩個不同的樂音，組合後可演奏樂曲。像這種件數較多，體型又較大的編鐃極為少見。

◀象尊

象尊是象形青銅的酒器，是商、西周青銅器中的鳥獸形器物中較常見的器類，出土較多，其中以一九七五年出土於湖南醴陵獅形山的為代表。此象尊高二十二．八公分，長二十六．五公分,重二十七．七公斤，造型精美。象身滿布三層飾紋：耳下為鳥紋、獸面紋，前腿立虎紋，後腿獸面紋。紋飾極為華美，但絲毫不損大象的整體造型效果，呈現了一種繁麗之美。象尊所展現的雕塑造型藝術，顯示了商周時期青銅工藝的精良和美術領域的發展。

▶鴞尊

鴞尊是流行於商代後期的青銅酒器，在鳥獸形青銅器中數量最多。雖都以鴞為原型，但變化豐富，各有異趣。

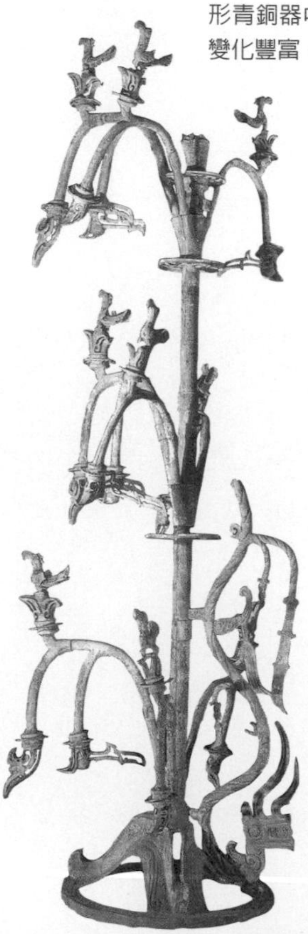

◀青銅神樹

三星堆出土。通高三百九十六公分，青銅神樹由樹座和樹幹兩部分組成。樹座呈圓錐狀，底座為圓環形，上面裝飾有雲紋。樹幹有三層樹枝，每層樹枝有三個枝杈，每枝枝杈的底端結有精緻的銅花果實，其中一枝枝杈的果實向上，在果實上站立著一隻鳥。樹的一側有一條龍，從樹頂蜿蜒攀援而下，龍身呈麻花狀，長達五十公分。整個神樹結構複雜，充分反映了遠古巴蜀人在青銅冶煉、鑄造技術方面高超的工藝水準。

中國社會科學院考古研究所 ■殷瑋璋教授

西元前一〇四六年～前七七一年

西周

周族有著悠久的歷史，長期在陝、甘一帶活動，後以岐山之南的周原為主要的根據地。至西元前十一世紀初，周族的力量日益強大，一面征伐附近小國，擴充實力，一面將都邑從周原遷到今天長安縣灃水西岸，建成豐京。因為不斷向東進逼的勢態，加劇了與商朝的衝突。

商王帝辛一度將西伯昌（文王）因於里。周臣用美女、珍寶進獻商王，帝辛才放了西伯昌。西伯昌回到國內後，進一步加緊了伐商的準備。此時，商王朝政治腐敗，內外問題叢生。文王認為伐商條件已成熟，臨終前囑太子發（武王）積極準備伐商。

武王即位以後，出兵車三百乘，士卒四萬五千人，虎賁（衝鋒兵）三千人，浩浩蕩蕩向東進發。庸、蜀、羌、髳、微、盧、彭、濮等許多小國也率兵會合。周武王在牧野誓師，歷數商紂之罪。商紂王發兵十七萬與周軍對陣，但軍士們無心戰鬥，陣前倒戈，引導周軍攻紂。商紂王倉皇逃遁，在鹿臺自焚而死，商朝遂亡。從此，中國歷史進入了周王朝時代。

武王克商以後，基本上控制了商朝原來的統治地區，又征服了四周的許多小國。但對於牢固控制東方的大片領土，成了武王面臨的一個嚴重問題。於是，他採用「分封親戚，以藩屏周」的政策，把他的同姓宗親和功臣謀士分封各地，建立諸侯國。諸侯國成為對一方土地進行統治的據點，它們對周王室也達到拱衛的作用。武王把商紂之子武庚（祿父）封於商都，藉以控制商人。封其弟管叔、蔡叔、霍叔為侯，監督武庚。又將周公封於魯，姜尚封於齊，召公封於燕。

周武王死後，其子繼位。因成王年幼，由周公攝政。管叔、蔡叔對周公不滿，散佈流言，指責周公意在謀取王位。不久，武庚與管、蔡串通一起，並聯合東方的徐、奄、薄姑等國發動戰爭。周公調

大軍東征，用了三年時間，終於平定了武庚與管、蔡之亂，殺了武庚和管叔，流放了蔡叔。東征獲得全面勝利，使周王朝的統治得到鞏固。

武王滅商之後，回到鎬京，深感鎬京與新征服地區相距太遠。他主意在夏人活動中心的伊洛河地區建立新的都邑。他的這一想法尚未實現，便即病逝。從寶雞出土的何尊銘文中看到，成王即位後，繼承了武王遺志，決定在洛陽附近建立新邑，「宅茲中國」。從這裡統治新征服地區，可大大縮短距離。為此，成王曾派召公到洛陽附近「相宅」。不久，雒邑（成周）與武王所建的鎬京（宗周），成為西周時期政治、軍事、文化的中心。為徹底剷除殷遺民的復國夢想，成王於是將殷民遷至成周。

由於周公旦在宗周攝政，魯侯之爵由他的長子伯禽就封。魯的地望在今天的山東曲阜，已發現魯城遺址。姜尚所封的齊國，在今山東臨淄。召公所封的燕國在今北京房山，也已發現城址和燕侯墓地。武庚叛亂平息後，該地封給武王之弟康叔，為衛侯，已在河南浚縣發現衛國遺址。紂的庶兄微子啟未參預武庚叛亂，以商族的後裔封為宋侯，地在今河南商丘。衛國的西邊，還有個晉國，成王攻滅唐國後，以其地封給他的兄弟唐叔虞，在今山西翼城與曲沃交界處已發現遺址。這些諸侯國的封地往往形成犄角之勢，互有聯繫，互相制約，因而早期階段對政治局面確實有穩定的作用。文獻中所說「成康之際，四十年刑錯不用」，正說明成王平定武庚叛亂後，周王朝出現了一段安定的局面。

周人在經過一系列戰爭之後，控制的地域南到巴、濮、鄧、楚，北到肅慎、燕、亳，東邊到達濱海，西邊直抵甘、青。範圍比商朝的地域大。周王建立了比較完備的國家機器，對境內實行有效的統治。制訂的刑罰，比商代更有系統。常備軍的人數比商代多，在宗周駐有六師，成周駐有八師。

全國的土地與臣民，名義上都屬周王所有，

即所謂「溥天之下，莫非王土；率土之濱，莫非王臣」。所以，周王封給諸侯土地與臣民時，要舉行授土授民的儀式。所封的諸侯國，要定期朝見周王，有保衛王室的義務。他們還要向周王納貢服役（包括兵役），如果不納貢服役，就是侮慢王室，受到懲處。不過，隨著時間的推移，各受封者常常擅自割讓或交換土地，漸漸將土地變為私有財產。同時，隨著新開墾的土地越來越多，私田的數量也在增加。私田的出現，腐蝕和衝擊了以井田制為基礎的土地公有制。

西周時期的社會經濟比商代更加發展。大量生產的刺激，提供社會更多的商品，促使各種手工行業得到發展。青銅業生產進一步擴大，除王室控制的青銅作坊外，諸侯國也有自己的青銅作坊。青銅產品的數量更多，用途也更廣，幾乎涉及社會生活的各個方面。青銅業的發展，推動了其他行業的興盛。文字的使用也更廣泛，除了在甲骨上契刻文字外，在上萬件銅器上都鑄刻有銘文，紀錄了當時社會生活中發生的許多事件。最多的一件鑄有四百九十九個字，不亞於當時的一篇文獻。農業、畜牧、紡織、冶金、建築、天文、地理等科學技術也有不少新的進展。這些成就促使人們的生產和生活都有變化。

考古學家在西周晚期的墓葬中發現了人工冶制的鐵器，說明至少在西周晚期，人們已經掌握了人工冶鐵技術。這一發現，表明人在改造客觀世界的奮鬥中，又掌握了一種有效的工具。

到了周厲王時，國內問題日益嚴重。厲王橫徵暴斂，虐待百姓，不准國人談論國家政事。厲王三十七年（西元前八四一年）終於發生暴動。厲王逃到彘（今山西霍縣），國人推共伯和行天子事。共和元年（前八四一年）是中國歷史確切紀年的開始。

周宣王繼位後，汲取教訓，改變政策。為解

除戎狄的威脅，發動了對戎狄的防禦戰爭，取得了勝利。在對荊楚、淮夷的戰事中，也獲得了勝利，因而號稱「中興」。但是社會中各種衝突依然存在，整個社會仍處於動盪之中。

歷史的發展總是不平衡的。商周時期中原已進入青銅時代的繁盛時期，周邊地區仍然相對落後。因此，為財富及利益所驅使，周人與其他國族的戰爭幾乎不曾間斷。江漢流域是蠻族的根據地，昭王率大軍征伐南蠻，遭到蠻族的強烈抵抗，周朝軍隊幾乎全軍覆沒，昭王也死於漢水之中。這是西周早期周王朝遭到的一次嚴重失敗，從此失去了對南方各國的控制力。穆王與宣王也曾南征，均未獲得重大的戰果。

東方的夷族也時常侵擾周境，戰事不斷。噩侯馭方不堪周朝的繇役，「率南淮夷、東夷，廣伐南國東國」，一直打到成周附近，震驚朝野。周王派西六師、東八師前往攔阻，仍無力抵禦。後來依靠同姓諸侯的兵力增援，才獲得勝利。

西北方的犬戎是西周時期最重要的外患。穆王時，犬戎的勢力逐漸強大，阻礙了周朝與西北各國的往來，穆王西征犬戎，「獲其五王」，並將一批犬戎部落遷到太原，打通了周與西北各國的道路。以後，犬戎仍屢次侵犯周境。

宣王之子幽王，寵愛褒姒，想殺太子宜臼，立褒姒之子伯服為王位繼承人。宜臼的母親是申侯的女兒。申侯勾結犬戎攻打周王，殺幽王於驪山之下，犬戎乘機掠走大量財寶，西周就此滅亡。宜臼靠諸侯的幫助，登上王位，是為平王。遷居雒邑，從此，歷史進入東周時期。

【后稷播百穀】

●時間：周部族早期
●人物：后稷

周人的始祖名為弃，被尊稱為「后稷」，是上古時代傑出的農學家。所謂「后稷」，后是對首領的尊稱，稷指糧食，由於后稷對華夏民族的農業發展有巨大的貢獻，遂被後人尊奉為農神。

⊙崛起的「偏遠小國」

周族是活動在中國黃土高原的一個古老部族，具有悠久的歷史。興起於陶唐、虞夏之際，發跡於今山西東南或陝西涇渭流域之間。相對於夏、商而言，周算是後起的僻遠小國，因此史書上有「大國商」、「小邦周」之稱，然而正是這個小國，卻代商而起，開創了八百年基業，奠定了華夏文化的主體。這一切都是以周的始祖——弃的誕生神話而開端的。《詩經．大雅．生民》篇說：「厥初生民，時維姜嫄。生民如何，克禋祀，以弗無子。履帝武敏歆，攸介攸止，載震載夙，載生載育，時維后稷。」就講述了一個周始祖誕生的故事。

⊙巨人腳印的孩子

周的始祖名「弃」，母親為姜嫄，是有邰氏之女。和簡狄一樣，是帝嚳高辛氏的妻子。簡狄因為在郊外吞下鳥蛋而生下了商始祖——契，而姜嫄生下弃，也有一段離奇的經歷。

據說有一天，年輕好動的姜嫄在家中悶得久了，便約了幾個女伴到郊外遊玩。走在路上，忽然發現有一個巨大的足印。姜嫄一時好奇，忍不住走上前去，把腳踩在足印裡。哪知一踩上去，身上便像受了振動一樣，產生了異樣的感覺。回去後不久，姜嫄便發現懷孕了。

十二個月後，姜嫄生下一個男孩。因為孩子的來歷著實奇怪，連懷孕的時間也比別人多了兩個月，姜嫄覺得是個不祥之物，可能會招來災禍，狠下心腸，決定就此扔掉。

⊙三次遭棄，天人共呵護

最初，姜嫄把孩子扔在小巷中，想讓牲口踩死他。誰知，孩子扔在路當中，來來往往的牛馬紛紛避開。姜嫄抱回孩子，隨後又丟棄在山林裡，覺得山林野獸多。誰知，不但野獸沒有傷他，過往的伐木工人看到孩子可愛，也拿食物餵他，蓋上厚厚的衣服遮擋風雨。姜嫄沒有辦法，只好再把孩子抱回來。這次，她把孩子丟在結了冰的河上。誰知孩子一放冰上，就降下成群的鳥，紛紛落在孩子四周，用羽翼覆蓋，溫暖著他。

骨肉連心，姜嫄本來捨不得孩子，現在看到這種情況，認為一定是上天保佑孩子。於是她如釋重負，把孩子抱進懷裡，決心要好好撫養他。

因為孩子曾經三次拋棄，姜嫄便為他取名為弃。

⊙專心務農

從此，弃便跟著母親生活在有邰氏部落。弃的身世經歷神奇，人們於是傳說姜嫄當年所踩的巨人足跡是天神的腳印，而弃一定是天神的兒子。就像是要印證人們的說法，弃果然從小就聰明伶俐，說話做事都比同齡的孩子出眾得多。

有邰氏是一個農業部族，受到有邰氏農業生活的影響，弃從小就喜歡玩種麻植豆的遊戲。隨著年齡漸長，他就越發迷上了農事，每天沉浸在田間，樂此不疲。他精心栽培的各種農作物都長得莖幹粗壯，籽粒飽滿。弃還整理出選種、耕地、除草、施肥等一些列完整的耕作程式，提高了農作物的產量。附近的人紛紛慕名而來，向他請教技藝。

將軍崖岩畫　稷神崇拜圖
新石器時代

⊙官封「后稷」，得姓「姬」

當時正是堯在位的時候。堯聽說了弃的名聲，就任命為掌管農業的「農師」。弃果然沒有辜負堯帝的期望，帶領著人民盡心工作，廣泛推廣農作物種植的技術。莊稼豐收，確保糧食不虞匱乏。不必再像從前，必須以獵物來決定饑飽了。弃還成功培育出了黍（即黃米）、麥子和大豆等從前沒有的作物。

弃又種植了麻，麻籽可以做糧食，纖維可以結衣服，從此人們不必只穿獸皮或蠶絲織成的衣服了。

堯去世，舜繼承了帝位。當時，弃與禹、皋陶和契四個人，並稱為「四嶽」，禹負責興修水利，皋陶負責刑法，契負責德育與教化，弃則專門掌管農業。舜為了獎勵弃的功勞，封他在有邰氏部落活動的地域，賜予「后稷」這個官職，並賜姓為「姬」。當時的人多有名無姓，因此，這可以算是極大的殊榮了。由於卓著貢獻，後人便奉為神明。後世「社稷」詞中的「稷」，就是指穀神后稷。後來，弃的後代就在這片土地上世代生活，逐漸形成了周部落。

關於遠古氏族部落先祖的神話傳說自然不足為信，但是從姜嫄生弃的傳說當中，仍可看到周族起源的蛛絲馬跡。而弃誕生的過程，則反映了周人從母系氏族向父系氏族過渡的歷史。周人之所以奉弃為始祖，大概是從他開始，周族才建立起獨立的父系氏族部落。至於相傳姜嫄為帝嚳元妃的說法，則反映了以后稷為始祖的周族與夏的密切關係，而且周族很可能是有邰氏和高辛氏兩個部落繁衍出來的一個支族。

公劉遷豳與大王遷岐

●時間：周部族早期
●人物：公劉　大王

公劉遷豳與大王遷岐是周部族早期的兩次大規模遷居活動，為周部族的發展贏得了廣闊的空間，尤其是後者，更是奠定了周王朝發展的基石。

公劉是后稷的曾孫。早年堯為了表彰后稷對農業發展的貢獻，將邰地封給了他。自此，周民族就在社水流域安居樂業，休養生息。

到了公劉的時代，周族人與戎狄錯雜居住。戎狄是游牧部落，周族人是農耕部落，生活方式相差甚遠，而且時常有部族間的衝突發生。由於不斷受到周圍戎狄的襲擊和騷擾，百姓無法安居樂業，於是有了遷居之意。公劉決心帶領部族離開邰地，另外尋覓一塊樂土，發展周族的的勢力，以圖大業。

⊙公劉遷豳

公劉帶領大家收拾好田地，準備了充足的糧食，攜弓帶箭，開始出發。經過一番辛苦跋涉，在公劉率領下的周族最終找到了位於涇水中游，水草肥美的豳地（今陝西彬縣、旬邑之間），在那裡選擇高地營建居所。

到達之後，公劉親自勘查地勢，尋找河流水源，在低平肥沃的地方劃定田界，安排部族種植。公劉另外親自帶領族人遠渡渭水，選取堅硬的石材，構築宮室房屋。周族百姓再次獲得了穩定的生活環境，對公劉感恩戴德。

隨著整個部族在豳地逐漸穩定，經濟也漸漸發展起來，周族人口迅速增加。加之當地土地肥沃，物產豐富，豳地很快便呈現出一片生機盎然的景象，並形成了以豳地為中心的部落區域。其勢力範圍包括今慶陽市和陝西省的旬邑、彬縣、長武、淳化、耀縣、宜君、黃陵及涇川、靈臺等地。

這時，公劉開始建立周族宗廟，舉行祭祀活動，為日後周族的發展奠定了雄厚的基礎。公劉遷豳，是周族發展史上的重要里程碑。《史記》說：「周道之興自此始。」自此以後，周人無論在經濟，還是政治、文化，各方面都有了很大的發展。

獸面紋五耳大鼎

此鼎為炊器或盛食器皿。巨大渾厚，是目前所見西周銅器中最大最重的，可稱為「西周銅器之王」。

⊙大王遷岐

隨著時代的變遷和歷史的演進，到古公亶父時，戎狄的勢力範圍逐漸擴大，周族又重新陷入了戎狄的包圍之中。根據《史記・周本紀》記載，亶父是公劉的第八世孫，是周文王的祖父，史書上稱其為大王。

在亶父生活的時代，周族與戎狄間的摩擦經常發生，甚至出現大規模的衝突事件，大有愈演愈烈之勢。考慮到整個部族發展的需要，亶父委曲求全，答應向狄人進獻物品，如皮毛、珠寶、牛馬牲畜等，以期在退讓中求得生存和發展。但狄人極不守信，在接受財物之後，仍然襲擾周部族。

既然難以安居，又不想與游牧民族無謂的對抗，周人開始醞釀歷史上第二次大規模的遷移。作為部族首領，亶父親自指揮這次遷徙，率領族人離開豳地，向東南進發。首先翻越梁山，之後沿著沮水（今陝西韋河）西進，然後渡過漆水（今陝西橫水河），來到岐山之下的周原。

《詩・大雅・綿》曰：「古公亶父，來朝走馬。率西水滸，至於岐下」。

周原包括今陝西省岐山、扶風兩縣的一部分，土地肥沃，亶父決定在此定居。周族在此繁衍生息，漸漸形成了一套發於宗族卻又涵蓋社會，上達國家的祭祀系統，最終把活動的中心由涇水流域遷到這裡。終西周之世，岐山都是極為重要的政治中心。

史牆盤與其銘文拓片

史牆盤及史牆盤銘文

此盤於一九七六年出土於陝西扶風縣周原遺址內的莊白村。作器者是當時擔任史官的微氏家族中名牆的人，約生活在西周中期，故名史牆盤。牆盤為盥洗器，腹內底部有銘文二百八十四字，前半頌揚周王朝諸先王和當代天子的功德，後半敘述微氏家族的發展歷史，頌揚祖先功德，祈求先祖庇佑，是典型的追孝式銘文，為半個世紀以來發現的西周帶銘青銅器中字數較多的一篇。銘文字體秀美規整，除史料價值外，也是研究西周金文書法的珍貴資料。

【文丁殺季歷】

●時間：周部族時期
●人物：文丁　季歷

季歷即位後，對內積極發展生產，對外奉商王之命四處征戰討伐，立下了赫赫戰功。但歷史總是出奇地相似，季歷的勢力日益擴大，逐漸引起商王文丁的猜忌，最終被文丁囚禁殺害。

⊙太伯讓王

據《史記・周本紀》記載，周朝大王古公亶父有三個兒子，長子太伯，次子仲雍，少子季歷。太伯是大王長子，按照古代傳位長子的傳統作法，他是理所當然的國君繼承人。但是季歷非常賢明，而且其子姬昌（即後來的周文王）也深受古公亶父的喜愛。《史記》記載，古公亶父曾說：「我們國家在這一代就要出現能使我們興盛強大的人才了，除了姬昌，還能有誰？」

太伯看出父親有意傳位給三弟季歷，以便將來讓姬昌繼位，並且姪兒姬昌的確有超人的才能，非常人能及。因此，太伯決定主動把繼承權讓給季歷，並囑咐三弟，好好培養自己的兒子姬昌，為周族開創出一番偉業。待到古公亶父即將退位，打算傳位的時候，太伯和季歷都堅決推辭，不肯接受王位。

最後，太伯為了斷絕繼承的念頭，毅然帶著二弟仲雍離開周地，前往遠離家鄉的東南蠻荒之地，並且斷髮紋身，遵行當地人的生活習俗。周部族見太伯意志堅決，就只好奉季歷為王。這就是歷史上著名的太伯讓王的故事。

太伯雖身處蠻夷之地，但能夠徹底融入當地社會，漸漸在吳地建功立業，被擁立為王，國號「吳」，是為吳國始祖。

⊙季歷開疆闢土

季歷即位後，繼續發展生產，周的實力日益增強。當時商王是武乙，武乙曾經授予季歷征伐大權，以輔助殷商征討四方。季歷率領軍隊向西滅程（今陝西咸陽）、向北伐義渠（今寧夏固原），並活捉了義渠首領獻給武乙。

到了武乙之子文丁為商王時，季歷又統兵征伐餘無之戎（今山西長治西北），使其臣服於周。文丁於是任命季歷為「牧師」，即諸侯的方伯首領，讓他執掌商朝西部地區的征伐重

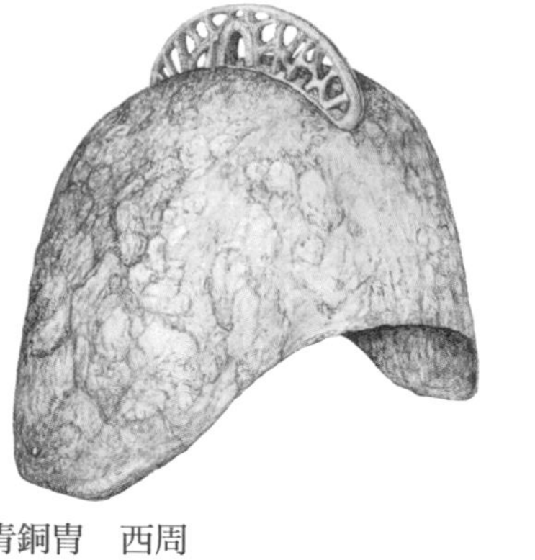

青銅胄　西周

胄又稱盔，作戰時用以保護頭部。該胄為青銅製成，呈帽形，左右及後部向下延伸，以保護耳部和頸部。

權。

有了征伐之權，出師有名，季歷開始大舉出兵，降服始乎之戎、翳徒之戎等部落，聲威大振。附近許多部族紛紛主動來投，周部族實力得到了迅速增長。

當然，季歷在位期間，主要進攻的目標都是山西境內的北方部族，雖然部落眾多，但沒有強大的國家政權，力量十分分散，所以容易征服。

周人在開疆闢土之初，選擇這些力量薄弱的部落作為征伐對象。而且，這些戎人四處侵擾，對殷商政權也有威脅，周部族的這些軍事行動，自然得到了商王的首肯。經過這些戰爭，周部族的實際力量大為加強，也提高了諸多方國中的地位。

⊙文丁殺季歷

季歷立下了不世之功，名聲如日中天。起初，文丁很高興，認為季歷為自己平定天下，功勳卓著，經常賞賜及嘉獎。後來看到季歷的實力日趨強大，名聲日益顯赫，周族有坐大之勢，文丁開始感到恐懼，決心採取措施限制周族的發展。

等到季歷再次到殷都獻俘報捷，文丁表面上大加犒賞，封季歷為西伯侯，使季歷毫無戒備之心。當季歷準備返周時，文丁突然將季歷囚禁。不久，季歷就死於殷都。

困死季歷，可說是商王文丁極不明智的舉措。季歷之死，並沒有削弱周的實力，相反，更讓周的繼承人文王姬昌產生了極大的敵意。而且，吸取了先人的教訓，從此姬昌對商十分警惕，為了不使先人的悲劇重演，姬昌一直採取低調的策略，轉移商對周的注意力，同時暗中擴大實力，終於在後來成功推翻商朝的統治。

延伸知識

帝乙嫁妹

商王文丁殺了周族首領季歷，商、周關係惡化。季歷之子姬昌即位後，積極積蓄兵力，準備為父報仇。這時，商王朝東南的方國也先後同盂方、林方等部落聯合，發動戰爭。帝乙為了避免東西同時受敵，決定將胞妹嫁給姬昌，採用和親來緩和商、周衝突，穩定全局。姬昌審時度勢，認為滅商時機尚未成熟，為了穩住商王，同時爭取充足的時間，也同意與商聯姻。帝乙親自擇定婚期，主持婚禮，並命姬昌繼承其父之位為西伯。

成婚之日，西伯姬昌親自到滑水相迎，鄭重其事。周人自稱「小邦周」，而今能夠與商王之妹聯姻，覺得是莫大的榮耀，商、周雙方皆大歡喜，表面上重歸於好。

瓦當　西周

文王遭囚禁

●時間：周部族時期
●人物：周文王　帝辛

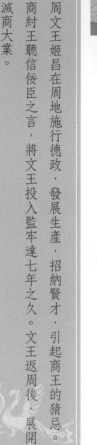

周文王姬昌在周地施行德政，發展生產，招納賢才，引起商王的猜忌。商紂王聽信佞臣之言，將文王投入監牢達七年之久。文王返周後，展開滅商大業。

⊙積善行仁，重用賢士

周文王姬昌在商紂王時受封為西伯，因此又被稱為西伯昌。他是殷商末年周族的首領，在父輩傳下的基業之上，建國於岐山之下，一心一意積善行仁，政化大行。據《史記》記載：文王「遵后稷、公劉之業，則古公、公季之法，篤仁，敬老，慈少。禮下賢者，日中不暇食以待士，士以此多歸之」。

當時紂王荒淫無道。大臣辛甲曾多次進諫，無奈忠言逆耳，昏庸暴虐的紂王根本聽不進去，甚至還要殺掉辛甲。辛甲見勢不妙，為躲避殺身之禍，棄商投周。周文王親自迎接辛甲，奉若神明，拜為公卿。鬻子同辛甲一樣，也是殷商臣子，曾經七十五次向紂王進諫，而紂王根本不作理會。於是，鬻子也來到周，受到周文王重用。此外，曾以打獵為業的太顛，也是當世賢德之人，周文王發現之後，不以其出身低賤，反而主動請他到朝中做官。

如此一來，當時傑出的人才如閎夭、散宜生、膠鬲等，都紛紛投奔周文王。周文王從善如流，分別考察，量才任用。《詩經・大雅・西伯》說：「濟濟多士，西伯以寧。」周國很快出現了人才濟濟的盛況。

⊙小人讒言，被害入獄

周文王在這些賢士的輔佐之下，制定和採取了一系列有利於國家發展的政策和措施。周國土地本來就肥沃，適宜農耕，加上周人又善於種植，於是農業空前發展。

銅編鐘　西周

編鐘是周朝貴族在舉行祭祀、宴享等活動中使用的主要禮樂器之一。

此時，商朝政治腐敗，大臣離心離德。而周文王維護百姓利益，以德治民，採取了許多發展生產的富民政策，例如允許百姓在林中打獵，在河流沼澤中捕撈等等。周族的實力日益強大，不斷擴張的領地。這些變化，在當時引起了其他諸侯的注意。

商朝諸侯崇侯虎在封地（陝西戶縣）得到報告，指出西面岐山下的周文王大行仁義之道，勢力擴張極快。崇侯虎不敢怠慢，急急忙忙趕到朝歌向紂王彙報情況，藉此表功。

青釉雙繫罍

見了紂王，崇侯虎報告說：「大王，西伯昌暗地籠絡人心，不僅賢德之人投奔，還有幾個地方諸侯也歸順了他，將對大王您不利啊！」

紂王聽後，覺得有些道理，便命令西伯昌來朝歌覲見，隨後「囚西伯於羑里（今河南湯陰北部）」，也就是將西伯投入了監牢，這一關，就是七年。周文王被囚，每日閉門待罪，無事可作，便將伏羲所創八卦演變為八八六十四卦，代表萬事萬物，無窮無盡，內藏陰陽消息之機，後來則衍生為《周易》一書。

⊙伯邑考決意救父

因為周文王是當時公認的「聖人」，因此紂王雖將他拘押起來，還

演易坊

位於今河南湯陰北部，這裡曾囚禁過周文王。相傳周文王在被囚禁的七年中寫成了《周易》一書，於是有了演易坊的遺跡。《周易》是一部探求宇宙奧祕與人世變遷的書。

是擔心他興風作浪，威脅自己。這時，有一位大臣獻上一計說：「大王不必過於擔心，我想出一條妙計，不妨一試。西伯昌有一子，名叫伯邑考。大王把伯邑考捉來殺了，一來可以警告姬昌，二來再將伯邑考之肉剁成肉醬，送給姬昌。假如他分辨不出是自己伯邑考的肉，一定會吃下去。那就證明姬昌不過是肉眼凡胎，肯定不是聖人，大王也就不必太擔憂了。」

紂王聽罷，連連稱善，說：「這個主意好，就照你說的辦！」於是就抓來伯邑考。

伯邑考是文王的長子，當他得知父親被囚羑里時，就決定到朝歌覲見紂王，希望救出父親。大臣散宜生聽說後極力反對，他認為紂王昏庸無道，身邊老臣之言尚不在意，以伯邑考的資歷，前往朝歌，無異於飛蛾撲火，自尋死路。

但伯邑考去意已決，他進宮向母親太姬辭別，稟明自己的打算。太姬聽後略加思索，對伯邑考說：「兒啊，你父親被羈押在牢，如今你想要去朝歌，而西岐這裡內外事務繁巨，一刻也耽誤不得，該交給誰辦理？」伯邑考回答說：「內務都由兄弟姬發擔當處理，外務就由散宜生負責，軍務則由南宮括管理。孩兒必須親自去朝歌，以進貢為名，代父贖罪。」太姬見伯邑考執意前去，不好強加攔阻，只得應允，並囑咐伯邑考一路小心，遇事三思而行。

伯邑考辭別母親，又找弟弟姬發，叮囑他安心等待消息，與其他兄弟及大臣共同治理國家。姬發一一答應。伯邑考便收拾行裝，第二天即啟程出發。

但伯邑考一行隊伍還沒有抵達朝歌，就被商紂王派來的軍隊團團圍住。伯邑考被五花大綁，一路押解到朝歌，慘死在商紂王的屠刀之下。

三年癲壺　西周中期

此壺為酒容器，蓋榫外側有銘文六十字。

⊙食子之肉

伯邑考死後，屍體剁成了肉醬。紂王命宮廷御廚做成肉餅，送給周文王。

一天，文王無事，撫琴解悶，猛然從琴中聽出殺氣，不禁大驚，忙占卜一卦。得知事情將要發生，文王不禁淚流滿面：「兒啊，你不聽眾人勸說，竟橫遭此禍！今日如果為父不食你肉，亦難逃殺身之災。如食子肉，為父又於心何忍啊！」想著想著，淚如泉湧，哀慟不止。

龍紋戈　西周

這時紂王的使者已經到達，將精緻的膳盒擺在文王面前，說：「大王命小人傳話，他昨日外出打獵，捉到一鹿，命下人做成肉餅，特賜給賢侯，以表思念之情，請大人品嚐。」

文王再三跪拜，說：「犯臣在下，承蒙大王惦念，誠惶誠恐，感激涕零。犯臣不能親自拜見大王，只好祈求上天，願大王萬歲！」謝恩完畢，文王連吃三個肉餅，表情還非常歡喜。

使者見文王吃了兒子的肉，不禁暗自歎息，心想傳聞文王能掐會算，善曉吉凶，是天下少有的聖賢之人，今日卻大嚼親生兒子的肉，看來一切傳聞都是假的啊！

⊙文王獲釋

文王忍住內心哀慟，強作歡顏吃掉兒子的肉，騙過了商紂王的耳目，一心等待逃返故國，為子報仇。

得到奏報的紂王，如釋重負，得意大笑，說：「看來姬昌根本就不是甚麼聖人，還怕他做甚？」便繼續飲酒作樂，把朝政徹底扔在腦後。

遠在西岐的大臣閎夭等人都為文王的安危擔心，並努力設法營救。他們派人找來有莘氏的美女，驪戎地區出產的紅鬃白身、目如閃電的良駒，有熊國出產的駿馬，還有其他珍奇寶物，透過紂王的寵臣費仲獻給紂王。紂王見了這些東西非常高興。《史記》記載說，「紂大悅，曰：『此一物足以釋西伯，況其多乎！』」於是赦免了文王，又賜給弓箭斧鉞，命他負責征討叛國事宜。

周文王忍辱負重，保住了生命，贏得了釋放回國的機會，以圖來日向強大的商王朝復仇。回國後，立伯邑考的弟弟姬發為太子，繼續勵精圖治，致力於國家的復興。成就大業，往往需要這種能屈能伸的韌性，西伯的做法歷來為人們所稱道。

渭水訪賢

●時間：周部族時期
●人物：姜太公　周文王

姜太公早年生活困頓，空有才幹卻無處施展。後在渭水之濱垂釣，所謂「太公釣魚，願者上鉤」，吸引周文王的注意。文王因而尋訪到他。他後來輔佐文、武二王，滅商興周，成就了一番偉業。

⊙多舛的命運

姜太公，姜姓，名望，字子牙，為齊國的始祖而尊稱太公，商末周初人。相傳姜太公的先祖曾輔佐大禹治水，因功封於呂地，所以姜子牙又稱為呂尚、呂望。姜太公雖是呂國國君的宗室子孫，但經過長期的分封和代代繁衍，已經由宗室貴族下降到一般平民百姓。

姜太公空有一番抱負，卻無處施展，心中不免憤懣。萬般無奈之下，他打算趕奔相對富庶的中原地區謀份差事。太公先是在棘津（今河南延津縣東北）當了飯店的夥計，後又輾轉來到了孟津（今屬河南）的旅店。因旅店生意不好，太公只好離開，到了殷商都城朝歌，做起了負販行商的小本生意。《鹽鐵論・訟賢》云：「太公之窮困，負販於朝歌也，蓬頭相聚而笑之。」忍著辛苦勞頓四處奔走，苦不堪言，還遭受街頭玩耍的無賴小兒相聚嘲笑，可見當時太公生活的窘迫。不久之後，太公又在朝歌市場上做起屠宰生意。本是捧書執筆之人，何曾想過以操刀殺豬宰羊為業。

以上所談及的姜太公經歷，儘管帶有很多傳奇色彩，但大致反映了姜太公早年生活的坎坷，以及經歷的複雜。

⊙姜太公釣魚

姜太公無論做夥計也好，還是殺豬宰羊，做生意也好，始終潛心研究治國安邦之道，期望有一天實現修齊治平的理想。當時正是殷商王朝走向衰弱，而其屬國——周國力量逐漸上升的時期。姜太公聽說周文王是位英明之主，便想投奔他，以期大展宏圖。為了吸引周文王的注意，姜子牙經常坐在渭水河邊釣魚。獨特的是所用的魚鉤是直的，而且不放魚餌，魚鉤離水面有三尺高。路人經過，看見姜太公這副釣魚的模樣，都指指點點

侯盂匽　西周早期

此為盛食器，器腹飾垂冠夔紋，圈足飾夔紋，以雷紋為地。全器造型端莊厚重，花紋雄麗，反映了西周早期青銅工藝的高度發展水準。

看他的笑話。

也有好心人勸太公，說：「老爺子，你這樣，怎麼能釣到魚！魚鉤是直的，還沒有魚餌，魚桿都快挑到天上去了，河裡的魚就是蹦起來也咬不上魚鉤啊！」

太公淡然一笑，說：「魚是會親自上鉤的。」有人再勸，太公就不再理會。

⊙渭水訪賢

自從文王姬昌擺脫厄運，回到周國後，便不斷擴大疆土，招賢納士。一天晚上，文王突然夢到天帝一身黑衣的帶著太公前來，推薦太公，太公同時也做了這個夢。文王醒後大驚，心中念念不忘此夢。之後借打獵之名，率眾外出尋訪賢才。文王行至渭水之濱，聽到當地人當作樂事的怪人姜子牙釣魚的事情。文王心中暗自驚奇，於是決定前往。

不料，文王來到河邊，卻只見一塊孤零零的大石和一根魚桿，直到天黑也沒見到人，便鬱鬱而返。路上，文王望著漫天星斗，忽然醒悟，一定是冒昧前來，打擾了賢人。回到都城，文王宣布齋戒三天，完畢後再去拜訪姜子牙。到了第四天，文王親自率領百官，攜帶禮品，再次前往渭水河邊。

到了河邊，文王令隨從在遠處等待，孤身前往河邊。姜太公為文王的誠意所感動，忙邀請文王到茅屋小坐，兩人熱絡攀談。如何興邦治國，如何對抗商紂，如何招攬天下人才，談得越來越投機，大有相見恨晚之感。

姜子牙見文王確實見識過人，且有求賢的誠心，便答應文王，與之同歸，輔助治理國家，平定天下。當時，姜子牙已經進入古稀之年，文王尊子牙為師，稱為「太公望」，這就是姜太公之名的由來。

之後，姜太公輔助文、武二王，在伐商滅紂的過程中建立了不朽功動，受封齊地，成為齊國始祖，名垂於青史。

緙絲文王發粟圖

此圖表現了周文王開倉賑濟百姓的場面。

文王討伐崇侯虎

●時間：周部族時期
●人物：周文王　崇侯虎

伐滅崇國，不僅提高了文王在四方諸侯中的威望，同時也掃除了伐紂道路上的障礙，奠定了周推翻殷商王朝統治的基礎。

崇侯虎是崇國國君，而崇國是商在西方最重要的屬國。當年由於崇侯虎向紂王獻諂言，文王被囚羑里。七年後，文王回到西周，由於國力還不足與殷商對抗，便繼續臣服殷商，一方面發展生產，吸引周圍小部落歸附，另一方面以武力擴張。其中最有影響的，就是文王率軍討伐崇侯虎的戰役。

⊙誓師討伐崇國

在輔佐文王武力擴張方面，姜太公表現出卓越的政治才華。他首先率兵滅了西方的犬戎等國，鞏固了後防，接著向東伐黎（今山西長治西南），又打敗了邗國，穩固了周國的根基。

接著文王便和姜太公商議，決意出兵崇國（今陝西戶縣）了。出兵前，文王先發動政治攻勢，向崇國百姓宣布：「崇侯虎諂媚國君，欺侮父兄，不敬長老，不憐弱小，分賜不均，小民盡受剝奪，無衣無食。今天我要討伐他，替天行道。」

西周軍隊攻到崇國境內後，文王又下令：「傷害無辜百姓，損毀民房，填塞水井，砍伐樹木及強掠牲畜者，施以重刑。」西周軍隊紀律嚴明，受到了崇國百姓的愛戴。

崇侯虎是商王四大諸侯之一，兵力頗強，雖然文王軍隊作戰勇猛，但是崇國城池久攻不下，雙方僵持了三年之久。

⊙密須國王投誠

一天，崇侯國哨探來報說，密須國王帶著三千精兵、千匹良馬、千隻牛羊以及金銀珠寶，前來與崇國結盟。崇侯虎久為周軍所困，如今送來這麼多的物資，自然是喜出望外，連忙出城歡迎。但老奸巨滑的崇侯仍然心存懷疑，因此只准密須國王帶著一千人入城，其餘兩千駐紮在城外。密須國王雖然有些不滿，也只得同意依此安排。

當晚，崇侯虎設宴招待密須國王，問密須國王：「為何要與我結盟呢？」密須國王哭道：「實不相瞞，

編鐘
此鐘為周代樂器，上有銘文一百零四字。甬與體腔相通，篆間及舞部飾雲紋，鼓部飾捲龍紋和鸞紋。

我是有事相求。我兩個兒子被西伯擒獲，生死不明。想借助您的力量幫忙，把兒子要回來，事成之後更有大禮相謝。」崇侯虎聽到西伯的名字，就咬牙切齒，當即答應。

三天後，哨探慌張向崇侯虎報告說，西周大將又在城門下叫罵，讓交出密須國王，不然殺進城中。崇侯虎出城迎戰，大罵西周不遵法制，任意征伐。雙方混戰一番，依然未分勝負，各自收兵。

⊙裡應外合，大獲全勝

當晚三更，崇侯虎被叫醒了。有人報說：西周軍隊又在城外叫陣，再不交出密須國王，就踏平崇國。崇侯虎不得不出城應戰，於是雙方大戰又起。

雙方打得難解難分之際，崇國城內突然火光滔天，密須國王帶著千人從崇侯虎背後殺出，崇侯虎腹背受敵，不幸被擒。密須國君和西周裡應外合，終於攻破崇國。

原來，姜太公抓了密須國君的兩個兒子，密須國君於是準備千匹良馬、千隻牛羊以及金銀珠寶，打算與西周結盟，贖回兒子，並且請求成為西周的附庸國，願意為西周效勞。姜子牙抓密須國君的兒子，原意就是如此，便道：「我們已經結盟，怎麼會傷害貴國公子呢？只是想請您幫周一個忙。」密須國君只好從命，那三千將士都是姜子牙挑選的精兵，雖然只有一千人入城，但也成功完成了任務。

崇國被攻破，崇國的百姓夾道歡迎姜太公，文王也一雪前恥。戰後，文王接受姜子牙的建議，遷都於豐（今陝西澧河西岸），準備進取殷商。

由於崇國是商四大諸侯國之一，打敗崇侯虎，使西周的實力進一步加強，西周的勢力已經發展到殷西南，深入到殷商畿內。此時周已「三分天下有其二」，為日後武王伐紂的堅實基礎。

延伸知識

前歌後舞

西周時期的舞蹈《大武》，與軍事有密切關係。古代的戰爭講究先聲奪人，聲威是奪取戰爭勝利的必然條件。臨陣時有人大聲吶喊，高唱戰歌，手執武器，作出各種恫嚇性的刺殺動作，或身穿綵衣，或化裝為野獸，在中國古代的戰爭中時常見到。武王伐紂時期的「前歌後舞」，實際上就是在戰場上的先聲奪人，是先頭部隊衝鋒陷陣的方法，而不是歡樂的歌舞。《大武》為宗周祭祀祖先的一種樂舞。

現保存在《詩經．周頌》中。《大武》的動作大概就是模擬武王伐紂時的戰鬥場景而編排的。

克鐘　西周

此鐘為樂器，鼓部有銘文十六行八十一字。

【牧野之戰】

●時間：約西元前一〇四六年
●人物：周武王

武王繼承父親未竟的事業，經過多方準備，終於踏上了伐紂的征程。商、周軍隊決戰於牧野，商軍的前鋒倒戈相向，紂王大敗，自焚於鹿臺，商朝滅亡。

⊙文王的臨終囑託

攻伐崇侯虎獲得勝利之後，伐紂的準備工作又向前進了一步。但這個時候，文王年事已高，身體狀況不佳。心知去日不遠，眼看著商朝已是窮途末路，只差最後一擊，可是卻已經等不到了。

於是，他把兒子姬發叫到身邊，語重心長叮囑為君之道，要勤政愛民，團結兄弟。想到未竟的事業，文王含淚拉著兒子的手，說道：「滅商大計，是從祖父大王開始，幾代人一生為之傾注心血，我是等不到那天了。這個目標大概要在你的手裡實現，當滅商成功的時候，再到我的墓上祭告吧！」

不久，鞍馬勞頓一生的文王就去世了，諡號「文」，後世稱為文王。太子姬發繼位，就是周武王。

⊙盟津觀兵

一心繼承父業的武王，即位之初就把全部心思放在滅商大計上。與父親一樣，武王也對太公望十分尊重，奉他為長輩，徵詢伐商大計。即位的第一年，武王把國都從灃水西岸遷到了東岸，稱為鎬京，更方便將來向商朝進軍了。

但精明的武王並沒有馬上豎起伐商的旗幟，而是耐心做了不少準備工作。其中最著名的就是在黃河渡口孟津舉行的「盟津觀兵」，實際上也就是一次大規模的軍事演習。典禮上，武王將父親的靈位安放在戰車中，仍自稱為「太子發」，意思是領軍的依然是文王。有了兩代王的「親自督戰」，這次演習周軍表現得宛如實戰一般勇猛激進，士氣高昂。

出人意料的是，演習結束後，各路諸侯竟然像約好了，從四面八方趕到了。諸侯對商懷怨已久，周已是眾

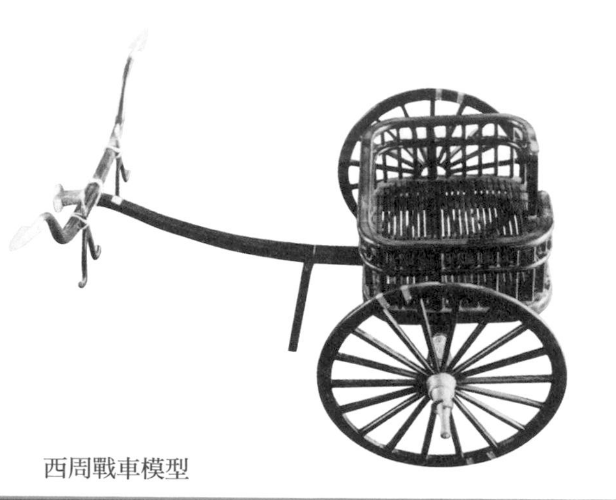

西周戰車模型

望所歸，大家聽到演習，紛紛趕來響應。一時間孟津渡口群情激昂，八百諸侯與周立下盟誓，將來共舉伐商。孟津這個地方，也因此被稱為「盟津」。群情激憤之下，紛紛表示立即起兵，但武王認為時機未到，說服各路諸侯先積聚力量，等待時機成熟，諸侯才各自歸去。這次觀兵雖然沒有直搗商都，卻為日後的伐紂掀開了序幕。

⊙慷慨發〈泰誓〉

觀兵後的第三年，武王認為時機已經成熟，等待多年的時刻終於到來了。約西元前一〇四六年，武王派使者遍告各路諸侯，共舉大業，正式打

周戈示意圖

出了討伐商紂王的旗幟。

這次出征，周共出動了戰車三百，虎賁勇士三千，輕甲步兵四萬五千。武王親自領軍，仍將文王靈位供奉在戰車上。大軍浩浩蕩蕩渡過了黃河，盟津之誓的諸侯紛紛前來會師。面對著眼前士氣高昂的一張張面孔，武王慷慨陳詞：

來到此地的諸位友邦國君，我麾下的諸位軍士，請明聽我的誓言。天地乃萬物父母，人乃萬物之靈。其中有智慧的人便做了國君，國君乃是人民的父母。現在的國君商紂王，上不敬天，下不愛民，沉溺酒色，荒淫暴虐，濫用民力，殘害百姓。他殘酷焚殺忠良，剖驗孕婦。現在使得皇天震怒，降天命於我的父王，代天來懲罰他。可是不幸父王去世。在下姬發，與友邦的各位諸侯又旁觀了商的施政。紂王怙惡不悛，不敬拜天神，不尊重祖先，致使國內民不聊生，還說是『自有天命』。人貴在同心同德，紂王雖然有億萬子民，但離心離德，我雖然只有三千子民，但同心同德。現在不代天懲罰他，我就是和他同罪了！現在請大家跟著我，一起恭敬執行天命，討伐商紂王這個獨夫。時機不可失去！

這篇鼓動人心的誓詞，與武王後來的兩篇誓詞，經後人整理，合稱為〈泰誓〉（意即「重大誓言」），共三篇，收在《尚書》中。經過這番誓師後，周軍鬥志高昂，踏上伐紂之路，開始勇往直前地向商都進軍了。

⊙牧野誓師

牧野（今河南淇縣以南衛河以北地區）東面是黃河，西面是太行山，北面地勢平坦，距朝歌僅七十里，可以說是朝歌的南大門，也就是周軍來到了商的大門口。

黎明時分，決戰的時刻就要到了，武王左手拿著黃鉞，右手拿著白旄在牧野誓師：

辛苦了，西方來的將士！我們邦國的國君和大臣們，司徒、司馬、司

空、亞旅、師氏、千夫長、百夫長，以及從庸、蜀、羌、微、盧、彭來的朋友，請舉起你們的戈，拿好你們的盾，我們一起宣誓：

古人說，早晨啼叫的雞中沒有母雞，如果哪家的母雞在早晨啼叫，那麼這家就要倒楣了。商紂王現在聽信婦人之言，無視祖宗法制，不重用自己的同族兄弟，反而信任推崇那些犯罪的小人，讓他們做卿士，做大夫，使商國一片混亂，百姓遭殃。今天，我姬發要替天行道，上天命令我們前去懲罰紂王。

天亡簋

天亡簋製於周武王時期，是目前所見周代最早的銅器，因銘文中有「天亡又王」句，故名。又銘文中有「王又大豐」，故又名「大豐簋」。銘文記載了周武王滅商後在明堂為文王與上帝舉行祭典，追述他在文王等先人的庇佑下滅商的成就，稱頌文王的功德，記載了西周祭祀盛典的情形。

將士們，我們作戰時，每進攻四次、五次或者六次，就要暫時停下整頓，以確保陣形完整！將士們，你們要像虎、貔、熊一樣威武勇猛衝向牧野。將士們，投降的人我們要敞開懷抱歡迎他們，他們會壯大我們的勢力。如果你們不奮力作戰，上天會懲罰你們的。將士們，前進吧！勝利在等著你們。

將士們也跟著高呼：「替天行道。勝利是屬於我們的。」

⊙陣前倒戈

紂王聽到武王大軍殺到了牧野，才停止了歌舞，撤掉了酒席，臨時慌忙拼湊軍隊，組成了十七萬大軍。紂王心想，我有十七萬大軍，還怕打不過區區五萬人馬嗎？於是親自率領這批拼湊起的烏合之眾，倉促奔向牧野應戰。

雙方對陣，雖然兵力相差懸殊，但是武王的軍隊紀律嚴明，訓練有素。紂王把由奴隸和戰俘編成的隊伍佈置在最前面，直接面對武王的軍隊，把商的「正規軍」佈置在後面督戰。周軍三千勇猛的先鋒首先衝向商軍，瞬間就打亂了商軍的陣法。更出乎紂王意料的是，雙方混戰剛開始，商軍的前排士兵紛紛調轉矛頭，指向紂王的軍隊。

目雷紋鬲

圓形侈口，口沿上有一對立耳，束頸，鼓腹，分襠，下接三條柱形足。頸部有一道紋帶，雷紋地，上飾均勻分佈的目形紋。該器造型古樸渾厚，製作精緻。

這些奴隸和俘虜平日受盡紂王的虐待，本來就十分仇恨紂王，這時被迫為他賣命，心中更加憤怒，於是陣前倒戈反攻紂王，助武王一臂之力。紂王看見矛頭紛紛指向自己，大為吃驚，忙命「正規軍」出擊。紂王的「正規軍」平日只是跟隨紂王打獵遊玩，從來沒有列陣習武過，戰鬥力極差。武王乘倒戈之勢，以五萬主力猛烈出擊，商十七萬大軍土崩瓦解。紂王見大勢已去，狼狽逃回朝歌。

武王率兵連夜追擊，一直追到朝歌。當夜，紂王躲進鹿臺，穿上玉衣自焚而死。武王在灰燼中找到紂王的屍體，朝著紂王的屍體連射三箭，將紂王的頭顱砍下，掛於鹿臺示眾三日。周軍占領朝歌，百姓奔相走告，齊聲歡呼。商朝滅亡了。

牧野之戰

【伯夷與叔齊】

●時間：西周初期
●人物：伯夷　叔齊

武王滅商，人心所向，但伯夷、叔齊認為不過是一個暴力的政權取代了另外一個暴力的政權，遂不食周粟，以死殉殷。

司馬遷的「敘列人臣事跡」的《史記》列傳中，〈伯夷列傳〉（實際上是伯夷和弟弟叔齊兩人的合傳）排第一位。伯夷和叔齊是商朝孤竹國（在今遼寧盧龍一帶）國君的兩個兒子，伯夷是老大，叔齊排行老三。

⊙謙讓王位

伯夷和叔齊都是當時的才俊，但是孤竹國君偏愛三兒子叔齊，有意將國君之位傳於叔齊。於是，他在臨終之前立下遺囑，讓叔齊繼位。叔齊卻認為大哥伯夷仁義賢明，有國君之風，應該繼承國君之位，決不遵從遺囑。伯夷卻說：「叔齊繼位是父王的意思，父命難違，不可。」

為示決心，伯夷選擇了出走孤竹，一個人流浪遠方。叔齊見大哥如此，索性也打點行李，追隨伯夷而去。

⊙扣馬諫周王

經歷了千辛萬苦，直到垂暮之年，伯夷、叔齊二人才再次相逢。百感交集之下，兄弟倆商議，孤竹是回不去了。可是兩個人年紀已經不小了，總要找個安身之處，聽說周文王是個聖人，愛民如子，尊老敬老，他統治的地方百姓安居樂業。二人於是決定投奔周文王，以安度晚年。

遺憾的是，當兩位老人一路顛簸趕到周國時，文王已經逝世了。兄弟二人失望地走在路上，不知要去哪裡，卻碰巧遇上武王用車載著文王的靈位，前去討伐暴虐無道的商紂王。

兄弟二人見此情景，毅然上前，拉住武王的韁繩，勸諫道：「你的父親去世，你不去安葬他，反而大動干戈，這算是甚麼孝道啊？你身為紂王的臣子，不輔佐國君，反而興兵謀反，這算甚麼仁義啊？」

武王的左右聽到這兩個老頭居然說出這樣一番話，十分惱火，隨手就要誅殺他們。武王身旁的姜太公連忙制止，起身扶起二人，讚歎道：「真是仁義之人啊！」但是，仁義之人的勸阻並沒有見效，周武王的軍隊依然向商朝的都城開進，兩位老人只有望著大隊人馬遠去的身影，空自悲歎。

⊙義不食周粟而亡

周武王滅商後，天下都歸順周王，承認了武王的天子地位。伯夷和叔齊卻以此為恥，為自己沒能制止這種不道義的行為而羞愧不已。二人認為事已如此，就算不能改變天下大勢，至少也要獨善其身，寧做殷商的遺民，不作周朝的順民。於是二人決定隱居首陽山（今山西永濟，一說偃師），靠採集首陽山上的野薇（即野菜）果腹，而不再食周朝的一粒米，表示他們要徹底和周朝劃清界限。一場秋雨一場寒，瑟瑟的秋風中，兩個老人四處找尋著野薇，冬日的來臨使野薇日漸稀少，老人日漸消瘦了。

一天，一個婦人來首陽山打柴，聽了他們的故事，譏笑說：「普天之下，莫非王土，率土之濱，莫非王臣。你們二人吃的薇不也是我們周天子的嗎？」

婦人的話當頭棒喝，使伯夷和叔齊一下子從懵懂中驚醒了，決絕棄薇不食，開始喝泉水度日。實在飢餓難耐了，兄弟倆只好彼此相互依偎靠著首陽山上的松樹，回憶著堯、舜盛世。想到這些都已經一去不復回了，自己不滿現世而又不願同流合污，落得如此下場，生命也即將走到盡頭。不禁悲從中來，奄奄一息地唱到：登上西山啊，只有採摘野薇果腹。以暴易暴，世人卻看不到它的不義。神農、舜和禹的美好時代一去不返，要我們兩人到哪裡去？生命也要走到盡頭了，都因為這個衰敗的時代！

最後伯夷和叔齊就這樣雙雙餓死在首陽山上。附近百姓見他們可憐，出資將二人埋葬於首陽山主峰西側。

雖然伯夷和叔齊是殉殷而死的，但周武王也十分佩服他們高尚的氣節，於是把伯夷的後人封在中國（今河南省南陽以北），列為諸侯之一。伯夷與叔齊餓死不食周粟的骨氣是可敬可佩的，但他們執意支持腐朽不堪的商王朝，不顧大眾生活的困乏，就顯得有些迂腐了。

采薇圖　南宋・李唐

此卷畫伯夷、叔齊不食周粟，在首陽山采薇代食的故事。畫面正坐一人為伯夷，他面帶憂憤，目光炯炯，注視著叔齊。叔齊則一手據地，一手舒掌作放歌狀。圖中人物刻畫生動傳神，畫面充滿嚴峻和憂憤情調，幽僻深山的自然環境，襯托出人物的性格和情感。

箕子獻策

●時間：西周初期
●人物：箕子

殷商被推翻，其舊臣箕子起初不願為周服務，離開故土到朝鮮開闢了一番天地。後來箕子返回中原，因武王誠意所感動，獻策〈洪範〉，成為歷代君王推崇的統治大法。

⊙箕子赴朝鮮

箕子，名胥余，乃商朝末年貴族，是商紂王的兄長，曾官居太師之職，封於箕（今山西太谷東北）。

箕子曾因裝瘋而獲罪，受紂王羈押。武王克商之後，將箕子釋放，並希望箕子輔佐，為新生的周政權治國安邦。但是箕子崇尚氣節，婉言謝絕了周武王的重用。武王詢問箕子殷商滅亡的原因，箕子緘口不語，雖對紂王有千般不滿，萬般無奈，卻不願在他人面前對自己的君主橫加指責，何況紂王已死，再說也是無用。以武王的智慧，自然看得出箕子的心意，心中亦明白不能強人所難，便不再追問。雖然箕子不願留在周朝輔政，武王出於由衷敬佩，也不願閒置賢才，便將箕子封到朝鮮為王。此舉也正合箕子不願留在周地成為周朝順民的想法。

於是，箕子率領殷商的貴族和遺民離開故都朝歌，一路東進，途經山東半島，進入朝鮮，並創建了朝鮮歷史上的第一個王朝「箕子王朝」。在朝鮮的《三國史記》中，明確把箕子看作是古朝鮮建立的第一個國王。

⊙以德化治理朝鮮

隨著箕子王朝的建立，當時荒蕪的朝鮮半島，在原來以漁獵為主的生產方式基礎之上，又增加了農業耕種。在一塊塊新開闢出來的耕田裡，處處顯示著商代先進的生產技術，孕育著無窮的生機。

在王朝建立之後，箕子也逐漸將商的各種法律制度在朝鮮試行，教化當地百姓，使他們不淫不盜，注重詩書禮樂、醫藥卜筮方面的學習，形成了良好的社會風氣。朝鮮古籍《海東繹史》記載道：「箕子率五千人入朝鮮，其史書禮樂、醫藥卜筮，皆從而往，教以詩書，使之中國禮樂之制，衙門官制衣服，悉隨中國。」

諫簋 西周

延伸知識

西周的六藝教育

西周教育以官學為主，官學分為國學和鄉學。國學專為貴族子弟設立，設在王城和諸侯國都。鄉學則按地方行政區劃分設，對象是地方普通貴族子弟及致仕退居鄉裡的紳士鄉官子弟。

國學和鄉學的教育內容都以「六藝」為主，六藝是指禮、樂、射、御、書、數等六項教學內容。禮教是有關政治、宗法、人倫道德規範禮儀等知識的教育，在六藝中佔有核心地位。樂教主要學習祭祀樂舞知識，包括樂舞、樂語、樂德三個方面，核心是宣揚等級觀念。禮樂之教還在於使貴族「明人倫」，以禮樂和舉止儀容作為行為道德規範。射御是一種綜合性的教育，包括道德情操、內心志向和技藝的培養，以射藝高下作為對士子獎勵、提升的標準。同時，還要把貴族子弟訓練為合格的披堅執銳、駕馭戰車的武士。書數是有關讀寫算一類的教育，使貴族子弟掌握一定的文化知識。

貴族子弟在經過嚴格的六藝教育後，就可以入仕為官。六藝教育的特點是學在官府，官師合一，教師即行教又兼管國家事務。

到了春秋戰國，周王朝勢力衰微，出現了學在四夷的私人講學風氣。

殷商文化的厚重和魅力，漸漸在朝鮮顯示出來。作為殷商舊臣，箕子自然心生安慰。看著這一片生機盎然、秩序井然的土地，看著漸趨文明、知書達理的民眾，箕子雖快慰，卻有一種不可割捨的思念在心底泛起。他對故國殷商的懷念，漸漸轉化成對家鄉的深刻思念，那種思念真是刻骨銘心，卻又不可名狀。

「也許是我老了」，在箕子的心底，常常發出這樣的感歎。

⊙思鄉心切，決意回國

每當朝鮮半島迎來一個嶄新的春天，箕子總是親自率領百姓下田耕作。幕僚們擔心箕子的身體，怕過度操勞，紛紛勸他不要如此辛苦。箕子卻並不在意，依然我行我素。「大王怎麼越來越像個小孩子了」，臣子們私下議論著，卻又不好直言，箕子畢竟是大賢大德之人，也許是我輩肉眼凡胎了，臣子們都在疑惑中猶豫，在猶豫中繼續著疑惑。

其實，箕子正是想用粗重的工作疲累身體，藉此忘卻一切過去的不快，忘卻從故土追隨而來、始終無法離棄的那些思念。疲倦，能暫時驅散思念的愁緒，讓箕子得到一晚的安睡。春去夏往，時光飛逝。又一年的北風吹來，又一次將山上的綠葉洗得泛黃。後人說，見一葉落而知秋。箕子不知道這句話，卻有同樣的感受。自己身在天邊，會像這飄飛的落葉一樣，隨遇而安，最終客死他鄉嗎？

秋天，是個傷懷的季節。箕子突然想回國了。這個想法萌生之前，他曾聽說，周武王勵精圖治，銳意進取，中原已經今昔非比，也是欣欣向榮的一番新景象了。

⊙箕子返鄉

「麥秀漸漸兮，禾黍油油，彼狡童兮，不與我好兮。麥秀漸漸兮，禾黍油油，彼狡童兮，不我好仇。」這首〈麥秀歌〉是箕子從朝鮮回到故土中原之後所作。他在朝見周武王的路上，路過故都朝歌，目睹昔日宮殿已化作一片瓦礫，遍地的野草麥黍已將昔日的繁華完全掩蓋。這一片荒涼撞擊著箕子心中的另一片荒涼，怎一個悲字了得。箕子傷感至極，作此〈麥秀歌〉一首，以陳心志。

朝歌的田野麥穗已秀齊，早秋的禾苗也已經染綠大地，你這個頑劣的小孩呀，不和我友好卻自顧瞎淘氣。朝歌大地上麥穗已秀齊，早秋的禾苗已經染綠大地，你這個可惡的小孩呀，不聽我的話落下啥結局！

殷民聞之，都涕淚滿面。

這首收入《史記・宋微子》等史籍的〈麥秀歌〉，稱得上是中國最早的詩歌了。該詩由所見風景起興，假借指責頑皮淘氣的孩子，實際所隱喻著的是箕子對紂王不聽忠諫而失去江山的批評，以及此時此刻箕子痛苦而悲憤的心情。晉代詩人陶淵明在〈箕子〉一詩中云：「狡童之歌，淒矣其悲。」宋代詩人王十朋也在〈箕子〉一詩中說：「千古共傳箕子操，一時難悟狡童心。」可謂評價甚高。

來到周朝廷，箕子發現武王依舊是那般禮賢下士，臣子們也是躊躇滿志，舉國上下都洋溢著一種旺盛的生命力，一種時時處處都可以感受到的活力。王者明，臣者忠，人民勤，這正是箕子心中的理想世界。箕子的心中，對武王漸漸生出一絲好感。

⊙箕子獻策

在《論語・微子》當中，孔子把箕子、微子、比干三人稱為殷商的「三仁」。仁者愛人，兼及天下。在武王的再三虛心求教之下，箕子最終被其誠意打動，將自己所作〈洪範〉獻給武王。〈洪範〉是箕子向武王陳述九個方面的治國法則，全面鋪陳箕子的哲學政治思想。〈洪範〉中的「王道」，直接啟發了周公的「德政」和孔子的「仁」。

在〈洪範〉中，箕子論說治國安邦的規則有九條，「一曰五行，二曰敬用五事，三曰農用八政，四曰協用五紀，五曰建用皇極，六曰義用三德，七曰明用稽疑，八曰念用庶征，九曰向用五福，畏用六極。」就是說，治國安邦要講究規則，第一是五行，第二是要慎重做好五件好事，第三是努力處理好八種政務，第四是協調使用五種計時方法，第五是建立最高法則，第六是用三德治理百姓，第七是明智地使用占卜來解除疑惑，第八是細緻地研究各種徵兆，第九是用五福勸勉臣民，用六極懲處罪惡。

箕子之所以能夠被世人稱為思想家，是因為他在〈洪範〉中所論述的五行學說、天人感應學說、王道說，都具有開創意義。〈洪範〉作為中國古代歷史上的統治大法，受後世的歷代統治者所推崇。可以說，這些學說奠定了中國帝王時代政治哲學的基礎。

獸面紋象首罍　西周

附有帶高鈕的球冠狀蓋，蓋和罍體均鑄有高凸的扉稜，罍肩附有二象首雙耳，罍體滿飾浮出的獸面、捲龍、夔等紋樣，繁縟華美，圈足浮雕前足屈跪的牛紋。顯示了西周時西南地區青銅器的地域風貌。

【周天子分封諸侯】

●時間：西周初期
●人物：周武王　周公

武王克商後，實行分封建國制度，建立起一個幅員空前遼闊的封建王朝，促進各地區政治、經濟、文化，尤其是邊遠地區的開發。

文王時周已開始分封諸侯了。武王克商，周突然由一個小小的邦國，成為統治四方的大國，如何治理這麼龐大的國家，怎樣才能久遠統治呢？周武王和周公認為沿用文王的分封制最好，分封制可以建立藩屏，護衛王室，穩定政局，鎮撫各族，抵禦外侮，鞏固邊防。

⊙分封制的內容

如何分封諸侯，武王、周公和姜太公商議了很久，定下了以下內容。周武王的分封就是「封建」，即封邦建國。將王室成員、有功之臣以及古代先王聖賢的後代，分封到各地，立為諸侯，給予他們代表周天子管理這個地區和人民的權力。諸侯受封時，必須舉行冊封儀式，周天子向受封者頒布冊命，宣布封疆範圍、土地的數量，同時賜給人民、禮器和儀仗等。諸侯可以在統治範圍內建立政權機構，設置軍隊和監獄。諸侯對周王也承擔一定的義務，要定期朝賀，繳納貢賦，隨周王出征，王室重大祭祀活動，諸侯們必須參加或者派人助祭。天子對諸侯有賞罰的權力，也有隨時收回封國的權力。

⊙分封天下

確立了分封的內容和儀式，武王在周公的協助下開始分封諸侯。武王分封的諸侯分為三大類。

第一類是王室弟子。周初分封了七十一國，其中姬姓五十三國。姬姓

周公輔成王畫像磚

封國不僅數量多，所在位置也多為衝要之地，與王室的關係甚為密切，是西周諸侯國的主體部分。武王將殷都舊地封給了弟弟康叔，即衛國。衛國地處中原，又接近王畿，其疆域在各封國中最大，是屏衛周王室的重要封國。同時武王還封弟弟周公旦於曲阜，稱魯國。封弟弟召公於燕（今北京一帶），稱燕國，是周王朝在東北方的屏藩。如此，京畿重地與富裕之所都為姬姓所有。

第二類是有功之臣，首推姜太公。周武王將他封在營丘（今山東臨淄北），國號齊，是周王室控制東夷的重要力量。營丘是薄姑之民的故地，薄姑是殷商的盟邦，抗周勢力不小。武王讓姜太公鎮撫薄姑之民，同時還授予征伐違抗王室的侯伯的權力。

第三類是古代帝王先賢的後代，也就是堯、舜、禹的後代。這類封國一般都比較小，有的只是象徵性的，表示西周對聖賢的尊重而已，在西周的政治生活中的作用不大。

⊙天下歸心，周公留朝

分封結束，周武王舉行了盛大的儀式，歡送各路諸侯。周公收拾完畢，向武王辭行時，發現武王悶悶不樂，神情沮喪，屢次追問下才知道武王不願讓幾個心腹重臣，尤其是幾個弟弟離開，但是國事為重，只能忍痛看著他們離開鎬京。說到動情處，武王不禁垂淚，周公與武王從小一起長大，感情最好，看兄長這樣，自己也邁不開步。後來想了想，覺得戰亂剛剛平息，百廢待興，留在武王身邊輔佐也是必要的，於是決定留下來，讓伯禽前往魯國就封。

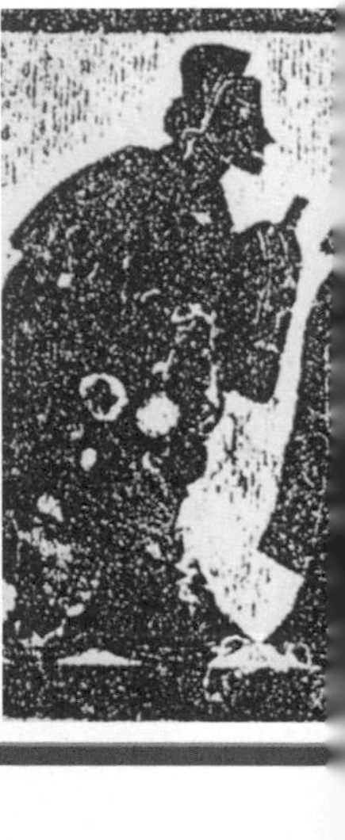

周武王實施分封制，使天下在掌控之中，構成了四通八達的政治網路。但是這次分封是不徹底的，因為當時還有不少地方尚未臣服。分封結束不久，周武王也積勞成疾，臨終時把年幼的兒子姬誦託付周公。周公在平定管、蔡叛亂後，又進行了第二次分封。周初經過兩次分封，形成了以王畿為中心，眾多諸侯拱衛周王室的局面，奠定了周的興盛。

歷史詞典

桐葉封弟

晉國的始祖唐叔虞，是周武王之子，周成王的弟弟。相傳叔虞的母親生產前，武王夢見天帝對他說，命你生一個兒子名字叫虞，我要把唐封給他。等到兒子生下來後，果然手上有一個「虞」字，因此武王就取名為「虞」。

武王死後，成王即位。有一天，周成王與叔虞戲耍，就把桐樹葉剪成玉圭的形狀，對叔虞說：「我用這個玉圭封你為諸侯。」當時的史官佚就請成王擇吉日封叔虞。成王說：「我是與他開玩笑呢？」史佚說：「天子無戲言，既然已經說了，就要記入史冊。」

當時因為唐人發生了叛亂，周公誅滅了唐，於是成王就把叔虞封到唐地。唐在黃河、汾河的東邊，方圓百里。唐的地望有兩種說法，一說在今山西太原的晉祠一帶，一說在今山西翼城一帶。從考古的資料看，封叔虞於翼城的說法比較可靠。

管蔡叛亂

●時間：西周初期
●人物：管叔　蔡叔　霍叔

武王為了防止殷商殘餘勢力，分封其弟管叔、蔡叔、霍叔建置三監，進行監控。武王死後，因其子成王年幼無法理政，由武王之弟周公姬旦攝政輔佐。引起管叔、蔡叔等人強烈不滿，他們聯合殷商殘存勢力，與兵作亂，後來被周公平定。

⊙武王設置三監

西元前十一世紀中期，周武王統兵滅掉殷商之後，所面臨的是一片荒蕪的土地和一群不安分的殷商土著居民。其中，特別是商朝的遺民，對剛剛誕生的周王朝更是耿耿於懷。商紂王雖然死了，但他的兒子武庚卻還活著，並且擁有數量可觀的軍隊。

如果繼續統兵進攻武庚，勢必將戰火擴大，國家和黎民百姓將遭受更大的損失，也不利於新生的周政權維持統治。但如何鞏固統治，特別是對東方廣大地區諸侯國的控制，令周武王大傷腦筋。

武王的弟弟周公姬旦是文王的第四個兒子，是輔佐父兄翦商紂的重要幫手，也是一位深謀遠慮的大政治家。因其采邑在周，爵為上公，所以尊稱為周公。周文王在世時，周公就很孝順，為人處事皆以仁愛為本。後來輔佐武王伐商紂，因功封地於魯。周公沒有到封國享福，繼續留在武王身邊，輔佐朝政，為周安定社會秩序，建立統治制度。

見武王猶豫不決，周公就將考慮已久的想法和盤托出，向武王提出兩個建議。一是對武庚採取安撫的手段，將他封於商都——殷，承續殷祀，同時責成他繼續施行殷商之祖盤庚的德政。用這個辦法來安撫殷商的遺老遺少，防止他們興風作亂。二是派駐親信對武庚及其部族，乃至廣大東方地區的諸侯國，進行嚴密監視。

武王聽後，完全採納了建議。殷商舊民見武王不計前嫌，沒有派兵討伐，無不擊掌稱快，暫時避開了巨大的戰爭壓力，也就俯首歸順，作了周

揚簋　西周

朝的臣民，以保存實力，再圖發展。武王則未雨綢繆，防止商紂王之子武庚叛亂，在原來殷商京畿河內地區建置三監，封弟弟叔鮮於管，封叔度於蔡，叔處於霍，他們有一項共同使命，就是各負其責，監視武庚和所在地區的治安，一旦發現武庚有叛亂之心，立即彙報武王。歷史上稱這三人為「三監」。

⊙周公攝政

中國歷史上，被人們與孔子並稱為聖人的只有兩位，在唐宋之前是周公，唐宋以後是孟子。周公與孔子並稱的時候，也是周公為「先聖」，孔子為「先師」，可見周公的地位甚至要高於孔子。隨著歷史的不斷發展，周孔地位漸漸發生變化，逐漸形成了平起平坐的局面，周公被稱為「元聖」，封為文憲王；孔子則稱「至聖」，封為文宣王。周公歷史功績的卓著和個人才華的卓越由此可見。周公名旦，為周文王之子，周武王之弟，因采邑在周（今陝西寶雞東北），稱為周公。

消滅商紂之後，武王病重，身體

歷史詞典

西周的法制

西周時期的司法審判制度有了極大發展。西周王朝的主刑機構在處理獄訟事務時，糾紛雙方都必須到場，審判時，「以五聲聽獄訟，求民情」。即用五種方法來處理獄訟：一是辭聽，二是色聽，三是氣聽，四是耳聽，五是目聽。也就是說觀察發言者的神態氣勢，判斷其中的是非曲直。為了司法的公正，在斷案時還要「訊群臣」、「訊群吏」、「訊萬民」，廣泛徵詢群臣、群吏、萬民的意見，來決定對犯罪者判以重刑或輕刑。西周時期的主要刑罰有監禁、五刑、五罰、五過等。

西周的貴族可以享有一定的特權，審理案件時，命夫、命婦不必親自出庭，由其下屬代為出庭，以免褻瀆其尊貴的身分。周代還規定，周王同族的人如果犯罪，不在市朝公開行刑，以示對王族的尊重。

對於犯法的貴族，在議刑時也有種種名目予以開脫，即所謂的「以八辟麗邦法，附刑罰」，對於親親、故舊、賢良、能者、功勳者、顯貴、勤勞官事者、賓客等八種人，在議刑時可予以寬容，從而使罪犯得以減刑或赦免。以上反映了西周王朝司法審判的階層性質。

鴨尊　西周

容酒器。尊做成站立的鴨形，鴨腹圓厚豐滿，雙足粗大有力，造型穩重典雅，塑造出了鴨的特點。

日漸衰弱。此時國家初定，百廢待興，兒子還小，無力擔負起如此重任。武王環顧四周，只有弟弟周公可堪此任，便欲傳位給周公。周公聽聞兄長之言，哀傷涕泣，卻堅決不接受兄長的安排。

武王死後，其子姬誦繼位，稱為成王。但成王年齡實在太小，無法處理繁重的政務，國家又剛剛誕生，立足不穩，內部有權勢利益的分配和爭奪，外部仍有圖謀復辟的殷商殘部。為了穩定局勢，按照武王的遺囑，周公毅然擔當起治國安邦的重任，輔佐成王，代理朝政。

在周公輔政期間，不僅將全部的精力都集中治國上，同時非常關心成王的健康與教育。

周公攝政，前後共計七年。據《尚書・大傳》載，「周公攝政，一年救亂，二年克殷，三年踐奄，四年建侯衛，五年營成周，六年制禮作樂，七年致政成王」，基本概括了周公攝政期間的歷史功績。

⊙管蔡叛亂

雖然周公德才兼備，但在武王死後，由他代理朝政，還是引起了管叔、蔡叔的強烈不滿。他們認為無論資歷，還是輩分，都輪不到周公。

單拿管叔來說，他治下的管國，作為周初的一個諸侯國，在當時地位非比尋常。《逸周書・大匡》云：「惟十有三祀，王在管。管叔自作殷之監，東隅之侯咸受賜於王。王乃旅之，以上東隅。」也就是說，周武王藉由管叔的監控，實現了對東方諸侯的控制。說明管叔是兼王官與地方諸侯的雙重身分，直接聽命於周王，完全享有控制東方的大權。因此管、蔡等人的權力已經超出了單純的監視殷商殘部，他們對地方，包括管、蔡之地，甚至對殷地都有了政治統治權。

管、蔡的政治地位因此極高，他們是地方的方伯，相當於姜太公的地位。可以說，管地是周王朝控制東部地方的戰略要地。這有利於中央權力對地方加強控制，但也使得管叔和武庚密切聯絡，埋下了日後的禍患。試想，管、蔡在建國之初就受此重任，必然期待著獲得更大權力，在武王去世之後，看到周公攝政，他們怎麼能容忍重權旁落，自己卻仍是一地方國之主。

為了發洩不滿，管

利簋

西周早期的青銅器，為武王時期名為利的有司（官吏）所作的祭器。此為盛食器，不僅造型和紋飾莊重典雅，銘文字體遒勁古樸，而且是西周早期的標準青銅器。

叔、蔡叔派人四處造謠，散佈流言，說周公欺成王年幼，企圖篡奪王位。

這些流言也確實達到中傷周公的作用，不僅群臣和百姓產生疑慮，甚至成王都懷疑起周公。在如此情形之下，周公既不能棄國事於不顧，一走了之，又不能態度強硬，不作任何解釋。他首先耐心說服在周初政權中享有崇高聲望的武王之弟召公和功勳卓著的姜太公，獲得了召公和太公的理解，藉由他們穩定了人心，又不斷安撫內外，平息爭端。

⊙平定叛亂

然而，情勢愈演愈烈，管叔、蔡叔等人不甘大權旁落，不但不再監控殷商舊部，反而與武庚串通起來，發動叛亂。同時他們聯合了原殷商在東方的附庸國徐、奄、薄姑等，一時間反周聲勢極為浩大。

面對如此嚴峻的形勢，周公甚是無奈，卻也能沉著應對。周公認為，如果不將動盪根源消除，這種混亂局面會日益嚴重，此前費盡千辛萬苦創下的偉業，就可能毀於一旦。他身為武王託孤重臣，如果不能平息內亂，將無顏面對先王。《尚書》記載周公之言說：「我之弗辟，我無以告我先王。」於是，周公親擁成王，率軍東征，對叛臣進行討伐。第二年就打敗了武庚和「三監」。之後又經過兩年苦戰，最終清除叛亂之軍。武庚、管叔被殺，蔡叔也被流放到遙遠的地方，不久就客死他鄉。

在平叛過程中，成王逐漸成長，隨著年齡的增長和閱歷的增加，已經能獨立處斷國事。周公見此，大為欣慰，於是還政於成王，成為了千古佳話。

它盉

此器體呈扁平橢圓形，前伸長流，流端作龍首，龍首張口為流口。後有鋬，亦作龍形，龍首回顧，弓背捲尾。下有四扁平獸蹄狀足。盉蓋作伏鳳，昂首，鉤喙，張翅，體姿穩重，是西周青銅盉蓋具有時代特徵的藝術造型。器蓋內有銘文「它」字，故名。

營建東都

●時間：西周初期
●人物：周公

為了永保周朝基業，周公修建東都雒邑，保護了鎬京，鞏固了周朝的統治，有利於周的長久發展。

武王去世後，周公輔佐武王年幼的兒子姬誦為成王，由於成王還沒有成年，一切軍國大事均由周公暫為代理。周公輔佐成王，建立了許多有利於周王室江山社稷的功業，其中極為著名的一項，就是遷東都的決定。

⊙決議建東都

鎮壓了三監之亂後，周公認為發生叛亂的主要原因是周都鎬京的位置在西部，偏離中原，距離原商殷之地太遠，不利於管理。武王在世時就考慮遷都來管理殷商舊地，但基業剛成，沒有餘力。現在國力恢復，為實現武王的遺志，周公決定在東邊建立一個新的都城。

經過占卜，周公認為雒邑（今河南洛陽）是個好地方。雒邑地處中原腹地，是伊、洛、瀍、澗四水必經之地，千里平原，土地肥沃，是天然的糧倉。而且百姓教化較早，民風淳樸。從戰略的角度來看，雒邑的東邊有伊闕，地形險隘，進可攻，退可守，是難得的戰略要地。

東都建成之後，西起周原，東至雒邑，即渭、涇、河、洛一帶就都是周的王畿要地了。西部以鎬京為中心，是周人發祥之地，東部則以雒邑為中心，雒邑既成為東方重鎮，又成為保護鎬京門戶，鎬京就不會直接受到外族的威脅。周公於是決定在雒邑建造一個新的都城——「東都」。

⊙東都落成

周公執政五年後，修建東都的工程方才開動。周公使用大量殷商的遺

周公測景臺遺址

周公測景臺遺址位於今河南登封，相傳周公曾在此觀測天象。

民來修建雒邑，一方面表示對他們的信任，另一方面也使他們有了安置之處。在修建過程中，周公嚴格恪守文王、武王的遺訓，不勞民傷財，不鋪張浪費，一切以勤儉為重，以實用為目的。

建成的東都規模宏偉，內城九里見方，外城二十七里見方，內城面積就有八十一平方里（約二十平方公里），但是其中絕對沒有享樂的場所。周朝從此有了東西兩個都城，原來的都城鎬京稱為「宗周」，表示周的發祥地，是周朝的根基所在。新建成的東都，定名叫「成周」，表示那是周朝建成以後修建的，要成就周朝的久遠基業。

成周又分為兩部分，瀍水東岸是成周的中心，周公遷來商的「頑民」，派成周八師駐紮此地，嚴密監視殷商遺民。成周八師是周公精心挑選的兵士，駐守東都，東可以控制東方各諸侯國，西可以拱衛宗周，南可以威服淮、夷，北可扼幽、燕，一舉多得。瀍水的西岸修建了王城，是朝會諸侯、接待來使的地方。

東都建成後，周公請成王到新都舉行首次祀典，還政於成王。

⊙留守成周

周成王親政後，依然在鎬京居住，派周公留守成周。從此，西成王，東周公，東西連成一片，長達千餘里，王畿的政治經濟和軍事力量都顯著增強，成為控制全國的基地，周朝長期穩定的局面開始形成。

周公去世後，成王任命周公的兒子明保到成周接替周公，繼續坐鎮成周。周公留下遺言表示，死後希望葬在成周。但成王認為其功勞蓋世，理應葬於宗周。成王下令葬周公於宗周附近的畢地，緊鄰文王墓，以彰顯周公的功績，讓後代人瞻仰。

汲水器　西周

【周公制禮樂】

●時間：西周初期
●人物：周公

禮樂本源自先民的祭祀活動，禮為祭神的供奉，樂為娛神的歌舞，故周公之前，禮樂的主要功用是敬神。而周公之後，禮樂則成為維繫社會等級制度和遵從至高道德的禮儀規範。

⊙博覽典籍，遍訪賢士

東都雒邑建成後，周公還政於成王，周王朝進入穩定發展階段。此後，為了輔佐成王，安人心，定天下，周公便著手制禮作樂，希望通過典章制度、禮儀規範、干戚樂舞，以達到教化天下的目的。

周公為制禮樂嘔心瀝血，一方面大量閱讀文化典籍，借鑑歷史經驗，另一方面尋訪賢士和下層人民，徵求意見，瞭解情況。古書記載，周公「朝讀書百篇，夕見七十士」，可見其辛苦忙碌。雒邑城內多是殷商遺民，其中不乏具有真知灼見的百代王族。周公經常與他們交談，徵詢意見。周公並命遺民演示殷商的祭祀活動，詳細解釋祭祀過程的動作、說詞與禮器的意義，找來古書與之對照。周公還親自前往各個諸侯國，請教各地特有的禮儀。

周公又一再思考和探索，規範和整理前代的禮樂，形成了一套適應西周政權統治需要的禮樂制度。

⊙禮樂成，天下安

西周的具體禮儀制度主要見於「三禮」——《周禮》、《儀禮》、《禮記》中。根據「三禮」的記載，西周的禮儀是一套繁複而完備的制度，如規範日常生活的冠禮、喪禮、聘禮、鄉飲酒禮、士相見禮，規範祭祀的祭禮，飲食宴客的饗禮、燕禮，規範君臣上下之制的覲禮、朝禮，以及軍隊的出征禮儀——軍禮等，涉及西周社會的各個層面。這些禮儀規範的目的在於使「衣服有制，宮室有度，人徒有數，喪祭械用皆有等宜」。

西周的各種禮儀具體執行非常繁

西周貴族服飾

複，以鄉飲酒禮為例，主要分為六個禮節。一是謀賓、戒賓、陳設、迎賓之禮，即由主人與「鄉大夫」商定客人的名次，一般選定賓一人，介（即陪客）一人及眾賓多人，然後主人置辦酒席，催邀客人，最後主人與儐相在門外迎接，三揖三讓後將客人迎進大堂。二是獻賓之禮，即主人對賓客敬酒之禮。三是作樂，即在主人敬賓客時，由樂工在席間唱歌並奏樂。四是旅酬，即主人派儐相敬客，然後賓酬主人，主人酬介，介酬眾賓，眾賓之間再按長幼之序以長酬幼。五為「無算爵」和「無算樂」，即賓客升座之後，舉爵暢飲，歌樂不斷，直到盡興而歸。六是送賓之禮，即宴飲結束後，樂工奏樂，主人送客出門。第二天，賓又來拜謝，至此整個鄉飲酒禮才算結束。

「樂」也源於祭祀，與禮相輔相成，不可分割。「樂由中出，禮由外作」，即禮由外在來規範人倫，而樂則是通過樂舞來使制度深入人心，使人們從內心產生對禮的認同。西周，樂舞與禮儀相配，有十分嚴格的制度，不同的等級配以不同的樂舞。周公制禮作樂就是希望用禮別人，用樂和民，使整個西周社會既能尊卑有別，又能和睦融融。

⊙周公禮樂的影響

通過禮樂治理國家，周公的舉措可以說是規範了當時的社會秩序，從而結束了人類茹毛飲血、刀耕火種、巫風盛行的原始蒙昧狀態，使華夏民族進入了禮樂文明社會。這一點，周公對於中華文化的發展進步的確是功不可沒。

儒家學派的創始人孔子對周公極為敬仰，由於孔子的推崇，周公後來成為儒家學者最為尊崇的古聖人之一，有時與孔子合稱為「周孔」。周公的禮樂思想即後世儒家學說的源頭，影響中國數千年，是中華傳統文化的重要組成部分。

歷史詞典

西周的宗法制

宗法制度是西周政治制度的核心，是在周公制禮作樂時完成的，周代的封建制度以此為基礎。在西周的宗法制度下，周天子是最大的宗主，他的權力和地位是上天賦予的。上天給他土地和人民，因此得以行使所有權。天子是大宗，同姓眾諸侯都尊奉他做大宗子。天子分封土地和臣民給諸侯或卿大夫。在諸侯國中，國君是大宗，分給同姓卿大夫采邑，采邑主尊奉國君為宗子。這樣依次分封，形成了從天子到庶民的金字塔式的封建統治模式，整個周代社會貫穿著封建制度的精神。

宗法制的核心是嫡長子繼承，由此才引出宗法制下面大、小宗的區別，以及宗法的基本原則。在宗法系統裡，諸侯和大夫實有雙重身分，對於上而言，是小宗，對下而言是大宗。西周的宗法制度不僅是西周貴族的組織制度，而且是和政權機構密切結合著的，它不僅制定了貴族的組織關係，由此也確立了政治的組織關係，確定了各級貴族的統治權力和相互關係。宗法制度由原始的父系家長制血緣組織，經過變質和擴大而成。

如果說分封制的實施形成了周代政治格局的話，那麼，宗法制的實施則形成了當時社會結構的基本特徵。宗法制為周代的等級秩序注入了特定的原則和內容，而得以鞏固。

周公的金匣子

●時間：西周初期
●人物：周公

武王去世之後，成王年幼，周公輔政，雖遭眾人猜忌而不悔，穩定了西周政局，最終還政於成王。後來，成王見到周公留下的金匣子，瞭解周公的一片忠心，為之感動不已。在周公逝世後，成王將其安葬在文王墓旁，表示深切的懷念和敬重。

⊙武王病重

周武王率軍滅掉殷商之後，在周公、畢公、散宜生等大臣的簇擁之下，隨即舉行了登基儀式。同時，武王詔告四方，周奉天命，結束殷商統治，現在已經是周之天下。一切儀式舉行完畢，周武王班師返回鎬京。

也許是為伐商大業過度操勞的緣故，在返京之後，武王突發重病，身體狀況每況愈下。滿朝文武大臣為此憂心忡忡，卻又想不出甚麼辦法。請到當時的一流名醫，一次次的診斷卻查不出病因。眼見武王食無味，寢不安，形容日漸枯槁，這些名醫手足無措，紛紛向周公請罪。

周公當時身為周朝太宰，除了處理日常繁忙的公務，還要為武王的健康四處奔忙。他作為武王的同胞之弟，自幼和武王脾氣相投，平日形影不離，只要見到武王姬發的身影，肯定也能看到周公姬旦在一旁。長大成人之後，二人都為父親文王姬昌所器重，是文王伐商建國的左右臂。長期的共同生活，尤其是共同經歷的艱苦卓絕的伐商戰爭，使得兄弟二人感情至深。沒有想到，正值壯年的武王，在功成名就之時，竟然遇到如此頑疾，生命如秋天北風之下搖搖欲墜的樹葉，怎不令人悵然。

青銅盨　西周

此器長方形，器與蓋形狀相同，侈口收腹，器與蓋均飾有夔龍、鳳鳥、象首、雲紋等，細密華美。

⊙金縢藏策

周公回想周部族自夏代以來，是經過祖上數代的勵精圖治，經歷了多少苦難，才有了今日之偉業。想到逝去的先祖，周公心中感念不已，「大王啊……父王啊，求求你們地下有知，保佑兄長吧，我們周人的偉業已經建立，不再是當初被戎狄欺侮的小部落……現在，我們周人一統天下，號令萬國，卻……卻又為何讓兄長得此頑疾啊！」說到這裡，周公淚如雨下，手撫胸口哀慟不止，「上天明鑑……如果一定要人死，就讓我來代替兄長吧……」。為表心跡，周公又將禱告之辭寫下，裝入金匣之中，希望用誠心感動上天，挽回武王垂危的生命。

關於這一事件，《史記・魯周公世家》記載道：「周公於是乃自以為質，設三壇，周公北面立，戴璧秉圭，告於太

歷史詞典

西周的宗廟祭祀

周代推行以禮治國的方針，祭祀活動遂成為國家政治統治的一種方式。由國君親自主持祭祀天地、祖宗和社稷的禮儀制度在周代正式形成。與此同時，專供祭祀使用的禮制建築群應運而生，祭祀遂有了專門的場所、規範和儀式。

帝王的祭祀活動有嚴格的規定，祭祀天地是王朝政治活動的重要內容。周代規定祭天是天子的特權，諸侯只能祭土。祭祀天地都要在都城之郊進行，方位與陰陽相配，祭天於陽位南郊，祭地於陰位北郊。帝王祭祀祖先在太廟進行，太廟按周制位於都城宮殿建築群的左前側。宗廟祭祀有明確的等級規定，一般而言，天子七廟，諸侯五廟，大夫三廟，士一廟。宗廟中，除了太祖外，祖先的位置是按左昭右穆的次序排列的。

祭祀社稷反映了中國古代以農立國的社會性質，社代表土地，稷代表五穀，社稷成為國家的代稱。祭祀社稷在社稷壇舉行，其總體形制與太廟相反。周代設立的宗廟祭祀體制，作為禮治思想的外化，使宗法觀念和禮治意識根深蒂固，並且代代延續，影響著中國社會和文化的發展。

牛首四耳簋　西周

這件簋與其他同類器不同之處在於，一般簋只有對稱雙耳，而這件簋有四耳，且耳較大，上飾牛首，下面長幾垂地，比較罕見。

王、王季、文王。」

武王去世之後，周公忙於理政，同時耐心教育年幼的成王。有一次，成王生病，病情十分嚴重。周公焦急，每天守在成王身邊噓寒問暖，憂心忡忡。眼見著病魔折磨成王，周公就剪了自己的指甲，沉到河裡，並對河神祈禱，希望神明不要怪罪年幼的成王，罪責就由自己來承擔，願意代成王死。

後來，成王的病痊癒。《史記》中記載這一段故事說：「周公自揃（通剪）其蚤（通爪）沈之河，以祝於神曰：『王少，未有識，奸神命者乃旦也。』」禱告之後，周公將祝詞收藏在金匱子之中。周公攝政七年之後，成王逐漸成長，於是周公歸政於成王，回到大臣的職位。

這兩件事後來稱為「金縢藏策」。金縢，就是指金匱子。策，則是周公的祈禱書。

⊙昭雪不白之冤

周公歸政後，有幾位大臣挾私報復，多次在成王面前進讒言。眾口鑠金，成王漸漸對周公疑忌。周公無奈，只好避到楚地。那年秋天，突然電閃雷鳴，狂風暴雨隨之而至。還沒有來得及收割的農作物全部遭受風雨波及，巨大的樹木竟然也連根拔起，百姓流離失所，人心惶惶。

周朝上下大為驚恐，成王和大臣慌忙穿著朝服，祭拜祖先與神明。成王還命人翻閱府庫中收藏的文書，希望找到應對之策，意外發現了周公留下的金匱子。匱子裡存放的是昔日武王病重時，周公禱告神明，願以身代武王死的文策。仔細察看，還有周公為武王和自己祈福的情深意切的禱文，成王這才明白為何老天震怒，發此天災。此時，成王不禁為周公的忠心耿耿、一心為國而感動，更為自己愚昧無知、聽信讒言而羞愧。

成王手執禱書，涕泣不已，痛責

虢季子白盤　西周

此為巨大的青銅盥洗用器，盤體長方形，下附四矩形足，四壁各有兩個龍首啣環。口沿下飾一周竊曲紋，盤腹飾環帶紋。

錯怪聖賢。急忙到楚地尋找周公，用最隆重的禮儀迎接回來，繼續輔佐朝政。之後風雨立刻平息，大地恢復了生機。第二年五穀大熟，百姓都為豐收而歡慶不已。

周公回來以後，繼續兢兢業業，為國事操勞，貢獻一生於周王朝的穩定和發展。周公晚年向成王提出：死後要葬在成周，以示不離開成王之意。但周公死後，成王思慮再三，還是決定將周公葬在豐邑以北、渭水北岸的畢地，位於文王陵墓的旁邊。

成王向天下宣告說：「我所以沒有遵從周公臨終的請求，沒有把他葬在東都成周，而是葬在畢地，是想讓他追隨文王，以表明我不敢以周公為臣啊！」

號季子白盤銘文拓片

號季子白盤盤底有長銘，計一百一十字。記述了號季子因征伐外夷有功，受周王賞賜一事。字形修長，勻整秀美，行列規整、疏朗，表明西周金文的風格從早期自由參差錯落的拙樸美感，轉向規整秀美，而將中國古代的書法藝術推向新的高峰。

周公廟

周公廟位於陝西岐山北部，原名周公祠，始建於唐初，經歷代修葺，規模宏大。現存周公、姜太公、姜嫄聖母等正殿，獻殿以及亭臺樓榭等殿宇，多為清代建築。

姜太公治齊

●時間：西周初期
●人物：姜太公

周滅商以後，姜太公以首功，被封到營丘建立了齊國。在齊國，姜太公積極發展工商業，增強國力。同時不拘一格招納賢士，為齊國的強大儲備了大量棟樑之材。經過一番治理，為齊國成為春秋五霸之一奠定了堅實的基礎。

⊙太公封齊

周文王在世時，事無鉅細，都聽從姜太公的意見。在他的大力輔佐之下，文王修德施恩，發展生產，擴張土地，征服戎狄，不斷削弱商的實力，逐步形成了「天下三分，其二歸周」的局面。奠定了武王繼承父業、徹底推翻商朝的牢固基石。姜太公不僅輔佐文王完成了反商的準備工作，並親自參與直接推翻商朝的軍事行動當中，擔當著三軍統帥的重任。

由於商紂殘暴無道，國力衰微，而且早已失去民心，經牧野決戰，徹底敗亡。滅亡殷商，姜太公自然是頭等功臣，正如太史公司馬遷在《史記・齊太公世家》中所載：「遷九鼎，修周政，與天下更始，師尚父謀居多。」也正因為有如此大功，在周初實行分封制之時，姜太公封於營丘（今山東臨淄北），為齊國君主。

受封之後，太公即率領姜姓族眾趕赴封地。因為天下大局已定，太公心中不似過去那般憂慮。長期以來的辛勞和疲倦，此時亦得以緩解。因此路上曉行夜宿，兼遊山看水，走得十分緩慢。

⊙幡然醒悟

這一日，太公率領族眾已經走了將近半天，中午太陽高照，十分燥熱，大家都嚷著休息，太公也覺得有些疲累，便吩咐讓大夥找些方便之處休息，順便吃點東西。

看著族眾男女歡天喜地散開休息，幼童少年卻不知疲倦互相打鬥，

袞服示意圖　西周

據《周禮》記載，周代已具袞服之制，直到明代，袞服仍是統治階級的最高一級禮服。

折觥　西周

觥蓋前為兕首，巨鼻鼓目，大角後捲，後端作獸面，眉作捲曲夔龍。觥體前有流，後有鋬中線，四角飾透雕扉稜，裝飾華麗。蓋內和器內有銘文，蓋器同銘，器六行，蓋四行，各四十字。此觥造型別緻，紋飾繁縟，鑄工精美，是西周青銅器中的佳作。

嬉戲玩耍，太公心中十分快慰。心想以年老之身，得文王知遇，得以出將入相，成就一番偉業，畢竟不枉此生。文王雖然故去，武王亦尊師重道，待己不薄，雖是君臣，那一番情意卻勝似君臣。那日拜別武王，武王姬發竟感傷垂淚，依依不捨。如此重情尚義之主，離他而去，自己也確實有些割捨不下。

想到這，姜太公不禁深深歎了口氣。這或許也是他一路慢行的一個緣由吧！不過，此番能率領族眾奔赴自己的封地，得以安養天年，足可謂善始善終，人生如此，夫復何求啊！

太公剛從深深思索中解脫出來，就見迎面來了一隻隊伍，仔細一看也是趕路之人。但見他們行色匆匆，太公覺得奇怪，便過去問話。路人聽說是姜太公在此，都停下腳步，趕過來向太公施禮。

太公問：「如今天下已定，世道太平，卻見你們腳步匆忙，不知道為何奔忙啊？」

「回太公的話，小人並無急事」，一個中年人向前幾步，恭敬地說，「只是，小人聽說時難得而易失，慢行必定錯失機會，太公不急於趕路，不像前往封地就職啊！」

這一番話，讓太公猛然驚醒。是啊，此時雖然攻滅了商紂的軍隊，占領了京城，看似大勢穩定，但邊遠地區還沒有納入統治秩序之內，仍是一片混亂狀態。自己耽於行程，豈不誤了大事。

想罷，太公便命令族眾即刻啟程，急急趕路，第二天天剛放亮便趕到了營丘。果不出路人所言，姜太公剛到，正好趕上附近的萊夷部落聚眾前來攻打營丘，與太公爭奪此地。好在太公及時到達，親自統帥部屬抵禦來犯之敵，粉碎了萊夷部落的進攻。

⊙三業並舉

姜太公在營丘修明政治，積極治理。在治國的方針策略方面，他施行了因地制宜的方策。

太公的理財富國、富民足民的發展經濟的思想主張，不僅全面周到，而且深刻精闢。齊地田土貧瘠，百姓窮困，人口也相當稀少。《漢書．地理志》就記載：「齊地負海瀉鹵，少五穀，而人民寡。」因此，齊國經營農業十分困難，依靠農業富國強兵絕對不是好方法。

姜太公非常清楚，在一番調查之後，發現「負海」雖有缺陷，卻也有豐富的魚鹽資源，齊地又有良好的手工業傳統，因此決定「因其俗」，積極發展手工業和商業。據《史記．貨殖列傳》記載，「太公望封於營丘，地瀉鹵，人民寡，於是太公勸其女功，極技巧，通魚鹽，則人物歸之，繈至而輻湊」。這種因地制宜，揚長避短，利

何尊及何尊銘文拓片

何尊是西周早期第一件有紀年銘的銅器，是西周前期重要的銅器之一。其銘文有一百二十二字，述及周初重要史實，與成周（洛陽）的興建有關，對研究西周初年的歷史有很重要的意義。

用自身資源條件讓商賈通商、工匠製作器物、婦女紡織的政策措施，充分促進了國人的生產，完全符合當時齊國的具體國情。

太公深知農、工、商三業對國計民生的重要意義。國無農無食不穩，國無工無器不富，國無商無貨不活。因此三種行業絕對不可偏廢，要協調發展，使人民有業可從，衣食飽暖，器具足用，財貨流通，財政充裕。依照這種經濟思想，加上太公及後世諸王的苦心經營，促使齊國經濟實力迅猛提升。當然，這與姜太公的經歷也有很大關係。他早年曾經經商，在朝歌、孟津一帶的市場做過小販，也做過屠宰，賣過酒，可謂經歷豐富，因此對發展工商業致富的方法十分熟悉。由此可見，太公不僅是一位傑出的軍事家，還是一位富於經濟謀略的商業家。

⊙選賢任能

姜太公高瞻遠矚，認識到「天下非一人之天下，乃天下人之天下也」，人性好生惡死，好德而歸利。如果能行仁義道德，就能使天下人前來歸服。因此，國君應當以天下之利為利，以天下之害為害，以天下之樂為樂，以天下之生為務。這樣必定可以使萬民歸心。因此他大行仁義之道，修德惠民。

在用人方面，太公採取了「尊賢尚功」的方針。實際上就是尊重人才、重用賢能之士。《六韜・文韜》裡〈上賢〉、〈舉賢〉兩篇中，集中表現了姜太公的重賢、上賢、選賢、舉賢的聖賢治國論及思想內容。凡是有才能之人，不論身世如何，哪怕是出身貧賤，只要能夠為國為民貢獻，就應得到嘉獎和重用。這種不論高低貴賤、賢哲皆為我用的方針，是太公深遠的謀略智慧在政治上的集中表現。太公要求，根據各級官吏的職能分工，選取賢能，並依據各官職應具備的條件考覈官吏，鑑別才智的高低，考覈他們能力的強弱，評定他們政績的優劣，使其名實相當，為國出力。此舉為齊國招納了大量的賢才。

以上由姜太公訂立的治國方針，在齊國數百年的發展史上代代相傳，影響甚鉅，奠定了齊國成為五霸之首堅實的基礎。

歷史詞典

西周的輿服制度

西周的輿服制度是各級貴族等級的標誌之一。所謂的「輿」是指車，服是指冠冕和服飾。西周王室賜予受命者的衣服、車馬、旗幟，其冠冕服章包括衣、冠、帶、履、佩、笏等，它們有數量、質地、形制、顏色、紋繪、組合等方面的差別。一般而言，爵位較高的貴族所享用的車服的質地優良，各種圖案紋飾雅緻，顏色搭配豐富多樣。而低級貴族所享用的車服質地較差，紋飾圖案也比較單調。

冊命輿服為官方的信物，為政府任命官員爵位、身分及權力的象徵。公、侯、伯、卿、大夫、士的等級不同，所享用的輿服都不相同。冠冕服飾作為帝王、諸侯及卿大夫的專用服裝，其嚴格的等級規定本身就具有十分鮮明的政治色彩。冕服作為官服，適應周代禮儀制度的發展而得以不斷完善。輿服制度與封建冊命制度及爵位制度有密切關係。

【熊繹封楚】

●時間：西周初期
●人物：熊繹

楚國的歷史非常悠久，雖然長時間被周朝及所封的諸侯國稱為「蠻夷」，但事實上從周朝建立之初，它就接受了領導和封爵。

楚人認為祖先乃是帝嚳時代的大臣重黎，重黎的官名是「祝融」，後來神化，變成火神或者雷神。楚人原本居住在今河南省南部，臣服於夏朝，後來商朝興起，起兵征伐，將他們不斷向南方驅趕，最後定居在今天湖北省北部、漢水流域的荊山地區，因此也稱為「荊蠻」或「荊方」。

⊙鬻熊助周

商朝時候，把在外部族稱為「方」，也即方國。這些方國或臣服於商朝，或與商朝敵對，更多的則是忽降忽叛，搖擺不定，荊方就是屬於後一種類型。

周文王時想要推翻商朝的統治，首先要聯絡各地諸侯和方國，以擴充勢力。當時荊方的首領名叫鬻熊，為人賢德，周文王就親自前往荊山拜訪。基於同樣對商朝統治的不滿，二人結盟，鬻熊答應前往岐山，輔佐周文王。

可惜鬻熊去世得早，周武王起兵伐商的時候，各地諸侯、方國前來相助，其中卻看不到鬻熊的身影和荊方的參與。因此周武王大封諸侯時，竟然忽略了南方的荊方。等到周成王親政，發現了這個缺失，就決定加封鬻熊的孫子熊繹。

周朝封爵同姓諸侯等級最高，然後是功臣，最後才是臣服的外族，因此以嘉獎熊繹的祖父鬻熊勤勞王事為名，封熊繹為子爵，稱為楚子，楚國正式誕生了。

⊙熊繹開國

荊方的南面，即今天湖北省中南部的長江流域，生存著很多古老的三苗部族的後裔，統稱為「楚蠻」，荊蠻（即荊方）和楚蠻在商代經常並稱為「荊楚」，都被看作是南方偏遠地區不開化的野人。周成王封熊繹為楚子，等於指示他攻擊楚蠻，為周朝守好南方邊境。

楚國肇建之初，土地狹小，人民生活貧困，所謂「篳路」就是指柴車，「藍縷」是指破衣服，熊繹就在這種「篳路藍縷」的環境中帶領人民開荒種地，逐步擴展勢力。篳路藍縷後來就演變為成語，形容創業的艱苦。

因為地處偏遠，生活困乏，所以周天子並不要求楚國進貢珍貴的物資，主要索取的是苞茅、桃弧和棘矢，都是宗教用品。苞茅是一種茅草的嫩芽，在祭祀典禮上用來濾酒，或者持之以代表社稷，桃弧就是桃木弓，棘矢是荊棘箭，都是辟邪之物。

在周天子大會諸侯的時候，因為楚國的先人乃是火神祝融，歷來都崇拜火，所以楚子受命守護祭天的火把。熊繹頗以這種職務而感覺自豪，但子孫們卻反而以此為恥。

⊙楚子和楚王

一方面有周朝支持，另一方面周邊的楚蠻生活水準低下，楚國就在這種條件下逐漸強大，最終不但統一了漢水流域，向南擴地萬里，一直到達長江南岸，也把周朝封在附近的江、黃十二國全都吞併了。既然向周天子分封的其他諸侯國動手，那麼楚國就不再是忠心臣服的周朝的諸侯了，而變成了叛逆。

熊繹的後人隨著實力的增強，野心膨脹，不再參加周天子召集的諸侯會議，不再守護祭天的火把，也不再進貢苞茅。周昭王親自征討楚國，據說楚人騙上了劣質船隻，竟然淹死在漢水中。

到了周夷王的時代，熊繹五傳到了熊渠，熊渠把三個兒子封在長江流域，長子康稱為句亶王，次子紅稱為鄂王，幼子執疵稱為越章王，這是公開和周天子分庭抗禮的舉動。

周厲王登基後派人責問，熊渠害怕再次爆發戰爭，才命令兒子把王號去掉，還裝模作樣辯解說：「我是蠻夷，我們的稱號和中原人是不同的。」

然而楚子在國內仍自稱楚王，楚國到春秋時期終於成長為南方最強大的國家。

大盂鼎及大盂鼎銘文拓片

此鼎為炊煮或盛食器，鑄於康王時期。器內壁有銘文十九行，共二百九十一字，記述了周王賞賜大盂土地、人民之事。此鼎造型莊嚴厚重，紋飾古樸典雅，銘文雄偉有力，是西周前期著名青銅器。

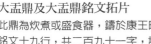

昭王南征

●時間：西周中期
●人物：周昭王

周昭王三次伐楚，最後一次昭王乘船涉漢水，「船至中流，膠液始解，王及祭公俱沒水中而崩」。

西周成康之際，周人經營的重點是東夷，並未把南方列入目標。南方的荊楚當時勢力並不強大，楚人利用周王室東征的機會，表面臣服於王室，暗中卻積蓄力量，在江漢流域迅速發展，昭王時東夷平定，一直忽視的南方楚國成為威脅周的新的力量，楚和周王室的關係日益緊張。昭王即位後，就計議南征楚國。

⊙兩次伐楚

昭王十六年（西元前一〇二六年），昭王派大宰前往楚國，結果大宰和護衛都遇刺身亡。而更可氣的是，楚國居然供認不諱。昭王於是決定號令諸侯，南征楚國。這是昭王的第一次伐楚行動。

在周師大軍逼近之時，南方各部落無不驚慌失措，幾次小的戰役下來，紛紛向周投降，百濮君前往鎬京向昭王表示臣服。昭王這次南征，擴大了周的疆域，江漢地區也劃入了周的版圖。昭王凱旋，回到鎬京，大大犒賞有功之人，並且鑄造了多件青銅器紀念此事，在上面刻下自己的功勞。周的聲威此時達到了頂點。

楚國失敗之後，痛定思痛，加緊發展軍事力量，大力訓練水軍，發揮優勢。昭王十九年（西元前一〇二三年），昭王再次南征。經歷了上次的勝利，昭王並沒有把楚國放在眼裡，這次他只帶了久經沙場、個個驍勇善戰的御林軍，即守衛鎬京的「西六師」，以及祭公辛伯隨行。

昭王沒有通知各諸侯，直奔南方。「西六師」雖然是周王的精兵，但是並不擅長水戰，而且長途跋涉，人馬困頓，原本人數就遠遠少於楚軍，幾次交戰後，死傷無數。

祭公辛伯建議昭王回師鎬京，昭王沒有想到這次的狼狽狀，只得從水路撤軍。周軍到了漢水，風大浪急，又被楚軍包圍，「西六師」不戰自潰，幾乎全軍覆沒。

⊙楚國獻船

昭王回到鎬京，大臣和諸侯都不像以前那樣敬畏了，自己也覺得丟了王室的臉面，整日悶悶不樂。祭公辛伯開解道：「這次失敗是我們輕敵所致，但是還有下次，下次我們大軍開進，楚國必定不是我們的對手。」

昭王末年，昭王命諸侯出兵，隨他討伐楚國，仍由祭公辛伯率領「西六師」。周軍一路浩浩蕩蕩，順利渡過漢水。楚國知道上次勝利實屬僥倖，自己的實力雖然不同於往日，但是與周還有一定的差距，尤其是諸侯國聯合出兵，根本就沒有取勝的機會。為了保存實力，昭王渡過漢水，楚國就派使者投降，獻上了無數的珍寶，並向昭王表示願意世代歸順周王，向周進貢。

這次南征如此順利，昭王和祭公辛伯決定在漢水遊玩幾天。昭王聽說漢水沿岸風光絕佳，於是乘船順漢水而下。楚國使者告訴昭王：「楚國有船，乘之如履平地。」昭王不喜水，正在發愁坐船的事情，連忙讓使者送船過來。

⊙糊塗送命，周室由盛而衰

楚國送來的船確實不同，不僅可以在水中滑行，而且輕若鴻雁，乘之就如行走在地面。昭王和祭公忘情於山水之間，都樂不思蜀了。一日，漢水起風了，水面波濤洶湧，木船突然解體，四分五裂，昭王和祭公全部沉入水中，丟了性命。

原來這正是楚國的計策，船上木板用膠黏在一起，沒有一根鐵釘，在水中浸泡時間久，自然就解體了。可憐的昭王就這樣稀裡糊塗丟了性命。周王室也覺得昭王這麼死了很丟面子，所以諱言此事，稱昭王「南巡狩不返」，並沒有向諸侯通報昭王的死訊。

昭王好大喜功，同時又自大輕敵，留下的教訓是深刻的，而昭王三次伐楚這件事，也為後來周王室的漸趨衰微埋下了肇端。昭王「南巡不返」是周由盛至衰的轉折點，再經穆王一代，也就漸次衰微了。楚國則聲威遠颺，春秋時成為五霸之一，雄踞南方，問鼎周室，成為一個強大的諸侯國。

西周車馬坑

陝西長安渭河西岸的張家坡村西周墓葬群，已發掘的墓葬超過四百座，其中有車馬坑十餘座。這些車馬坑少則埋一車二馬，多則埋有四車十二馬，每坑還有一名駕車隸殉葬。車馬坑的出土對瞭解西周的葬式以及當時的車制提供了實物樣本。

【穆王西遊】

●時間：西周中期
●人物：周穆王

周穆王喜好出遊，既有遊玩之意，亦有巡查天下、穩定邊疆的想法。他曾率領大批隨從西遊，大大促進了中西方交通。

周穆王是周文王滅商以後西周第五位君王，姓姬名滿，在位時，不僅勤於政務，而且十分喜好出遊。

⊙穆王結交異人

《列子・周穆王傳》記載，「周穆王時，西極之國有化人來」。之所以稱其為「化人」，是因為仰慕這個人的本領而對他的敬稱。這位化人並非浪得虛名，據記載，他能「入水火，貫金石；反山川，移城邑；乘虛不墜，觸實不硋。千變萬化，不可窮極」。就是說，他能縱入大火中毛髮不傷，跳進水裡自由行走，穿牆進壁毫不費力，能移動山河城池，有時還躍上雲端，穩穩站立而不墜落。讓在一旁觀看的人目瞪口呆，這實在是本領高強，非常人所能企及。這個化人能將一座城市隨便移動位置，更是非凡。

有此等神仙般的人物駕到，周穆王自然奉為上賓。不僅派人送豬送牛送羊，還遴選歌女前往陪伴，供化人排遣寂寞。以周穆王萬人之上的至尊身分，能對一位異人如此照顧，並言聽計從，可以說是舉世罕見。

不過雖然穆王「日月獻玉衣，旦旦薦玉食」，化人卻沒有為享受這些待遇而受寵若驚，恰恰相反，他似乎對這裡的生活很不滿意。沒住多久，他就積極邀請周穆王到自己的住所看看，穆王欣然同意。

⊙穆王與異人神遊天外

異人讓穆王拉住自己的衣袖，二人騰空而起，眨眼間已經到了半空雲中。進入化人居住的宮殿之後，穆王不禁看花了雙眼。金碧輝煌的宮殿，巍峨莊嚴，氣勢宏偉，並且到處鑲嵌著珍珠美玉。穆王在這裡所受的款待，無論是雙目所看，雙耳所聞，口中所嘗，皆非人間所有。從這裡俯瞰地面上自家的宮殿，就如同茅屋草舍一樣不堪入目。

穆王被所見所聞弄得心神不定，

青銅人車轄　西周

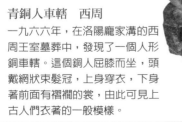

一九六六年，在洛陽龐家溝的西周王室墓葬中，發現了一個人形銅車轄。這個銅人屈膝而坐，頭戴網狀束髮冠，上身穿衣，下身著前面有褶襇的裳，由此可見上古人們衣著的一般模樣。

不敢久留，心生去意，便請求化人帶他回去。化人用手輕輕推了穆王一下，穆王便一下從空中墜落，猛然間醒來，發現自己好端端坐在殿上，身邊一切如故。

穆王心中很是奇怪，便向左右的人詢問剛才發生了甚麼事。左右的人回答說：「大王並沒有到哪裡去，只不過小睡了一會而已。」這時，在穆王身邊的化人才開口道：「方才我與大王神遊一番，根本無需動彈身體哪！」這一下，可激起了穆王遊玩的興頭。他想，神遊都如此有趣，那親自出遊見識一番，豈不更為快樂！

當時人們紛紛傳說，穆王心中也沒國事了，也不惦記黎民百姓了，一心要駕著他那八匹駿馬拉的車子，周遊四海。

當然，這只是一般人的看法，其實，穆王心中有更遠大的目標。當時，西周的西部地區經常受到游牧部落的侵擾。早先，為保衛西部邊防，周穆王就曾經多次率軍西征，大敗少數族各部落，打通了前往西域的通道。這次出遊，也是出於穩固邊疆、考察邊塞的目的，一國之君，怎能會為遊樂耽誤大事！

⊙穆王的駿馬

古人出行，馬匹是重要的交通工具。帝王身分雖然尊貴，享用的不過也是馬車而已。只是帝王的馬匹多為良種，周穆王就有神馬八匹。說起這八匹駿馬，可真是周穆王的心肝寶

西王母畫像

西王母是傳說中的女仙之首，相傳她曾在崑崙山設宴款待周穆王。

延伸知識

呂侯作〈呂刑〉

〈呂刑〉原本現已失傳，今文《尚書》中現存〈呂刑〉一篇。該書大致產生於西周穆王時代。呂指呂侯，又稱甫侯，為呂國國君，兼周穆王的司寇，主管獄訟刑罰之事。他接受周穆王的命令，在夏代贖刑的基礎上，提出了自己的法律思想和刑法條文，稱之為〈呂刑〉。

在這篇刑書中，首先總結了勤政慎刑的歷史經驗，如蚩尤濫施刑罰，導致滅亡，而堯用中刑，享有天下。接著又告誡諸侯效法伯夷，以苗民為戒，合理使用刑罰，也告誡同姓宗族，以前人為戒，勤勞政事，慎用刑罰。其次，闡述了刑律條文和審理案件的方法、原則，提出依據罪行輕重給予不同的處罰方式，即五刑、五罰、五過，並把五刑細目增加到三千條。最後，指出刑罰的重要性，強調慎罰思想。

〈呂刑〉為中國現存最早的刑法專著，其法制思想和法律條文，對後代法學的形成和發展具有重要影響。

天山天池

相傳周穆王西遊時曾在此與西王母相會。

貝。因為這八匹神駿絕非尋常良馬可比，牠們皆有不凡的來歷。這還得從造父講起。

造父是周穆王主政時期最著名的養馬、御馬高手。他姓嬴，是顓頊帝的後裔。造父的祖上世代以牧馬、御馬為生，由於技術精良，被推薦去為周天子養馬，封在秦地（今西安一帶）。造父為培育良駒，專門從夸父山上尋覓野馬，捕獲之後精心馴養。因為這些野馬原是穆王的祖父平定天下之後散放在夸父山上的戰馬的後代子孫，牠們既有野性之美，又保留著其祖先作為戰馬的英武氣概，因此是血統極佳的良馬。

經過一番辛勞培育，造父一共馴養了四匹千里馬，分別為驊騮、綠耳、赤驥、白犧，加上其他四匹良駒，一并獻給了周穆王。穆王見過之後大喜，於是封造父為御馬官，專管天子的車馬，並經常讓造父駕著快馬香車，載著他四處兜風。

這八匹駿馬奔跑起來，有的足不踐土，有的快比飛鳥，有的晝夜行千里，有的背上生翅……絕對是神奇非凡，令人豔羨不已。平日裡穆王把這些馬放養在東海島的龍川附近。那裡有一種草，名叫「龍芻」，「一株龍芻，化為龍駒」。駿馬在吃過龍芻之後，更是如虎添翼，神奇無比。

⊙穆王西遊

據《穆天子傳》記載，周穆王曾率領大批官員和隨侍，駕八駿，由最出色的御馬官造父駕車，從處於河洛之地的宗周出發西行。

周穆王一行浩浩蕩蕩，沿著渭水向東前進，先到了盟津，然後渡過黃河，再沿著太行山西麓向北進發，直抵陰山腳下。之後，他們開始長途西行，到了崑崙山，又向西走了幾千里。

周穆王厭倦了隊伍緩慢的行進速度，命令造父縱馬疾馳。雖有臣子攔阻，但穆王不以為意，一意孤行。造父不敢違抗，促馬飛奔。這些千里馬是馬中龍鳳，同穆王一樣，早厭煩了慢吞吞的步伐，這下可放開了，一路狂奔。加上造父精湛的駕駛技術，馬車跑得比風還快，穆王不僅不怕，反而高興得仰天大笑。沒有了羈絆，君臣二人如踏青雲，好不快意。

這一番信馬由韁，隨行的官員和侍從早已不見影蹤。只半天時間，穆王車駕就到了西域一帶。這裡地廣人稀，景觀大不同於之前旅途所見。但見眼前河山壯麗，景色宜人，與關中相比，更是一番新鮮景象。穆王與造父二人放慢腳步，一面觀山訪景，一面等待後續隊伍趕來。君臣二人一時間陶醉其中，竟然將腹中飢渴、周身勞頓忘於天外。

暮色降臨，眼前的景象更顯得瑰麗奇異，雖然後續隊伍沒有跟上來，二人也無法辨別歸途，君臣二人也並不恐慌，反有一番樂而忘憂的快慰。到附近向行路之人一打聽，他們才知道已經身處在西域瑤池。這已不是人間，而是崑崙仙境了。

歷史上，周穆王十七年（西元前一〇〇〇年），穆天子乘八駿之輿西巡崑崙，會見西王母之邦的部落聯盟首領西王母。這是繼千餘年前西王母之邦向舜帝獻地圖表示歸附中華之後，中原王朝的最高統治者一次極盛大的出訪活動。

傳說中，這次會見就更多了些許神話色彩。

穆王抵達崑崙仙境，還在驚異之時，西王母派來的神仙已經趕來迎接。穆王在瑤池邊見到西王母時，只見她梳著蓬鬆的髮型，穿著下垂的豹尾式服裝，嫵媚多姿。這一番宴請，場面極為排場。仙樂錚錚，舞女雲集。光影繽紛，眾人迷醉。一彎新月升騰而起，遍灑下春光融融。周穆王與西王母等神仙推杯換盞，觥籌交錯，真好比作逍遙仙子了。

仙界雖好，畢竟不是自己的家園。穆王快活幾日，便向西王母告辭，並向西王母贈送了大批中原特產和錦綢美絹，以表達感佩之情。西王母見穆王去意已決，不好攔阻，就取來所藏的各種奇珍異寶，送給穆王。

二人一同登山刻石紀念之後，穆王又向西北行進，在莽莽荒原圍獵，然後開始返回。

粗略算來，前後約兩年。穆王往返行程約三萬五千里，終點大致是今天中亞吉爾吉斯的草原地區。學者甚至認為穆天子西行之旅，可能已經在歐洲中部的華沙平原地區留下了足跡。隨著考古的發展，一些逐漸展現給世人的古代遺跡顯示，先秦時期中西交流已達到一定的水準。因此，以上觀點和猜測的確不能說是空穴來風。

目雷紋簋

盛食器。侈口鼓腹，獸首耳。獸足形四長珥支地。器頸飾目雷紋一周，圈足亦然，是西周中期出現的簋類。

【國人暴動】

●時間：西周晚期
●人物：周厲王

周厲王實行暴政，國人怨聲載道。厲王為了鎮壓國人的不滿，又進一步施行高壓政策，妄圖以暴止「謗」。「防民之口，甚於防川」，忍無可忍的國人終於發動了聲勢浩大的暴動，把厲王趕出了鎬京。

西周前期，各周王勤於政事，政局安定，百姓樂業，這樣的興盛只約半個世紀。康王之子昭王南征不歸，穆王西征犬戎無果，建國之初的明德慎行、汲汲求治的精神慢慢淡化，當政者懈怠驕縱，追求享樂，爭權奪利，由此「荒服不至」，王室衰微。

⊙厲王實行「專利」

周厲王是西周第十個國王，生性貪婪殘暴。

為了獲得更多的錢財，周厲王不顧百姓的死活，任命和他有相同嗜好的榮夷公為卿士，負責實行「專利」。專利就是壟斷山林川澤之利，把原來公有的山林川澤據為國有。霸占了湖泊、河流、山川，不准人民打水、捕魚、伐木、打獵。本來這些資源都是各級貴族和平民共用的，因此觸犯了社會各階層的利益，引起了下層貴族的不滿，而以此為生的平民連生計都無法維持。

⊙厲王止謗

西周時，住在城外的農夫叫「野人」，住在城裡的平民叫「國人」。當時國人多數是與貴族有宗法或血緣關係的士階層，有參政議政的權力，王或諸侯經常會就重大問題徵詢他們的意見。所以，他們是一個有一定政治見解，也有相當的文化修養的社會群體。由於經常一起參政議政，國人彼此認識，經常一起討論國家大事。實行專利後，鎬京的國人不滿厲王的暴政，怨聲載道，紛紛抨擊朝政，抵制厲王的政策。

大臣召公聽到國人的議論越來越多，不滿情緒越來越強烈，連忙進宮稟告厲王說：「百姓已經忍受不了啦，街頭巷尾議論紛紛，再這樣下去，早晚會出大亂子的。」

周厲王卻滿不在乎說：「不用著急，他們不過在誹謗我罷了，我自有辦法讓他們閉嘴的。平日總是指手畫腳，我也早想收拾收拾他們了。」於是，他下了一道命令，不許國人像以前那樣評議朝政。厲王還專門從衛國招來巫師，專門刺探批評朝政的人，一旦發現背後議論朝廷、議論君王的人，格殺勿論。於是，國人「莫敢言」，再也不敢在公眾場合裡談論任何事情，生怕衛巫認為是評議朝政。碰到熟人，也不敢交談招呼，只用眼色相互示意，便匆匆走開。鎬京城內一片緊張的氣氛，人們苦不堪言。

⊙防民之口，甚於防川

厲王見批評朝政的人逐漸少了，得意洋洋告訴召公：「看見沒有？我有能力制止人們的非議。現在他們再也不敢胡說了！」

召公早就聽說了厲王平息誹謗的辦法，勸諫說：「您這是用強制的手段來堵住民眾的嘴啊！堵住民眾的嘴巴，不讓他們說話，後果比堵塞急流直下的江水還要嚴重。河川堵塞就會氾濫，傷人更多，國人的議論難道不是嗎？這種辦法可以一時堵住百姓的嘴，但怨氣並沒有消失，越攢越多，一旦爆發是極為可怕的。正因為如此，治水的人要排除淤塞，使流水暢通，統治人民的人要引導民眾，順從民意，聽取他們的意見。」

厲王聽得昏昏欲睡，擺手讓召公退下。召公歎了一口氣，繼續苦口婆心地說：「我知道您不愛聽，現這是上古傳下來的道理。作為一個國家的執政者，處理政務的時候，應該讓文武百官獻上民間的民謠歌曲，諷刺文章，讓樂師演奏民風民俗的音樂，讓史官進獻可以借鑑的歷史來警誡。百姓的意見可以間接地傳達給執政者，執政者反覆權衡利弊得失，再做出符合民心的正確決策。讓人們開口發表議論，人民認為好的就實行，不好的加以防範。這就是執政者的財富、衣食能夠不斷增加的道理。如果不准民眾說話，君王就會像聾子一樣，甚麼都不知道，最終導致眾叛親離。」

但是厲王對此不以為然，認為召公想得太多了，依舊我行我素，熱衷於聚斂財富。

⊙國人暴動

厲王和榮夷公的暴政變本加厲，一年甚過一年，百姓生活在水深火熱之中。過了三年，西元前八四一年，鎬京城內的國人再也忍無可忍，決定舉行大規模暴動。他們避過厲王的耳目，私下策劃了策略，制定好時間。

一個漆黑的夜晚，鎬京城內突然火把點點，越聚越多，都奔向同一個地方——王宮。王宮門前擠滿了憤怒的國人，他們敲打著宮門，高喊著厲王出來受死。厲王平日趾高氣揚，其實是個膽小鬼，聽到宮外的喊聲，早已嚇得癱倒在地，在侍衛的攙扶下，慌慌張張逃出宮，一直逃到了黃河岸邊，過了黃河到了一個叫彘（今山西霍縣東北）的地方才停下來。

厲王逃跑後，太子靜躲到召公家。憤怒的民眾要求召公交出太子。危急時召公忍痛割愛，將自己的兒子冒充太子交給國人。不明真相的國人活活打死「太子」，便四散而去。

厲王總算保住性命，鎬京是回不去了，國人一定不會放過他的，於是就定居在彘，成了一個流亡的君主。

這次以都城四郊的平民為主體的暴動，歷史上稱為「國人暴動」。這一年，歷史上稱為「共和元年」。由於《史記》一書由共和元年開始繫年記事，因此西元前八四一年被視為中國歷史有確切年代記載的開始。

共和行政

●時間：西元前八四一年
●人物：周公　召公　共伯和

西周歷史上有十四年的時間處在一種奇特的時期：國君被趕出國都，由大臣和貴族統治國家。這個奇特的時期稱作「共和行政」。

西元前八四一年稱為共和元年，對於這個「共和」究竟指甚麼，史學界歷來存在著兩種不同的說法。一是周、召共和說，是司馬遷在《史記》中的說法。一為共伯和說，是許多先秦古籍和金文中所記載的說法。

外雙釘板瓦　西周

⊙周召共和說

周厲王逃到彘後，派臣子凡伯回都城鎬京探聽消息。凡伯見暴動已經平息，就和周公、召公商議，準備接厲王回都復位。但是，國人對周厲王十分憎恨，堅決不讓他回來。周公、召公怕再次觸怒人民，於是打消了這個念頭。

凡伯回到彘，奏明情由，周厲王無可奈何，只好在彘定居。彘在汾水之畔，周人因此又稱周厲王為汾王。如今周厲王失去了一切天子的特權，僅靠周公、召公送來的衣服、日用品維持生計。現在看來，老百姓造反還能留下性命的帝王確實不多，所以他還算是運氣好的。不過周厲王可不這麼認為，堂堂天子，不得不靠臣子救濟，厲王很是鬱悶，在彘地淒涼度過了十四年後病死。

⊙共伯和說

按照司馬遷的《史記》記載，周厲王不在鎬京這十四年中，是由召公、周公二相共同執政，故稱「共和行政」，但是現在學術界越來越多的人相信古本《竹書紀年》的說法。

按照《竹書紀年》，周厲王被推翻後，諸侯推舉共伯和攝理王事，《竹書紀年》稱「共伯和干王位」。共伯和即衛武公，衛為姬姓，也是周天子的近親，是周初封國中的大國，為東方諸侯之伯（東方各諸侯的統領）。衛國國君後來居住在共（今河南輝縣），故稱衛伯為「共伯」。共伯和平時好行仁義，在諸侯中很有威信，便受到擁戴以代行周天子的職務。對於老百姓來說，他們只憎恨周厲王，對於接替周厲王的人選並沒有太多的想法，只要不再繼續壟斷山川河流，不再繼續控制老百姓的言論就

巨冠玉鳥

行。因此，共伯和代替周天子統治了周朝十四年。

周厲王死後，老百姓的怒火由於時間久遠而逐漸平息，周朝的大臣和貴族才立周厲王的兒子姬靜為天子，這就是周宣王。

周宣王吸取了父親丟掉天下的教訓，在政治上比較開明，得到諸侯的支持，史稱「宣王中興」。但是，經過這一場國人暴動，周朝統治者已經外強中乾，所謂「中興」只是曇花一現罷了。

⊙西周共和與現代共和的區別

西周時期的這種「共和」，類似於古希臘和古羅馬的貴族民主制，即貴族共同決定國家大事。執政者必須得到貴族和國人的擁戴，否則就有下臺的危險。這種「共和」看起來貌似現在的某些君主立憲制國家的形式，但是實質是不同的，因為西周時期的這種共和是建立在封建制的基礎上的，不論其最上層的領導形式是甚麼樣子，其統治基礎依舊是封建制。

散氏盤及散氏盤銘文拓片

散氏盤為西周後期厲王時代的青銅器，其造型、紋飾簡約端正，因銘文中有「散氏」字樣而得名。盤上共有銘文三百五十七字，記載的是西周晚期的土地契約。銘文中的所有文字都取橫扁的結構，在外形上頗似後世的隸書。

【宣王中興】

●時間：西元前八二八～前七八二年
●人物：周宣王

周宣王就是召公所救的太子靜。國人暴動那段痛苦的經歷使他心有餘悸，膽戰心驚，因此即位後能夠以史為鑑，勵精圖治，使周王朝的局勢日見好轉，史稱「宣王中興」。

共和十四年（前八二八年），厲王客死他鄉，太子靜即位，即為周宣王。宣王因為經歷了國人暴動的洗禮，親眼目睹了父親厲王的下場，因此繼位之後勵精圖治，銳意進取。他任賢使能，以召公為輔佐，起用尹吉甫、樊侯仲山甫父、南仲、方叔、申伯等賢臣良將，效法周文、武、成、康等先王，全力挽救周王朝的頹敗之勢。宣王經過南征北戰，重振了周王室的雄風，恢復了王室的尊嚴，諸侯再來鎬京朝拜周王室。

⊙宣王改制

周宣王時，舊制度千孔百瘡，面臨著嚴重危機。周朝土地分為私田和公田。私田是農民自己耕種的土地，公田要借助民力來耕種，又稱為「籍田」，就是用於祭祀的田地。因為農民所種私田上的收入就能維持生活了，因此就不願意再耕種公田，時間長了，公田就荒蕪了。

周宣王於是宣布不籍千畝，打破了公田和私田的界限。但這個舉措卻引起了王公大臣的強烈反對，尤其是虢文公。他認為祖制不可改，宣王的舉措違背了祖宗的先法，是大錯特錯的。宣王據理力爭，和虢文公辯論。幾次辯論後，宣王講得有理有據，虢文公辯不過宣王，而且，他發現宣王意志堅決，也就不再說甚麼了。於是，宣王宣布進行改革。宣王此舉，可以說是為後世土地賦稅制度的變革開了先河。

⊙料民太原

由於人民流亡，戶口流離，直接由周王室和貴族掌握的勞動力和士兵越來越少，周宣王時可以出征的士兵的人數大不如前。為了增加兵源，周宣王不得不料民於太原。所謂「料民」，就是由國家清點戶口、人數，搜捕逃亡的人民。大臣仲山父勸周宣王不要料民，因為這樣就顯得王室外強中乾，容易引起禍亂。

宣王也很擔心這一點，以前周朝

四虎鎛 西周

興盛的時候，戶口一清二楚，現在清點人數，意味著周王室無力掌握全國的戶口。但是宣王更清楚周王室的處境，如果不確實釐清戶口，周王室會更加衰微，更沒有威嚴可講。「料民太原」也開啟了各朝清查戶口的先河。

⊙南征北戰

宣王即位時，四方來犯，周邊境很不安寧。宣王待社會安定後，開始反擊周邊來犯的民族。

淮夷是生活在江淮地區的夷族，周厲王時，曾侵擾周邊，周軍征伐不勝而回。宣王命召公統軍出征，並調大司馬程伯休父、卿士南仲等率師南征，平定了淮夷。西方的戎族，也即是獫狁，分支眾多，實力雄厚。獫狁離周王朝京師較近，威脅尤大，周宣王召秦仲之子莊公兄弟五人，給了七千名士兵，讓他們征討西戎，終於迫使西戎退卻，扭轉了一貫失敗的戰局，解除了獫狁的威脅。徐方是淮夷中的一支，位處淮水之北，並不歸順王室，而且公然向周王室挑釁。周宣王親自率軍出征徐方，戰果豐碩，徐國表示投降，不敢再為邪亂。

當然，在對外征戰方面，周宣王也打了一些敗仗，尤其到了晚年，討伐太原戎、條戎和奔戎，都遭遇失敗，特別是三十九年（前七八九年）千畝之戰大敗，南國之師全軍覆沒，這是周王「料民太原」的直接原因。

周宣王是一位非常有作為的君王，他的「宣王中興」僅使危機四伏的周朝迴光返照，但是並沒有保持多長時間。宣王死後，兒子宮湼繼位，就是周幽王。幽王荒淫好色，以至於出了「烽火戲諸侯」的鬧劇，西周的江山也就這樣斷送在他的手中。

毛公鼎

此鼎是已發現的銘文字數最多的一件周代銅器，共有四百九十七字，具有珍貴的歷史價值。銘文記載，周宣王要求臣下處理政事時要廣開言路，在徵收賦稅時不得貪汙，對下屬要嚴加管束等。

格伯簋

此為盛食器，簋底部有銘文八行八十三字，紀錄的是西周中期的一次土地買賣活動，大意為格伯用三十畝的田產換取了四匹好馬，雙方刻木為憑，並勘定了田界。

烽火戲諸侯

●時間：西元前七八一～前七七一年
●人物：周幽王　褒姒

良夜頤宮奏管簧，無端烽火燭穹蒼。可憐列國奔馳苦，止博褒妃笑一場！周幽王烽火戲諸侯，最終不但賠上了自己的性命，也賠上了西周王朝的江山。

宣王四十六年（前七八二年），宣王去世，其子幽王即位。幽王（前七八一～前七七一年在位）是西周的最後一個王，即位後，親小人，遠賢臣，沉溺女色。在後宮及王位繼承問題上，幽王的荒誕和一意孤行，直接導致了周王朝的滅亡。

⊙褒姒的身世

幽王有一個寵妃叫褒姒，「褒」為國名，「褒姒」即為從褒國嫁入周王室的女子。傳說「褒姒」是龍涎所生的妖女，夏朝末年，有兩條龍忽然停在夏朝王宮的大殿之上，自稱是褒國的兩位先祖。夏王令人占卜，結果顯示把這兩條神龍殺掉或趕走都不吉利，只有將視為龍的精氣的龍涎封藏起來才顯示吉，所以夏王在神龍走後將龍涎用匣子封存起來。

這個裝著龍涎的匣子一直傳到了西周王朝，歷經三代都沒有人敢開啟。直到周厲王末年，厲王好奇拿出來觀看。不巧龍涎從匣子裡流淌出來，怎麼也除不掉。厲王就叫宮女赤裸著大聲叫嚷，想把龍的精氣嚇走。龍涎於是化作一條大蜥蜴，潛入後宮。在後宮碰到一個七歲的小宮女，這個宮女在及笄之後便生下了一個女嬰。由於無父而生，宮女遂將她拋棄。

宣王時，民間流傳一句童謠說：「桑木做的弓、箕木做的箭袋，是導致周亡國的元凶。」宣王聽到歌謠後，恰好發現都城有一對夫婦正在販賣這些，於是叫人把他們抓來殺掉，以除後患。這對夫婦倉皇逃命，路上恰好碰到被丟棄的女嬰，於是隨手抱走養大。這個女嬰長大後出落成驚豔四方的絕色美女。

驪山烽火臺遺址

⊙褒人贖罪獻美女

周幽王是個荒淫無度的昏君，寵信虢石父、祭公、尹球三個佞臣，整日不問朝政，胡作非為，吃喝玩樂。

大夫褒珦勸諫周幽王要勤於朝政，親賢臣，遠小人。周幽王不但不聽，還把褒珦關進了監牢，從此再也沒有人敢勸他了。

褒珦被幽王囚禁在獄中三年，吃盡了苦頭，褒珦的家人想盡一切辦法想要救他。

一天，褒珦之子來到鄉間，見到一個少女在井邊汲水。這個少女雖然是荊釵布裙，卻不掩國色天姿。褒珦之子不禁心中一動。既然幽王好色，何不用美色來打動他，讓他寬恕父親呢？於是四下打聽，找到女子家中，出重金買下了此女。

褒珦之子把這個女子帶回家中，就算是褒家的人了，為她起名褒姒，然後便準備把褒姒進獻給幽王。褒家人教褒姒各種禮節，又教音律和舞蹈，再花重金買通了虢石父，將褒姒進獻給幽王。

刖刑奴隸守門鼎　西周

幽王後宮雖然佳麗無數，但是見到褒姒還是眼前一亮，褒姒的姿容態度，目所未睹，流盼之際，光豔照人。幽王不禁興奮得手舞足蹈，說：「別的地方雖然進獻來了那麼多美人，都還不及褒姒的萬分之一。」幽王龍顏大喜，立刻釋放了褒珦。從此幽王整日與褒姒如膠似漆，更加不理朝政。不久，褒姒就生下了王子伯服。

⊙千金買一笑，烽火戲諸侯

褒姒雖然長得沉魚落雁，閉月羞花，但是進宮以後從來沒有笑過。幽王為了取悅褒姒，命樂師奏樂，但是褒姒臉上仍然一點笑容也沒有。幽王就問：「妳既然不喜歡音樂，那妳喜歡聽甚麼聲音？」褒姒說：「我沒甚麼喜歡聽的，就是有一次用手撕開彩綢，覺得那個聲音還挺好聽。」幽王立刻取來大批彩綢，命人在宮裡不停地撕。可是褒姒雖然喜歡聽這聲音，但還是沒有露出笑容。

幽王於是下了懸賞令：無論甚麼人，只要能讓褒姒笑一下，就賞他黃金千兩。虢石父給幽王出了主意：「以前先王為了防備西戎入侵，在驪山（今陝西臨潼東南）腳下設置了二十多座烽火臺，一旦西戎入侵，守關的士兵白天放煙，夜間點火。從第一座烽火臺開始，一座接著一座地點火或者放煙，附近的諸侯見到烽火，就會發兵來救援。這幾年天下太平，烽火一直沒點過。您要是想讓王后笑，可以和王后到驪山遊玩幾天，到了晚上就點起烽火，諸侯的援兵肯定會來。他們來了卻沒有敵軍，王后見那麼多人馬撲了個空，一定會笑的。」

幽王為博美人一笑，第二天就帶著褒姒來到驪山。當時司徒鄭伯友（幽王的叔叔）正在朝中，聽到幽王要烽火戲諸侯，急忙來到驪山勸阻幽王：「烽火臺是先王應急用的，諸侯以此為信。今無故點火放煙，戲弄諸侯，將來如果真有兵事，即使烽火連臺，諸侯必定不信，以後有兵事還用甚麼來召集諸侯？大王三思啊！」

幽王大怒說：「如今天下太平，還會為甚麼事情出兵啊！我現在與王后出遊驪宮，也沒甚麼可以拿來娛樂的。點烽火只是和諸侯們開個玩笑罷了，難道他們還會生我的氣不成？就算出甚麼事情，那也和你無干！」

於是，幽王便下令點燃烽火。京城附近的諸侯看到烽火，以為鎬京遭到入侵，紛紛連夜率兵趕來救援。但是到了驪山腳下，沒有見到一個敵人，只聽到驪山上鼓樂喧天。周幽王派人對諸侯說：「其實沒有外敵入侵，只不過是我和王后跟大家開個玩笑罷啦！」諸侯一聽此話，無不憤慨，但這是大王開的玩笑，誰也不好說甚麼，只好各自帶兵走了。

褒姒在山上，看到諸侯帶兵急匆匆趕來，又甚麼事都沒有。山下人喊馬嘶，亂成一團，最後一個個低頭回去了，於是冷笑了一聲。

就這一聲冷笑，笑得周幽王心花怒放，於是賞賜了虢石父千金。從此更加寵愛褒姒，卻不知已經失信於眾諸侯了。

當時的諸侯、貴族以及國人都對幽王寵褒姒表示不滿，並把周的亡國歸咎於褒姒。《詩經・瞻卬》中「婦有長舌，維厲之階，亂匪降自天，生自婦人」的詩句即反映了國人對褒姒的不滿。

與此同時，幽王還隨意徵發賦役，奪取人民的財物土地，使得民怨更深。幽王的昏庸無道導致天怒人怨，使得統治的貴族都感到形勢危殆，紛紛另謀出路，大臣皇父在東部另建城邑，司徒鄭伯友也到東部尋找立足之地，以避免禍患。

師趛鬲　西周

此器為炊煮或盛食器，造型雄奇瑰麗，回首張口大夔紋，在裝飾上也表現了強烈的藝術效果。

⊙申侯犬戎聯合攻幽王

周幽王一意孤行，甚至廢申后和

太子宜臼，立褒姒為后、伯服為太子，以博取美人的歡心。幽王不計後果的一廢一立，終於招來了滅國之災。

申后是申侯的女兒。申侯聽說幽王廢了申后而立了褒姒，就上疏進諫：「從前夏桀寵愛妹喜，以致夏朝滅亡，商紂寵愛妲己，以致商朝滅亡。您現在寵信褒姒，還要廢太子，這是亡國之兆，請大王不要再這樣做了。」

幽王一聽，勃然大怒，說：「申侯怎麼能把我比作夏桀、商紂？」於是命令虢石父為大將，準備起兵征討申國。

易旁簋　西周

申侯聽說幽王派人來攻，大吃一驚，申國國小兵少，怎麼能抵擋得住天子的軍隊？大夫呂章出主意說：「西戎兵力強大，不如請他們出兵幫助我們，進攻鎬京，逼幽王傳位給太子。」

申侯也沒有別的辦法，就準備了一車金帛送給西戎，請求借兵攻打鎬京，並且許諾，攻下鎬京，西戎可以隨便取走國庫中的金帛。西戎欣然答應，帶領大隊人馬，會合了申國的兵馬，一起包圍了鎬京。

⊙西周的覆滅

幽王一直醉心玩樂，已經好久沒有理會政事了。直到異族的人馬打到城下，才嚇得一跳而起。一看兵臨城下，幽王慌得手足無措，想了想，急忙命令手下點起烽火。

烽火臺上又高高升起了狼煙，可是附近的諸侯卻沒有帶兵前來援助。幽王率兵與西戎軍隊戰於驪山，大敗而歸。幽王只好帶著褒姒和伯服倉促出逃，結果被殺於戲（今陝西臨潼），褒姒則被犬戎擄獲而去。

在周被攻以至幽王被殺的過程中，各地諸侯都沒有派兵前往營救，除了是「烽火戲諸侯」的惡果之外，更在於周天子已失去了對諸侯的控制，因此諸侯才敢按兵不動，坐山觀虎鬥。

幽王被殺之後，伯服逃到晉國，晉有立伯服之意。而申侯則聯絡了諸侯，擁護前太子宜臼即位。因為申侯的勢力較為強大，所以晉侯最終殺了伯服，倒向了宜臼一方。宜臼即位，是為平王。西周京畿所在的鎬京，由於犬戎破壞，已殘敗不堪。平王繼位後第二年，即西元前七七○年，在晉文公、鄭武公、衛武公、秦襄公等人的護送下，遷都雒邑，建立了東周。歷時二百八十多年的西周王朝，正式宣告滅亡。

西周的青銅器

西周是中國封建制度發展的時期，由於封建制上層的需要，促進了青銅製造業進一步發展。青銅禮器種類增多，按照周禮的要求，青銅禮器有嚴格的組合制度。如鐘、鼎、鬲、壺、豆、盤等青銅禮器，都要按照規定數目配套使用。基於這樣的歷史緣故，所以發現的西周墓葬和窖藏的青銅器大多是成組和成群出土，如扶風縣莊白村西周青銅器窖藏中一次出土一百零三件器物。

西周時期的青銅器大部分鑄有銘文，少則幾字、幾十字，多則達幾百字，銘文內容簡明扼要記述了當時的買賣、戰爭、賞賜、祭祀和法律訴訟等情況，補充和糾正了史書記載之缺誤，是研究西周歷史的珍貴資料。

▶伯各卣

一九七六年陝西寶雞出土，右高三十三．六公分，左高二十七．五公分。兩件卣造型相同，均為橢圓體，橫置提梁，高沿蓋，直口，深腹下垂，高圈足。提梁兩端置羊首。提梁飾龍紋，中部左右各設一牛首。整器紋飾均以細雷紋為地，所飾獸面紋的羊角大而高凸，角尖翹出器表。四條稜脊自蓋至足。這一對卣製作精良，裝飾華麗，具有強烈的立體感。

◀立體夔紋圓鼎

此鼎雙立耳，三柱足，蓋平面扣在鼎口上，蓋面中央有一方形提耳，周圍又有三條立體夔紋紐，倒立可作三足。鼎腹較直，腹底平闊，頸飾一周饕餮紋，腹飾兩條對稱豎立夔紋組成的蕉葉紋。柱足較高，中部微收，三足承腹處外鼓，飾獸面紋。足根及腹部有扉稜，造型別緻，花紋富麗堂皇，極富裝飾效果。

▶折觥

一九七六年陝西扶風出土，通高二十八・七公分。長方形腹，有蓋。蓋前端作成獸頭，刻有銘文，内容是：周代某王十九年命作冊折給相侯貺贈望土，並賞賜給折奴隸和青銅，折因受榮寵，而為父乙作器。該器造型穩重，裝飾富麗，是青銅器斷代的標準器。

◀伯各尊

一九七六年陝西寶雞出土，高二十五・八公分。圓筒形尊，侈口方唇，深腹，高圈足。自口至足有四條稜脊。口沿下脊兩側由相對龍紋組成蕉葉紋，頸飾龍紋，腹飾雙角凸出器表的獸面紋，兩側附以龍紋，圈足飾龍紋。通體紋飾以雷紋襯地，腹内底鑄銘文二行六字：「伯各作寶尊彝」。

帝王世系表

史前　夏　商　西周

五帝

約西元前三十世紀～約前二十一世紀初

廟號	帝王原名
黃帝	軒轅氏
顓頊	高陽氏
帝嚳	高辛氏
堯	陶唐氏，名放勳
舜	有虞氏，名重華

夏

西元前二〇七〇年～前一六〇〇年

廟號	帝王原名
禹	
啟	
太康	
仲(中)康	
相	
少康	
予	
槐	
芒	
泄	

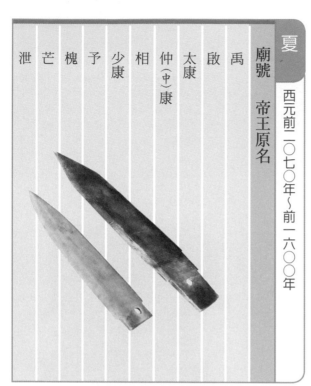

廟號	西元
河亶甲	
祖乙	
祖辛	
沃甲	
祖丁	
南庚	
陽甲	
盤庚	
小辛	
小乙	
武丁	前一二五〇～前一一九二年
祖庚	前一一九一～前一一四六年
祖甲	
廩辛	
康丁	
武乙	前一一四七～前一一一三年
文丁	前一一一二～前一一〇二年
帝乙	前一一〇一～前一〇七六年
帝辛(紂)	前一〇七五～前一〇四六年

廟號	帝王原名
不降	
扃	
廑	
孔甲	
皋	
發	
桀	履癸

商 西元前一六〇〇年～前一〇四六年

廟號	西元
湯	前一六〇〇～前一二五〇年
太丁	
外丙	
仲(中)壬	
太甲	
沃丁	
太庚	
小甲	
雍己	
太戊	
仲(中)丁	
外壬	

西周 西元前一〇四六～前七七一年

廟號	帝王原名	西元
武王	姬發	前一〇四六～前一〇四三年
成王	姬誦	前一〇四二～前一〇二一年
康王	姬釗	前一〇二〇～前九九六年
昭王	姬瑕	前九九五～前九七七年
穆王	姬滿	前九七六～前九二二年
共王	姬緊扈	前九二二～前九〇〇年
懿王	姬囏	前八九九～前八九二年
孝王	姬辟方	前八九一～前八八六年
夷王	姬燮	前八八五～前八七八年
厲王	姬胡	前八七七～前八四一年
共和行政		前八四一～前八二八年
宣王	姬靜	前八二七～前七八二年
幽王	姬宮涅	前七八一～前七七一年

有巢氏		構木為巢，反映原始社會巢居、穴居的情況。
燧人氏		鑽木取火，教人熟食，反映原始社會從使用天然火發展到人工取火的情況。
伏羲氏		教民結網捕魚，創制八卦。傳與女媧氏兄妹相婚，後又「制嫁娶」、「正姓氏」，反映由血緣婚發展到族外婚的情況。
女媧氏		傳說用黃土造人，煉五色石補天，治平洪水。
神農氏		傳說嘗百草，發現草藥，為中醫學鼻祖。又傳曾製耒耜，教民耕種，反映先民從採集漁獵為主向農耕為主的生活狀態過渡。
黃帝		姬姓，號軒轅氏、有熊氏，曾在涿鹿攻殺九黎族首領蚩尤，在阪泉打敗姜姓部落首領炎帝，被推為部落聯盟首領。
顓頊		高陽氏，為黃帝之孫，居帝丘（今河南濮陽西南）。
共工氏		為水師、土官。傳說他與顓頊爭帝失敗後，怒而觸不周山，天柱折，地維絕。
帝嚳		高辛氏，為黃帝子玄囂之孫。傳說商族始祖契、周族始祖弃，以及堯、摯，都是帝嚳之子。
太皞（太昊）		東夷部族的首領，風姓，居陳（今河南淮陽），以龍為圖騰。
摯（少昊）		東夷族首領，以鳥為圖騰。
堯		陶唐氏，名放勳，父系氏族社會後期的部落聯盟首領。傳說他曾命羲和觀天象，制曆法，舉弃為農師，命鯀治洪水。堯晚年四方部落首領推舉舜為其繼承人，一說舜囚禁堯並奪其位。

舜		有虞氏，名重華，父系氏族社會後期的部落聯盟首領。曾命禹治平洪水，指定禹為繼承人。舜南巡時死於蒼梧之野，一說被禹放逐，死於蒼梧。
禹		姒姓，名文命，鯀之子，因治水有功，舜死後即位，成為部落聯盟首領。後東巡時死於會稽。
啟		禹死後，原定的繼承人伯益讓位於禹之子啟，啟嗣位，開創父死子繼的世襲制度。一說啟殺伯益奪位。
太康		啟之子，好田獵，被有窮氏（在今山東平原一帶）首領后羿驅逐。
相		相在位時，后羿掌握政權，沉溺於田獵，不理國事，後被家臣寒浞所殺。寒浞又殺相，相妃逃回娘家，生子少康。
少康		少康擊殺寒浞，夏朝中興。傳少康曾發明釀酒，習稱杜康造酒，杜康即少康。
予		予在位時曾征伐東夷，直達東海。
槐		予之子。槐即位後，九夷來朝。傳槐建立圜土（即監獄）。
孔甲		孔甲即位後，好事鬼神，荒唐淫亂，四方諸侯多叛夏。
發		發在位時，泰山發生地震，這是世界上最早的地震紀錄。
桀		名履癸，即位後「築傾宮，飾瑤臺」，大夫關龍逢諫阻，被殺。約前一六〇〇年，被商湯所滅，死於鳴條（今河南長垣西南，一說在今山西運城安邑鎮北）。
湯		又稱成湯、天乙湯、大乙湯。湯用伊尹執政，先後滅葛（今河南睢縣北）、韋（今滑縣）等國。湯即位十七年後，即於前一六〇〇年滅夏，建立商朝，定都於亳（今河南濮陽）。

太甲		太丁之子。太甲無道，被伊尹流放。三年後，太甲悔過，伊尹迎他復位。一說伊尹放逐太甲，篡位自立。七年後，太甲殺伊尹奪回王位。
雍己		雍己在位時，諸侯不朝，商朝衰落。
太戊		太戊用伊陟（伊尹之子）、巫咸（傳爲用筮占卜的創始者）治理國政，使商王朝復興。
中丁		中丁在位時，殷都自亳遷隞（一作囂，今河南滎陽北、敖山南，一說即鄭州商城遺址）。
河亶甲		河亶甲在位時，都城自囂遷相（今河南內黃東南）。因多次出征，致使商朝再次衰落。
祖乙		祖乙在位時，都城自相遷邢（今河南溫縣東），商朝第三次復興。卜辭記載日珥（日全食時看到的太陽表面活動的現象），這是人類關於日珥的首次紀錄。
南庚		南庚在位時將都城遷至奄（今山東曲阜）。
盤庚		約前一三〇〇年，盤庚將都城自奄遷殷（今安陽小屯村），商王朝自此未再遷都，商復盛。《竹書紀年》記載從遷殷到商亡，共二五三年。
武丁	前一二五〇～前一一九二年	前一二五〇年，武丁即位，舉傅說為相，商朝大治。武丁曾對西北的鬼方、羌方等用兵，又南擊荊蠻。武丁之妻婦好曾統兵攻羌方。據卜辭記載，其時或已用糞肥田。
武乙	前一一四七～前一一一三年	前一一四七年，武乙即位。武乙在位時，周興起。武乙無道，獵於河渭，遭雷擊而死。
文丁	前一一一二～前一一〇二年	文丁在位。現存最大青銅器司母戊大方鼎即文丁為其母戊所鑄。
紂王	前一〇七五年～前一〇四六年	辛即紂王在位。紂王征服夷方，得大量俘虜，商的國力也因此消耗。紂王剛愎拒諫，囚禁箕子，殘殺比干，前一〇四六年商被周武王所滅。

◆ 后稷（弃）		周族始祖，姬姓，傳為姜嫄踏巨人足跡而生。弃傳為堯的農師，舜封弃於邰（今陝西武功西南）。
◆ 古公亶父		因屢受戎、狄侵擾，亶父率領周部族由豳地遷徙到岐山下的周原（今陝西岐山）。
◆ 季歷		又稱公季或周王季，古公亶父第三子。商王武乙時，季歷朝商。商王文丁時，季歷先後帶兵攻余無之戎、始乎之戎和翳徒之戎，後被文丁所殺。
◆ 周文王		即姬昌或西伯。商紂王因禁文王，周臣太顛、散宜生等獻美女、名馬，紂王才釋放文王。文王敗戎人，攻滅密須（今甘肅靈臺西南）、黎（今山西長治西南）等國。文王禮賢下士，呂尚（即姜太公）、殷臣辛甲等相繼效命於周。
◆ 武王	前一〇四八～前一〇四三年	武王姬發在位。前一〇四八年，武王在孟津大會諸侯。前一〇四六年，率兵伐紂，與商軍戰於牧野，滅商。武王建都於鎬（今西安西），並安撫殷民，分封諸侯。
◆ 成王	前一〇四二～前一〇二一年	成王誦即位時年幼，其叔周公旦輔政，引發管、蔡叛亂。周公東征，殺武庚、管叔，放逐蔡叔，平定叛亂。成王大舉分封諸侯，當時分封的主要諸侯國有魯、齊、衛、宋、楚等國。後周公被譖，奔楚。不久，成王知道周公被誣，遣使將他召回。周公是周代禮樂制度的創始人。
◆ 康王	前一〇二〇～前九九六年	康王在位。康王命畢公治理成周，並曾派兵討伐鬼方（匈奴的前身）。
◆ 昭王	前九九五～前九七七年	昭王（一作卲王）在位。昭王南征荊楚，溺漢水而亡，周朝勢力開始衰落。

穆王	前九七六～前九二二年		穆王滿在位。穆王攻犬戎，俘五王，遷戎於太原（今甘肅東部鄰近陝西的地區）。穆王兩次西征，先後到達青海和新疆崑崙一帶，與當時的部落首領西王母相見。
周共王	前九二二～前九〇〇年		周共王在位。據傳世的銘文記載，共王的大臣私下進行了器物與土地的交換，說明西周以來實行的井田制已經開始崩潰。
厲王	約前八七七～前八四一年		厲王（胡）在位。厲王命虢仲討伐淮夷，無功而返。後厲王親征淮夷。厲王以榮夷公為卿士，實行「專利」，國人謗王。厲王又命衛巫監視百姓，有敢議論朝政者一律殺無赦，「國人莫敢言，道路以目」。國人暴動，攻入王宮，厲王奔彘（今山西霍州）。「共和」統治開始。
共和	元年	前八四一年	「共和」有二說：一說周、召二公共同執政，一說共伯和受諸侯擁戴，代行王政。
共和	十四年	前八二八年	厲王死於彘，太子靜即位，即周宣王，「共和」時代結束。
宣王	元年	前八二七年	宣王即位，周、召二公輔政，掌握實權，周室的元氣藉此有所恢復。
宣王	四年	前八二四年	宣王以秦仲（秦的第四世王）為大夫，率兵攻打西戎。秦仲敗死後，宣王又召其子莊公率兵再攻，大破西戎。
宣王	三十一年	前七九七年	宣王派兵討伐太原之戎，不克。
宣王	三十六年	前七九二年	宣王攻條戎、奔戎，王師敗績。
宣王	三十九年	前七八九年	宣王伐申戎，破之。與姜戎戰於千畝，王師敗。宣王在太原料民（調查民數）。宣王時，屢屢對外用兵，損失很重。
宣王	四十六年	前七八二年	宣王死，其子宮涅立，即幽王。宣王時，周號稱中興。
幽王	二年	前七八〇年	鎬京大地震，三川（涇、渭、洛）枯竭，岐山崩。當時，「百川沸騰，山冢崩。高岸為谷，深谷為陵」。

◆	◆	◆	◆
幽王	三年	前七七九年	褒姒入宮，倍受幽王恩寵。幽王舉烽火，為博美人一笑。諸侯入援，見鎬京平安無敵，頹然而歸，褒姒始粲然一笑。
幽王	六年	前七七六年	九月六日，發生日蝕。《詩經》對此次日蝕的記載，是世界上最早、最確切的日蝕紀錄。
幽王	八年	前七七四年	幽王廢中后和太子宜臼，立褒姒為后，其子伯服為太子。太子宜臼逃亡中國。時虢石父為卿，擅權用事。
幽王	十年	前七七二年	幽王與諸侯在中太室山（中嶽嵩山）集會，並派兵討伐中國。
幽王	十一年	前七七一年	中侯（太子宜臼的外祖父）聯合繒、犬戎攻鎬京。幽王舉烽火，諸侯不至。犬戎破鎬京，殺幽王、鄭桓公，擄走褒姒，盡取周室財寶而去，西周滅亡。諸侯立太子宜臼，是為平王。

國家圖書館出版品預行編目 (CIP) 資料

圖說傳說時代、夏、商、西周 / 龔書鐸, 劉德麟
主編 . -- 第一版 . -- 新北市 : 風格司藝術創作
坊出版 : 知書房出版發行 , 2021.04
面 ;　公分 . -- (圖說天下)
ISBN 978-986-5493-13-4(平裝)

1. 先秦史 2. 通俗史話

610.9　　110003576

圖說傳說時代、夏、商、西周

主　　編：龔書鐸、劉德麟
責任編輯：苗　龍
發　　行：知書房出版
出　　版：風格司藝術創作坊
地　　址：235 新北市中和區連勝街 28 號 1 樓
Tel：（02）8245-8890
總 經 銷：紅螞蟻圖書有限公司
Tel:（02）2795-3656　Fax:（02）2795-4100
地　　址：台北市內湖區舊宗路二段 121 巷 19 號
http://www.e-redant.com
版　　次：2022 年 9 月初版　第一版第一刷
訂　　價：320 元

ISBN　978-986-5493-13-4　　Printed in Taiwan